반만년 역사의 제1 대사건

대한민국 임시정부

반만년 역사의 제1 대사건

대한민국 임시정부

한시준 지음

대한민국 임시정부, 우리의 역사

대한민국 임시정부, 이는 우리의 역사다. 우리 민족은 반만년에 가까운 역사를 유지해 오고 있고, 대한민국 임시정부는 그 일부였다. 우리 역사의 한 부분인 대한민국 임시정부는 그동안 적지 않은 시련을 겪었다. 존재와 가치에 대해 폄훼하는 경우도 적지 않았고, 심지어는 대한민국 임시정부의 역사를 지우려는 일이 벌어지기도 했다. 2008년 이명박 정부가 출범할 때 대한민국은 1948년에 건국되었다고 하면서, 정부가 주도하여 '건국 60년'을 기념하는 사업을 추진한 것이 대표적인 예이다.

'광복절'을 '건국절'로 바꾸려는 시도도 있었다. '광복절'은 일제의 식민지 지배에서 벗어난 것만을 기념하는 것이라며, '광복'보다는 '건국'이 더 중요하다는 논리를 내세워 광복절을 건국절로 바꾸려고 했다. 이는 대한민국 임시정부를 부정하고 그 역사를 지우려는 것이나 다름없는 일이었다. 알아두어야 할 것이 있다. 광복절은 1945년 8월 15일 해방과 1948년 8월 15일 대한민국 정부 수립을 동시에 기념하기 위해 제정한 국경일이고, 1949년 10월 1일 「국경일에 관한 법률」로 공포되었다.

이와 같은 시도는 박근혜 정부에서도 계속되었다. 대한민국은 1919년에 건립된 것이 아니라 1948년에 건국되었다는 주장을 펴면서, '광복절'을 없애고 '건국절'을 제정하려고 한 것이다. 이뿐만 아니라 이를 역사 교과서에 수록하기 위해 국정 역사 교과서 편찬을 밀어붙이기도 했다. 이러한 시도는 독립운동 관련 단체들이 거세게 항의하고 역사학 연구 단체들이 사실이 아니라며 반대 성명을 발표하면서 무산되고 말았다. 그러나 이러한 시도 때문에 국민들이 혼란스러워하고 대한민국 임시정부를 잘못 이해하는 경우가 적지 않았다.

역사는 권력으로 재단할 수 있는 것이 아니다. 역사의 기초는 사실이고, 사실에 기초하여 이해하는 것이 역사의 정도이다. 지난 2019년은 대한민국 임시정부가 수립된 지 100주년이 되는 해였다. 100주년을 기념하면서 대한민국 임시정부의 존재와 역사가 시련에서 벗어날 수 있었다. 특히 현 정부에서 대한민국임시정부기념관 건립을 추진하여 대한민국 임시정부의 역사를 바로 세울 수 있는 기회를 마련했다.

대한민국임시정부기념관은 2021년 말이면 완공된다. 기념관 건립은 그동안 대한민국 임시정부가 겪었던 시련이나 잘못된 이해를 바로잡는 계기가 될 것이다. 국민들이 대한민국 임시정부가 우리 민족 반만년 역사의 한 부분임을 되새기고, 대한민국 임시정부가 우리 역사에서 갖는 의미를 객관적으로 이해할 수 있기를 바란다. 그동안 대한민국 임시정부를 연구해 온 연구자로서 이러한 기대를 담아 이 책을 펴낸다.

독립운동사를 넘어서는 반만년 역사의 대사건

"조선역사상 1천년래 제1 대사건", 단재 신채호 선생은 이를 '묘청의 난'이라고 했다. 금(金)나라의 압력에 맞서 금나라 정벌을 주장하고, 수도를 개

경에서 서경으로 옮겨 내정을 혁신하고자 한 묘청의 독립적이고 자주적인 기상을 높이 평가한 것이다. 우리 민족은 반만년 가까운 역사를 이어오고 있다. 반만년 역사에서 가장 큰 사건은 무엇일까? 세종의 한글 창제 등 여러 의견이 있겠지만, 반만년 역사에서 가장 커다란 사건 중 하나는 대한민국 임시정부 수립이 아닐까 생각한다.

반만년 동안 민족의 역사를 변화·발전시킨 사건들은 수없이 많았다. 그중에 민족의 역사를 크게 뒤바꾸어 놓은 사건이 있었다. 1919년 4월 11일에 '대한민국'이라는 국가를 건립하고, '임시정부'를 수립한 것이다. 이를 '대한민국 임시정부'라고 한다. '대한민국'은 '대한'이라는 나라의 주권을 국민이 갖는다는 뜻이고, 임시정부는 「헌법」 제1조에 "대한민국은 민주공화제로 함"이라고 하여 민주공화제 정부로 수립되었다. 국민이 주인인 국가를 건립하고, 민주공화제 정부를 수립한 것이다. 이는 반만년 역사에서 처음 있는 대사건이었다.

임시정부가 수립되면서 민족의 역사는 뒤바뀌었다. 단군이 세운 고조선부터 임시정부가 수립되기 이전까지의 역사는 군주가 국가의 주권을 행사하는 군주주권과 전제군주제의 역사였다. 이러한 민족사에 대전환이 일어났다. 반만년 동안 계속되어 오던 군주주권의 역사가 국민주권의 역사로, 전제군주제의 역사가 민주공화제의 역사로 바뀐 것이다. 우리 민족의 역사에서 국민주권과 민주공화제의 새로운 시대를 창조한 것이 대한민국 임시정부였다.

임시정부에 대한 이해의 시각을 넓힐 필요가 있다. 그동안 임시정부는 독립운동사의 범주에 국한하여 이해해 온 면이 없지 않다. 독립운동이라는 틀 안에서만 보려고 하면, 임시정부의 존재와 가치를 제대로 이해할 수 없다. 임시정부는 독립운동 과정에서 수립되었지만, 반만년 역사에서 이루어진 하나의 사건이기도 했다. 독립운동이라는 범주에서 벗어나 민족사의 차원에서 임시정부의 존재와 가치를 찾는 작업이 필요하다.

민족을 완전히 새로운 역사로 이끌다

　　대한민국 임시정부는 우리 민족 역사에서 새롭게 건립된 국가이고, 정부였다. 우리 민족은 단군이 고조선을 건국한 이래 수많은 나라를 세웠다. 나라가 망하면 다시 나라를 세우면서 반만년을 이어왔다. 고조선을 시작으로 부여, 고구려, 백제, 신라, 가야, 발해, 고려, 조선, 대한제국 등의 나라를 세웠다. 민족사의 전개 과정에서 대한제국이라는 나라가 1910년에 멸망했다. 대한제국이 멸망한 후 9년 만인 1919년에 우리 민족은 다시 나라를 세웠다. 그것이 대한민국이다.

　　민족의 역사가 임시정부 수립을 계기로 어떻게 변화·발전되었는지 생각해 볼 필요가 있다. 민족구성원들이 '백성'이라는 이름에서 벗어나 '국민'이라는 이름으로 살게 된 것, 이것이 가장 큰 변화 중 하나가 아닐까 한다. 군주주권 시대의 민족구성원들은 백성으로 불렸다. 백성은 아무런 권한도 갖지 못한 채, 오직 세금과 부역 등 의무만 지고 살았다. 이러한 백성들이 의무와 더불어 권리도 누리는 국민으로 살게 된 것이다. 백성이라는 이름으로 살다가 국민으로 살게 된 것, 이는 임시정부를 통해 이루어진 역사적 변화였다.

　　임시정부와 더불어 대한민국 임시의정원도 주목할 필요가 있다. 임시의정원은 지금의 국회와 같은 기관이다. 임시의정원은 헌법을 비롯해 각종 법률을 제정하면서, 입법기관 역할을 했다. 임시정부가 민주공화제 정부로 운영될 수 있도록 기반을 마련한 것이 임시의정원이었다. 임시의정원이 설립되어 활동하면서 한국독립당·민족혁명당·한국국민당 등 여러 정당이 생겨났고, 임시의정원은 이 정당들에 의해 운영되었다. 우리 민족 역사에서 입법기관을 설립한 것도, 정당을 중심으로 한 정당정치가 시작된 것도 임시의정원을 통해서였다.

단절이 아니라 살아서 과거와 현재를 이어온 역사

1948년 8월 15일에 수립된 대한민국 정부는 임시정부를 계승했다는 점도 알아야 한다. 1910년부터 1945년까지 일제시기를 민족의 역사가 단절된 것으로 보거나, 해방 이후 역사가 새로 시작된 것으로 이해하는 경향이 있다. 일제에 나라를 빼앗기고 식민지지배를 받았지만, 우리 민족의 역사는 단절된 적이 없다. 우리 민족은 살아 있었고, 식민지지배를 벗어나기 위해 독립운동을 전개했다. 그리고 독립운동 과정에서 민족의 역사를 변화·발전시킨 것들이 수없이 많다. 독립운동을 통해 창조된 역사적 경험들은 사라지지 않고, 해방 후의 역사로 이어졌다.

임시정부가 대한민국 정부로 이어진 것이 대표적인 예이다. 1948년 8월 15일 수립된 대한민국 정부는 제헌국회에서 수립되었다. 제헌국회가 열리기 전에 이미 1919년 4월 11일에 수립된 임시정부가 있었다. 제헌국회는 이를 무시하지 않았다. 국회의장 이승만은 개회사를 통해 임시정부를 계승·재건·부활하자고 제안했고, 제헌국회에서는 이승만의 제안을 그대로 받아들여 정부를 수립했다. 그리고 제헌헌법 전문에 대한민국 정부는 임시정부를 계승·재건한 것임을 밝혔다. 대한민국 정부가 임시정부를 계승했다는 사실을 헌법에 천명한 것이다.

카이로선언을 알아야 현대사가 보인다

오늘날 우리가 대한민국에서 살게 된 것은 임시정부가 있었기 때문이라는 사실도 알아야 한다. 흔히 임시정부가 무엇을 했느냐고 묻는 이들이 있다. 1945년 8월 15일 해방이 되었지만, 한반도는 미군과 소련군이 점령해 통치했다. 미국과 소련은 일본과의 전쟁에서 승리한 나라이다. 전쟁에서 승리한 후 일본이 식민 지배하던 한반도를 전리품으로 차지한 것이다. 이들은 일본과의 전쟁에서 엄청난 희생과 대가를 치르고 얻은 한반도지만, 영원히 차지하지는 못했다. 3년 만에 물러났다. 이를 미국과 소련이 우리 민족에게 베푼 은혜로 보아야 할 것인가?

미군과 소련군이 3년 만에 물러날 수밖에 없었던 데는 이유가 있었다. 1943년 카이로회의에서 일본이 패망하면 '한국은 자유 독립되게 한다'는 약속이 있었기 때문이다. 이 약속은 카이로회의에 참석한 미국, 영국, 중국을 비롯해 테헤란회담에서 소련의 동의도 얻었다.

연합국들이 한국의 독립을 보장한 것은 임시정부가 거둔 성과였다. 카이로회의가 열린다는 정보를 입수한 임시정부 요인들은 장제스(蔣介石)를 찾아가 "한국의 독립 주장을 지지하고 관철하여" 달라고 요청했고, 장제스는 어려운 일이지만 힘써보겠다고 했다. 카이로회의에서 영국이 끈질기게 반대했지만, 결국 합의문인 「카이로선언」에 '한국은 자유 독립되게 한다'는 내용이 들어갔다. 이는 임시정부가 중국을 움직여 거둔 성과였다. 미군과 소련군이 3년 만에 물러난 것도, 또 우리가 대한민국이라는 국가에서 살 수 있게 된 것도 임시정부 덕분이다.

내일로 이어지는 역사를 위해

　이러한 사실들은 지난 40여 년 동안 임시정부를 연구해 오면서 얻은 생각이고 결론이다. 정년 퇴임을 하고 그동안 연구해 온 것을 뒤돌아보면서, 이러한 사실을 일반 독자들에게 알리고 싶다는 생각을 하게 되었다. 그런 생각으로 기획한 것이 이 책이다. 글은 되도록 쉽게 쓰고자 했다. 형식도 연구 논문이 아니라, 주제를 선정하여 이야기하는 방법으로 썼다. 모두 22개의 주제를 선정해 임시정부 이야기를 담았고, 이를 편의상 5부로 나누어 정리했다. 이 책이 대한민국 임시정부의 존재와 가치를 이해하는 데 도움이 되기를 바란다.

　이 책을 내면서 특별히 고마움을 표시해야 할 두 분이 있다. 대한민국임시정부기념관 건립위원회의 김창희 위원과 ≪내일신문≫ 남봉우 기자이다. 김창희, 남봉우 두 분의 배려와 도움으로 2019년 대한민국 임시정부 수립 100주년 되던 해에 ≪내일신문≫에 "대한민국 임시정부 100년의 역사를 더듬다"라는 제목으로 연재할 기회를 가졌다. 모두 10회에 걸쳐 임시정부 이야기를 연재했다. 연재를 허락해 주신 ≪내일신문≫의 장명국 대표와 편집부에 감사의 마음을 전한다.

　≪내일신문≫에 실린 10편의 글을 다듬고, 12개 주제를 새로 써서 한 권의 책으로 엮었다. 이 책은 김창희, 남봉우 두 분이 아니었으면, 세상에 나올 수 없었다. 두 분께 깊이 감사드린다. 사진을 찾고 제공해 준 홍소연 전 백범김구기념관 자료실장에게도 고마운 마음을 전한다. 끝으로 이 책의 출간을 맡아준 (주)한울엠플러스 김종수 대표와 편집부에 감사의 말씀을 전한다.

2021년 3월 흑성산 기슭에서
한시준

차　례

| 제3부 | 연합군과 공동항전을 전개하다

제1부

반만년 역사를 깨우다

01

독립운동 과정에서
'대한민국'이라는 나라를 세우다

3·1운동, 대한민국을 건립하는 계기가 되다

독립운동을 어떻게 이해할 것인가? 이는 독립운동 연구의 오랜 숙제이기도 하다. '독립운동'을 일제에 빼앗긴 국토와 주권을 되찾기 위한 항쟁, 즉 일제와 싸운 것만으로 이해하는 경향이 일반적이다. 물론 독립을 쟁취하기 위해 벌인 일제와의 항쟁이 독립운동의 핵심이 되어야 한다. 그렇지만 생각해야 할 것이 하나 더 있다. 독립운동 과정에서 민족의 역사가 크게 변화·발전했다는 사실도 알아야 한다.

독립운동은 50여 년 동안 계속되었다. 1895년 의병들이 일어나 일제의 침략을 막아내기 위해 항전한 것을 독립운동의 시작으로 볼 수 있다. 그 뒤 1945년 해방을 맞이할 때까지 독립운동을 전개한 것이다. 50여 년에 걸친 독립운동 과정에서 우리 민족의 역사는 적잖이 변화·발전했다. 대표적 사례 중 하나가 '대한민국'이라는 나라를 세웠고, '임시정부'를 수립했다는 점이다.

한민족은 반만년 가까운 역사를 유지해 오고 있다. 단군이 고조선을 건

3·1독립선언서 1919년 3월 1일 발표한 독립선언서로, 핵심은 '우리 민족은 일제의 식민지지배를 부정한다는 것'과 '독립국'임을 선언한 것이다.

국한 이래 많은 나라들이 세워졌다. 부여, 고구려, 백제, 신라, 가야, 발해, 고려, 조선, 대한제국 등이 그러하다. 나라가 망하면, 다시 나라를 세웠다. 그러면서 반만년의 역사를 유지해 오고 있는 것이다. 1910년에는 대한제국이 망했다. 대한제국이 망한 후 다시 나라를 세웠다. '대한민국'이라는 나라였다.

대한민국을 건립한 것은 1919년이었다. 1919년은 대한제국이 멸망한지 9년째 되는 해였다. 한민족은 나라 없이 일제의 지배를 받고 있었고, 빼앗긴 나라를 되찾기 위해 독립운동을 벌이고 있었다. 1895년 일제의 침략을 막아내기 위해 전국 각지에서 의병들이 일어난 것을 시작으로, 국내를 비롯해 만주, 연해주, 중국 대륙, 미주 지역 등 세계 각지에서 독립운동을 전개한 것이다. 이러한 독립운동 과정에서 대한민국이 건립되었다.

대한민국을 건립하게 된 계기는 「3·1독립선언」이었다. 1919년 3월 1일 "오등(吾等)은 자(茲)에 아조선(我朝鮮)의 독립국(獨立國)임과 조선인(朝鮮人)의 자주민(自主民)임을 선언하노라"라고 한 독립선언서가 발표되었다. 독립선언의 핵심은 두 가지였다. 하나는 한민족은 일제의 식민지지배를 인정하지 않는다는 것이고, 다른 하나는 '독립국'임을 선언한 것이다. 이 선언을 한 뒤 독립국으로 세운 나라가 대한민국이다.

「3·1독립선언」이 발표된 후, 독립국을 세우는 작업이 진행되었다. 그 장소로 떠오른 곳이 중국의 상하이였다. 상하이(上海)는 일찍부터 독립운동 기지로 부각되던 곳이었다. 대한제국 군인 출신 신규식이 망명해 중국의 혁명 인사들과 교류를 하며 기반을 마련했다. 많은 인사들의 망명이 뒤따랐다. 이들이 동제사(同濟社)라는 단체를 조직해 활동하면서 독립운동 기반을 마련했다. 1917년에는 신규식·박은식·조소앙 등이 임시정부 수립을 제창하는 「대동단결선언」을 발표하면서, 상하이가 그 중심지로 떠올랐다.

신한청년당의 역할도 적지 않았다. 신한청년당은 1918년 11월 상하이에서 활동하던 여운형·김철·선우혁 등이 조직한 단체이다. 당시 여운형은 중국의 파리강화회의 참석을 촉구하기 위해 미국 대통령 우드로 윌슨(Woodrow Wilson)의 특사로 파견된 찰스 크레인(Charles Crane)을 만나 한국도 파리강화회의에 참석할 수 있다는 대답을 들었다. 신한청년당은 즉각 두 가지 일을 추진했다. 김규식을 대표로 선정해 파리강화회의에 파견했고, 국내·일본·만주·연해주 등에 당원들을 보내 그 소식을 알린 것이다. 이때 국내와 각지로 파견된 당원들은 여러 인사들을 만나 독립운동을 적극 추진할 것을 종용하는 한편, 상하이로 모일 것을 요청했다.

임시의정원 설립 후 '대한민국'을 건립하다

많은 인사들이 상하이로 모여들었다. 국내에서 3·1독립선언을 추진하던 민족 대표들이 현순과 최창식을 상하이로 보냈고, 만주와 연해주에서 활동하던 이동녕·이시영·김동삼·조성환·조소앙 등도 왔다. 일본에서 이광수·최근우, 미국에서 여운홍 등도 도착했다. 3월 말이 되자 1000여 명을 헤아릴 정도가 되었다. 이들은 여러 차례 회합을 가지며 '독립국'을 세우는 문제를 논의하고 준비했다.

4월 10일 저녁 10시에 현순·손정도·이동녕·조소앙·여운형 등 29명이 참석한 가운데 공식 모임이 진행되었다. 장소는 프랑스조계의 진선푸루(金神父路)에 있는 서양식 주택이었다. 여운형의 심문조서에는 진선푸루 60호로 되어 있지만, 당시 건물은 지금 남아 있지 않다. 다만 이광수의 회고를 통해 "이 집은 임시정부가 서면 정청으로 쓸 양으로 대양 삼백 원이나 세를 주고 얻은 곳"이라고 하는 것과 "잔디를 심은 뜰도 넓고 방도 여럿이었고 식당도 큰 것이 있고 댄스를 하게 반반마루를 깐 큰방도 있었다"라는 정도만 알 수 있을 뿐이다.

이들이 가장 먼저 한 일은 임시의정원 설립이었다. 회의가 시작되자 조소앙이 모임의 명칭을 임시의정원으로 칭하자고 했고, 신석우가 재청하여 그대로 가결되었다. 명칭을 결정한 후 의장·부의장·서기에 대한 선거를 실시했다. 그 결과 의장에 이동녕, 부의장에 손정도, 서기에 이광수와 백남칠이 선출되었다. 이러한 절차를 거쳐 임시의정원을 설립했다. 임시의정원은 지금의 국회와 같은 것이었다.

이들은 임시의정원을 설립한 후, 곧바로 제1회 회의를 열었다. 회의는 의장으로 선출된 이동녕의 사회로 진행되었다. 회의에서 가장 먼저 결정한 것은 국호(國號)였다. 3월 1일 '독립국'임을 선언했으니, 그 독립국의 이름을 정해야 했다. 신석우가 "국호를 대한민국이라 칭하자"라고 동의했고, 이영근이 재청하면서 국호가 '대한민국'으로 결정되었다. 이로써 '대한민국'이라는 이름의 국가가 새롭게 탄생했다.

국호를 왜 대한민국으로 결정했는지에 대해서는 알려진 것이 없다. 그렇지만 짐작할 수 있는 것이 있다. 1917년에 임시정부 수립을 제창한 「대동단결선언」이다. 1910년 8월 대한제국이 망한 것을 융희황제가 주권을 포기

상하이에서 29명의 의원들이 참석해
임시의정원을 설립한 기사록

임시의정원 제1회 회의에서 국호를
'대한민국'으로 결정했다는 기사록

한 것으로 설명하고, 군주가 포기한 주권을 국민들이 계승해야 한다는 내용이 있다. 이러한 논리에 따라 대한제국의 '제(帝)'를 '민(民)'으로 바꾸었다고 생각한다. 대한제국이나 대한민국의 정확한 국호는 '대한(大韓)'이었다. 대한제국은 대한이라는 나라의 주권을 황제가 가지고 있다는 것이고, 대한민국은 대한이라는 나라의 주권을 국민이 가지고 있다는 말이다.

두 번째로 결정한 것은 정부의 관제(官制)였다. 관제는 정부의 조직 형태를 말하는 것으로, 행정수반의 명칭은 무엇으로 하고, 행정부서로 어떤 기구를 설치하느냐 하는 문제이다. 행정수반의 명칭은 국무총리로 결정되었다. 행정부서는 내무·외무·법무·재무·군무·교통 등 6개 부서를 설치하기로 결정했다.

세 번째로 국무원을 선출했다. 국무원은 국무총리를 비롯해 6개 행정부서의 책임자를 말한다. 국무원 선출은 의원들이 구두로 추천하고, 추천된 인사들을 대상으로 무기명 단기식 투표 방식으로 이루어졌다. 국무총리에는 이승만·안창호·이동녕 등 3인이 추천되었고, 투표 결과 이승만이 당선되었다. 이어 같은 방법으로 6개 행정부서의 총장과 차장 선거도 실시했다. 선출된 국무원은 다음과 같다.

국무총리 **이승만**

내무총장 **안창호**　　　내무차장 **신익희**

외무총장 **김규식**　　　외무차장 **현 순**

법무총장 **이시영**　　　법무차장 **남형우**

재무총장 **최재형**　　　재무차장 **이춘숙**

군무총장 **이동휘**　　　군무차장 **조성환**

교통총장 **문창범**　　　교통차장 **선우혁**

국무원비서장 **조소앙**

　　선출된 국무원 대부분은 국외에서 활동하던 인사들이었다. 이승만과 안창호는 미국에서, 김규식과 이시영은 중국에서, 최재형·이동휘·문창범은 연해주에서 활동하고 있었다. 국내에서 활동하던 인사는 차장으로 선출된 신익희와 현순이었다. 법무총장 이시영을 제외하고, 선출된 국무총리와 총장들은 상하이에 없어 회의에 참석하지 않았다.

　　네 번째 절차로 헌법을 제정하여 통과시켰다. 헌법은 조소앙이 기초한 것으로 알려져 있다. 조소앙은 한말 일본에 유학해 메이지대학(明治大學) 법과를 졸업한 인물이다. 신익희·이광수·조소앙 3인을 심사위원으로 선정하여 초안을 심사한 후, 이를 회의에서 보고하도록 했다. 이 회의에서 초안을 일부 수정해 가결했다. 헌법의 명칭은 「대한민국임시헌장」이고, 제1조 "대한민국은 민주공화제로 함"을 비롯해 모두 10개조로 구성되었다.

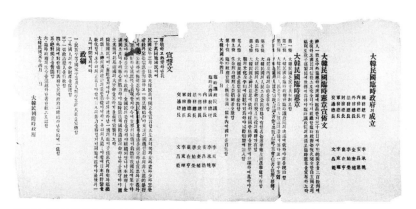

1919년 4월 11일 임시정부 수립 당시 제정·공포한 헌법(대한민국임시헌장)**과 선서문, 정강**

헌법을 제정·통과한 것을 마지막으로 모든 절차가 마무리되었다. 회의를 마친 것은 4월 11일 오전 10시였다. 4월 10일 밤 10시부터 회의를 시작해 임시의정원을 설립하고 국호, 관제, 국무원 선출, 헌법 제정 등을 논의해 결정한 것이다. 이를 통해 '대한민국'이라는 국가를 건립하고, 국무총리를 행정수반으로 하는 임시정부를 수립했다. 이것이 대한민국 임시정부다. 대한민국 임시정부는 제1회 임시의정원 회의를 통해 1919년 4월 11일에 수립되었다.

국민주권과 민주공화제의 시대를 열다

대한민국 임시정부의 수립은 민족사를 완전히 뒤바꾸어 놓은 역사적 사건이자 획기적인 사건이 아닐 수 없다. 우선 반만년 역사에서 '대한민국'이라는 국가를 건립했다는 점에서 그렇다. 두 번째는 국민이 국가의 주권을 갖는 시대를 열었다는 점에서 획기적인 사건이다. 대한민국 임시정부가 수립되면서 민족의 역사가 완전히 뒤바뀌었다. 한민족은 1910년 대한제국이 망할 때까지 수천 년 동안 군주가 주권을 행사하는 전제군주제에서 살아왔다.

임시정부의 수립으로 반만년 동안 이어져 온 군주주권의 역사가 국민주권의 역사로, 전제군주제의 역사가 민주공화제의 역사로 바뀐 것이다. 현재 우리는 국민이 주권을 행사하는 민주공화체제에서 살고 있다. 이러한 시대를 연 것이 대한민국 임시정부의 수립이다.

알아두어야 할 것이 하나 더 있다. 이러한 변화는 일부 인사들에 의한 것이 아니라, 한민족이 흘린 피의 대가라는 점이다. 대한제국 정부가 일제 침략에 제대로 대응하지 못할 때, 일반 백성들은 자발적으로 의병을 일으켜 일본군과 싸웠다. 싸우다 숨진 의병이 수만 명을 헤아린다. 또 독립을 선언한 후 남녀노소 할 것 없이 민족구성원 대부분이 태극기를 들고 만세시위운동을 벌였고, 이 과정에서 수많은 사람들이 죽거나 부상했다. 사망 7645명, 부상 4만 5562명, 체포 4만 9811명으로 기록되었을 정도다. 대한민국이라는 국가, 국민주권과 민주공화제는 이렇듯 피의 대가로 얻은 것이다.

상하이 외에 다른 곳에서도 임시정부가 수립되었다. 「3·1독립선언」 직후 모두 8개의 임시정부가 국내외에서 수립된 것으로 알려져 있다. 이 중 수립한 주체와 과정이 명확히 밝혀진 경우도 있고, 전단으로만 알려진 경우도 있다. 수립 주체와 과정이 명확하고, 인적 기반과 조직을 실제로 갖춘 임시정부는 세 곳이었다. 4월 11일 상하이에서 선포한 임시정부, 3월 17일 연해주에서 선포한 대한국민의회, 4월 23일 국내 서울에서 선포한 한성정부이다. 이 세 임시정부는 지역적 기반도, 인적 기반도 달랐다.

세 임시정부 모두가 민족의 대표기관이 될 수는 없으므로, 이를 통합하자는 움직임이 일어났다. 통합 문제는 대한국민의회 측에서 먼저 제안했고, 안창호에 의해 구체적으로 추진되었다. 안창호는 상하이에 수립된 임시정부의 내무총장이었다. 내무총장에 선출되었다는 소식을 받고, 안창호는 곧바로 미국을 떠나 상하이로 부임했다. 그리고 아직 부임하지 않은 이승만을 대신해 국무총리 대리도 맡았다.

안창호의 주도로 통합 작업이 추진되었다. 현순과 김성겸을 연해주로 파견해 대한국민의회 측과 통합 문제를 논의했다. 그 결과 정부의 위치는 상하이로 할 것, 정부의 명칭은 대한민국 임시정부로 할 것, 상하이와 연해주 정부의 각원은 모두 사퇴하고 한성정부에서 선출한 각원이 정부의 각원을 맡도록 하자는 것 등에 합의했다. 한성정부를 중심으로 통합하자는 것이었다. 한성정부를 정통으로 삼은 데는 국내에서 13도대표자대회라는 국민적 기반 위에 수립되었다는 점이 크게 작용했다.

통합정부를 구성하기 위해서는 거쳐야 할 절차가 있었다. 헌법개정과 정부를 개조하는 일이었다. 행정수반의 명칭을 대통령으로 하기 위해서는 헌법을 개정해야 했고, 정부의 각원도 한성정부의 각원으로 바뀌게 되므로 정부도 개조할 필요가 있었다. 이를 위해 '헌법개정안'과 '정부개조안'을 마련했다. 이는 제6회 임시의정원 회의에 제출되었고, 9월 6일 통과되었다. 이로써 세 임시정부를 통합하기 위한 기초가 마련되었다.

개정 헌법을 통과시킨 후, 임시의정원은 통합정부를 구성하는 절차에 들어갔다. 먼저 대통령 선거를 실시해 이승만을 대통령으로 선출했다. 각원의 선출은 한성정부의 각원을 그대로 계승하는 형식으로 이루어졌고, 9월 11일 통합정부 성립이 공포되었다.

대 통 령 **이승만**	
국무총리 **이동휘**	
내무총장 **이동녕**	외무총장 **박용만**
군무총장 **노백린**	재무총장 **이시영**
법무총장 **신규식**	학무총장 **김규식**
교통총장 **문창범**	노동국총판 **안창호**

이는 한성정부 각원을 그대로 옮겨놓은 것이다. 다만 집정관총재라는 명칭을 대통령으로 바꾸었을 뿐이다. 상하이·연해주·국내에서 수립된 세 임시정부가 통합을 이루면서, 대한민국 임시정부는 대통령을 행정수반으로 한 새로운 체제로 출범했다.

독립운동은 일제와 싸운 것만이 전부가 아니다. 독립운동 과정에서 민족의 역사를 변화·발전시키기도 했다. 일제에 나라를 빼앗긴 지 9년 만에, 또 독립운동을 전개하면서 대한민국이라는 국가를 건립하고 임시정부를 수립한 것이다. 대한민국 임시정부가 수립될 수 있었던 직접적인 계기는 3·1운동이었다. 3·1운동이라는 독립운동을 통해 대한민국이라는 나라를 세우고 임시정부를 수립했다는 사실을 명심해야 한다.

대한민국 임시정부가 수립되면서 민족의 역사가 완전히 바뀌었다는 점도 기억해야 한다. 수천 년 동안 지속되어 오던 군주주권의 역사에서 국민주권의 역사로, 전제군주제의 역사에서 민주공화제의 역사로 바뀐 것이다. 현재 우리는 대한민국이라는 국가에, 그리고 국민이 주권을 가진 민주공화체제에 살고 있다. 우리가 이렇게 살게 된 것은 대한민국 임시정부가 수립되었기 때문이다.

| 참고문헌 |

김희곤. 2004. 『대한민국임시정부 연구』. 지식산업사.

박찬승. 2013. 『대한민국은 민주공화국이다: 헌법 제1조 성립의 역사』. 돌베개.

서희경. 2012. 『대한민국 헌법의 탄생: 한국 헌정사, 만민공동회에서 제헌까지』. 창비.

윤대원. 2006. 『상해시기 대한민국임시정부 연구』. 서울대학교 출판부.

이현희. 1983. 『대한민국 임시정부사』. 집문당.

한시준. 2017. 『역사농단: 1948년 건국론과 건국절』. 역사공간.

02

대한민국 임시정부,
왜 상하이에서 수립했나

대한민국 임시정부가 수립된 곳은 중국의 상하이다. 상하이가 중국의 땅이기 때문에, 임시정부가 수립되는 데 중국의 지원이나 협조가 있었을 것으로 생각할 수 있다. 물론 중국의 도움이 없었다고 할 수는 없지만, 중국과는 특별한 관계가 없다. 임시정부를 수립할 수 있도록 도움을 준 것은 프랑스였다. 정확히 말하면, 상하이에 있던 프랑스조계 당국의 도움이 있었다.

당시 상하이는 크게 네 구역으로 나뉘어 있었다. 중국인 거주지역, 프랑스가 설치한 프랑스조계, 영국과 미국이 공동으로 설치한 공공조계, 일본인 거주지역이었다. 현재 위위안(豫園)이 있는 곳이 중국인 거주지역이었고, 그 위로 프랑스조계, 공공조계, 일본인 거주지역이 자리 잡고 있었다. 중국은 1840년 아편전쟁에서 패한 이후 항구를 비롯해 각 지역을 서구 열강에 조계지로 내주었다. 상하이에는 프랑스, 미국, 영국이 조계를 설치했다. 조계지는 중국의 영토였지만, 조계를 설치한 나라가 주권을 행사하는 곳이었다.

1919년 3월 1일 독립선언이 발표된 후, 국내외 각지에서 활동하던 많은 인사들이 상하이로 모여들었다. 상하이로 모여든 것은 독립선언을 통해 천명한 '독립국'을 세우기 위해서였다. 상하이가 독립국을 세울 수 있는 곳으

상하이 와이탄 전경　상하이 황푸강(黃浦江)의 와이탄(外灘) 부두는 독립운동가들이 망명할 때 도착한 곳이다.

로 부상한 것이다. 독립국을 세우려면 무엇보다도 국민적 기반이 있어야 한다. 당시 상하이는 국외 독립운동 기지 중 하나였지만, 독립국을 세울 수 있을 만한 국민적 기반이 없었다.

국민적 기반이 있던 곳은 국내였다. 하지만 일제가 조선총독부를 설치해 통치하고 있었기 때문에 국내에 독립국을 세울 수 있는 형편은 아니었다. 국내에 이어 국민적 기반이 있었던 곳은 만주와 연해주 지역이었다. 이곳에는 1860년대 이래 많은 한인들이 이주해 곳곳에 한인촌을 이루어 인구가 수십만 명에 이르렀다. 이뿐만 아니라 서간도의 류허현(柳河縣)과 북간도의 룽징(龍井), 연해주의 블라디보스토크(Vladivostok) 등에는 독립운동 기지가 있었다.

만주와 연해주 지역에 수십만 동포들이 거주하고 있었지만, 이곳은 남의 나라 영토였다. 만주는 중국 땅으로 중국인들이 거주하고, 중국인 관리들이 통치하는 곳이었다. 연해주 역시 러시아 땅으로 러시아인들이 거주했고, 러시아 관리들이 통치하고 있었다. 이들은 한국인들에게 비교적 관대한 정책

상하이의 프랑스조계와 영국·미국의 공공조계
대한민국 임시정부가 수립되고 활동한 곳은 프랑스조계였다.

을 폈지만, 일본과의 관계 변화에 따라 그 양상은 달라졌다. 제1차 세계대전으로 소련과 일본이 동맹국이 되면서 연해주에서 활동하던 독립운동가들이 추방되거나 체포된 일, 만주의 장쭤린(張作霖) 군벌이 일본과 「미쓰야(三矢)협정」을 맺고 독립운동가들을 살해한 일 등이 대표적인 사례다.

독립국을 선언했지만, 독립국을 세울 수 있는 곳이 없었다. 이러한 상황에서 떠오른 곳이 상하이였다. 상하이가 왜 그 대상이 되었는지에 대해 정확하게 알려진 것은 없다. 열강들의 조계지가 있어 국제도시였다거나 외교활동 전개에 유리했다는 점, 1910년대에 주요한 독립운동 기지였다는 점, 임시정부 수립을 제창한 「대동단결선언」이 상하이에서 발표되었다는 점, 신한청년당이 국내외 인사들에게 상하이로 모일 것을 촉구했다는 점 등을 들기도 한다.

프랑스조계, 정치 망명자들에게 관대했다

물론 앞서 말한 이유들이 크게 작용했을 것이지만, 독립국을 세울 수 있는 곳으로 상하이가 부상한 것은 프랑스조계와의 관계에서 찾아야 한다고 생각한다. 프랑스조계가 한국의 독립운동과 어떠한 관련이 있는지는 명확히 알 수 없다. 다만 프랑스는 프랑스대혁명의 정신인 자유, 평등, 박애를 내세우며 정치적 망명자들에게 비교적 관대했다. 이것이 프랑스조계를 선택한 계기가 아니었을까 추측해 볼 뿐이다.

프랑스조계와의 관계를 가늠해 볼 수 있는 사례가 있다. 1906년 민영찬이 프랑스조계를 찾아가 망명을 신청한 일이 그것이다. 민영찬은 대한제국 시기에 독일과 프랑스공사를 지냈던 인물이다. 1905년 「을사늑약」으로 외교권을 박탈당한 후 각국에 파견했던 공사들을 소환할 때, 민영찬도 소환되었다. 귀국하던 중 민영찬은 상하이에 도착해 프랑스조계에 망명을 신청했다. 프랑스조계 책임자는 이를 프랑스 정부에 보고했고, 보고를 받은 프랑스 정부는 프랑스조계 당국에 그를 보호하도록 지시한 것이다.

민영찬의 망명 신청을 받아준 것이 계기가 되어, 독립운동가들 사이에 프랑스조계에서는 한국인을 보호해 준다고 소문이 났던 것 같다. 신규식이 상하이로 망명해 프랑스조계에 거처를 마련한 것도 이 때문이 아닐까 생각한다. 대한제국 군인 출신인 신규식은 1911년 상하이로 망명하여, 프랑스조계에 거처를 마련했다. 그의 거처는 난창루(南昌路) 100호의 2층 집이었다. 이집은 지금도 원래 모습 그대로 남아 있다.

프랑스조계에 거처를 마련한 신규식은 중국의 혁명당 인사들과 교류하며 활동했다. 당시 프랑스조계에는 신해혁명을 주도했던 혁명당 인사들이 활동하고 있었다. 쑨원(孫文)의 거주지도 프랑스조계에 있었고, 중국동맹회의 쑹자오런(宋教人)·천치메이(陳其美)·황싱(黃興) 등도 이곳에서 활동하고 있었다. 중국어에 능통한 신규식은 이들과 교류하며 긴밀한 관계를 맺었다. 그리고 우창(武昌)봉기에 참여하는 등 중국의 혁명당 인사들과 함께 활동했다.

신규식의 활동 소식을 듣고, 많은 인사와 청년들이 상하이로 왔다. 만주와 연해주에서 활동하던 박은식·신채호 등을 비롯해 조소앙·여운형·선우혁·이광수 등 청년들도 찾아왔다. 신규식은 상하이로 온 인사들에게 머물 집을 마련해 주기도 했고, 청년들에게는 유학을 알선해 주기도 했다. 4·19혁 명 후 과도정권의 수반을 지낸 허정도 신규식의 주선으로 프랑스에서 유학 했다. "신채호·김규식 등이 그의 집에 기거했다", "조선인 망명객의 본거지 였다"라고 한 이광수의 회고가 그의 역할을 짐작케 한다.

신규식 등은 많은 인사들과 청년들이 모여들면서 조직적인 독립운동을 전개하고자 했다. 1912년 동제사라는 단체를 결성한 것이다. 동제사는 '동 주공제(同舟共濟)'에서 따온 것으로 '모두 한마음 한뜻으로 같은 배를 타고 피안(彼岸)에 도달하자'는 뜻이었다. '피안'은 독립을 의미한다. 모두 함께 힘 을 합쳐 독립을 이루자고 한 것이다. 동제사는 결성 이후 국내외 각지에서 활동하는 인사들과 연락하며 독립운동 방법을 모색했다. 이로써 프랑스조 계가 독립운동의 주요한 기지로 부상했다.

프랑스조계 당국은 한국인들의 활동에 비교적 관대해 임시정부 수립을 허락하고, 임시정부 인사들을 어느 정도 보호해 주었다. 「3·1독립선언」 후 상하이에 모인 인사들은 임시정부 수립을 추진하면서, 프랑스조계 당국에 양해와 협조를 요청했다. 프랑스조계 안에서 임시정부를 수립하고 활동하 기 위해서는 프랑스조계 당국의 양해와 협조가 반드시 필요했다.

임시정부 수립 하루 전, 여운형이 프랑스조계 당국자를 찾아가 영문으로 작성한 협조 요청서를 제출했다. 여운형은 그러한 사실에 대해 "임시정부 명칭이 결정된 후 상해 주재 프랑스영사에게 서면으로 교섭했더니, 프랑스 정부는 임시정부의 공식 발표에 반대하고, 또 임시정부가 문패를 다는 것은 불가하다는 회답이었지만, 사적으로는 원조한다는 양해를 얻었다"라고 기 술했다. 즉, 임시정부 수립에 대해 문제 삼지 않겠다는 태도였고, 다만 일본 과의 외교적 마찰을 우려해 공개적으로 활동하지 말 것을 부탁했다는 것이 다. 조건부 허락이었다고 할 수 있다.

프랑스조계, 임시정부 청사 폐쇄를 명령하다

임시정부는 공개적으로 활동하지 말라는 조건을 어겼다. 수립 후 공개적으로 활동한 것이다. 임시정부는 프랑스조계의 중심 거리인 샤페이루(霞飛路) 321호 2층 양옥집에 청사를 마련했다. 그리고 인도인과 베트남인을 수위로 고용해 청사 정문에 세우고, 사진과 같이 태극기도 내걸었다.

이뿐 아니라 일본인 신문기자의 방문과 취재를 허락하기도

대한민국 임시정부가 사용하던 청사 1919년 10월 11일에 찍은 것으로, 2층 오른쪽에 태극기가 게양되어 있다.

했다. 상하이에서 발행되던 일본의 ≪상하이일일신문(上海日日新聞)≫ 기자가 취재를 요청하자, 이를 받아들인 것이다. 일본인 기자는 1919년 9월 18일 임시정부 청사를 방문했다. 그는 청사를 지키던 수위와 교섭해 1층 현관으로 들어왔다. 현관은 청년 몇 명이 지키고 있었다. 다시 이들과 교섭해 허락을 받았다. 그는 청사 안으로 들어와 1층부터 2층까지 청사의 내부구조는 물론이고, 직원들이 근무하는 모습을 상세히 취재했다. 이것이 일본 신문에 그대로 보도되었다.

임시정부의 존재와 청사의 모습이 신문을 통해 공개되자 일본은 프랑스에 강력히 항의했다. 당시 상하이에 있던 일본 총영사관이 베이징(北京)에 주재하던 프랑스공사에게 항의한 것이다. 항의를 받은 프랑스공사는 프랑스조계 책임자를 질책했다. 그는 "우리 조계 내에 동맹국가 정부에 대한 반란의 중심부가 존재하도록 할 수 없으며, 이러한 상황을 종식시키는 데 필요

한 모든 조취를 취하라"는 명령을 내렸다.

공개적으로 활동하지 말라는 약속을 어긴 임시정부는 엄청난 대가를 치러야 했다. 1919년 10월 17일 프랑스조계 책임자는 임시정부에 48시간 이내에 청사 안에 있는 깃발과 집기를 모두 없애고, 청사를 완전히 폐쇄하라는 단호한 조치를 내렸다. 이뿐만 아니라 임시정부에서 발행하던 독립신문사도 폐쇄하라고 했다.

임시정부는 프랑스조계 당국의 명령을 따르지 않을 수 없었다. 명령을 받은 후 곧바로 청사를 폐쇄했다. 건물에 걸었던 태극기도 내렸고, 사무실도 완전히 비웠다. 그 뒤 임시정부는 별도의 청사를 두지 못했다. 국무원을 비롯해 행정 각 부서는 각 부서 책임자가 거주하는 곳에서 사무를 보았다. 예를 들면 내무부는 내무부장, 외무부는 외무부장이 거주하는 곳에서 사무를 본 것이다.

청사 폐쇄 조치와 더불어 활동에도 제약을 받은 것으로 보인다. 활동이 어려워지자 임시정부를 필리핀으로 이전하자는 논의가 있었다. 안창호는 1920년 6월 21일 자 일기에 이동녕이 찾아와 임시정부를 필리핀으로 이전하는 문제를 논의했다고 적었다. 그 뒤 필리핀 이전 문제는 더 이상 논의되지 않았지만, 프랑스조계에서의 활동이 적잖이 어려웠음을 짐작할 수 있다.

프랑스조계, 임시정부를 보호하다

프랑스조계 당국은 임시정부 청사의 폐쇄를 명령했지만, 임시정부 인사들은 보호하려고 했다. 폐쇄 명령을 내린 후 프랑스조계 당국은 일본이 임시정부 요인들에 대한 체포를 요구할 경우 어떻게 대처할지 고민했다. 프랑스조계에서 약 2km 거리에 일본 총영사관이 있었다. 일본이 임시정부 인사들을 체포하겠다고 체포영장을 가지고 오면, 프랑스조계 당국은 이를 물리치기 어려운 상황이었다.

프랑스조계 당국은 임시정부 인사들을 보호할 방안을 강구했다. 최근에 프랑스에서 수집한 자료에 의하면, 10월 21일부터 주(駐)상하이 총영사 앙리 윌덴(Henri A. Wilden), 주베이징 공사 포프(Poppe), 주일 공사 밥스트(Babst) 이 세 사람이 모여 방안을 논의한 것이다. 이들은 일본이 임시정부 인사들의 체포를 요구할 경우 프랑스조계 당국이 이를 거절하기 어려우므로, 그들을 프랑스 본국으로 데려가 보호하자는 데 의견을 모으고, 이를 프랑스 외무장관에게 보고했다.

당시 프랑스의 외무장관은 피숑(Pichon)이었다. 보고를 받은 그는 '임시정부 인사들을 어떻게 프랑스로 데리고 올 것이며, 데리고 온들 그들을 어떻게 보호할 것이냐'고 하며, 다른 방안을 제시했다. "일본 정부는 일본에 있는 인도차이나 혁명가들의 음모를 감시하겠다고 우리에게 다짐했다. 일본이 한국인들의 추방을 요청한다면 우리는 그들이 분명히 받아들이지 않을 꾸옹테(Cuon De)와 그의 동료들의 인도를 요구하라"고 한 것이다.

당시 일본에는 베트남 독립운동가들이 활동하고 있었다. 베트남은 프랑스의 식민지지배를 받던 나라였고, 프랑스에 맞서 독립운동을 전개하고 있었다. 일본에도 그 세력들이 있었고, 중심인물이 베트남 왕자 꾸옹테였다. 일본이 임시정부 인사들의 체포·인도를 요구해 오면, 일본에서 활동하고 있는 꾸옹테를 먼저 체포·인도할 것을 요구하라는 것이었다. 일본이 받아들일 수 없는 제안을 해서, 일본의 체포 요구를 거절하라는 지시였다.

프랑스조계 당국은 외무장관이 지시한 방법으로 임시정부 인사들을 보호했다. 일본 총영사관에서 한인들에 대한 체포·인도를 요청해 오자, 꾸옹테의 체포·인도를 요구한 것이다. 이러한 방법으로 프랑스조계는 임시정부 인사들을 보호했다. 다른 방법도 있었다. 일본의 요구를 거절할 수 없을 경우, 사전에 알려주어 피신하도록 한 것이다.

임시정부는 이와 같은 프랑스조계의 보호에 감사를 표했던 것 같다. 프랑스조계에서 작성한 자료를 보면, 1920년 8월 안창호가 찾아와 '지금까지 보호해 준 데 대해 감사'하고, '앞으로도 보호해 줄 것을 요청했다'는 내용이 있다. 『백범일지』에도 그러한 내용이 보인다. 김구는 경무국장으로 활동하면서, 누구보다도 프랑스조계 당국과 접촉이 많았던 인물이다. 그는 다음과 같이 기록했다.

당시 프랑스조계 당국은 우리 독립운동에 대해 특별히 동정적이었다. 일본 영사로부터 우리 독립운동자에 대한 체포 요구가 있을 때는 우리 기관에 통지해주었으며, 급기야 체포시에는 일본경관을 대동하고 빈집을 수색하고 갈 뿐이었다.

매해 크리스마스 때는 최소 수백원의 물품을 사서 프랑스영사와 공무국과 예전의 서양친구들에게 보냈다. 이 일은 어떤 곤란에 처한 중이라도 14년 동안 계속한 연중행사로…….

첫 번째 인용문은 프랑스조계 당국이 어떻게 보호해 주었는지를, 두 번째 인용문은 그에 대해 어떻게 감사를 표시했는지를 각각 보여준다. 널리 알려져 있듯이 임시정부는 상하이에서 활동하는 동안 경제적으로 극히 어려운 상황이었다. 그런데도 프랑스조계 당국에 감사 표시를 14년 동안 거른 적이 없다고 할 정도로 그들은 고마운 존재였다.

그러나 프랑스조계 당국도 더는 임시정부와 그 요인들을 보호하기 어려운 일이 일어났다. 1932년 4월 29일 윤봉길 의사가 홍커우(虹口)공원에서 거행된 천장절 및 상하이 전승 기념행사에서 폭탄 투척 의거를 결행한 일이었다. 이 의거로 상하이 일본 거류민단장 가와바타 데이지(河端貞次)와 육군대장 시라카와 요시노리(白川義則)가 죽고, 주중 일본공사 시게미쓰 마모루(重光葵)를 비롯해 육군 중장 우에다 겐키치(植田謙吉) 등 일본군 수뇌부 요인들이 커다란 부상을 입었다. 이를 주도한 사람이 김구였다.

일본 총영사관은 이 의거를 임시정부가 주도한 것으로 파악하고, 곧바로 경찰들을 프랑스조계로 보냈다. 일제 경찰은 임시정부 요인들에 대한 체포영장을 내밀었고, 프랑스조계 당국은 이를 거절할 수 없었다. 일제 경찰들은 대대적으로 수색을 벌였고, 안창호를 비롯해 미처 피신하지 못한 요인 11명이 체포되었다. 수색은 계속되었고, 푸칭리(普慶里)에 있는 임시정부 청사에도 들어가 관련 문서들도 모두 압수해 갔다. 프랑스조계로부터 더는 보호받을 수 없게 되었다. 김구를 비롯한 일부 인사들은 자싱(嘉興)으로 피신했고, 임시정부는 항저우(杭州)로 옮겨갔다.

일반적으로 임시정부는 상하이에서 수립되었다고 알려져 있다. 잘못되었다고 할 수는 없지만, 정확히 말하면 프랑스조계에서 수립되었다. 임시정부와 관련해 꼭 기억했으면 하는 나라가 있다. 바로 프랑스이다. 임시정부를 수립하고 활동할 수 있도록 도와준 나라는 프랑스였다. 프랑스조계에서 수립된 임시정부는 프랑스조계 당국의 협조와 도움으로 14년 동안 프랑스조계에서 활동할 수 있었다.

| 참고문헌 |

김구. 『(백범 김구 자서전) 백범일지』. 2002. 나남출판.
대한민국임시정부기념사업회. 2006. 『프랑스 소재 한국독립운동 자료집』 1. 역사공간.
손과지(孫科志). 1999. 「대한민국임시정부와 프랑스조계」. 『대한민국임시정부수립80주년기념논문집』
　　하. 국가보훈처.

신승하. 2003. 「예관 신규식과 중국혁명당인과의 관계」. 『신규식 민필호와 한중관계』. 나남출판.

윤종문. 2016. 「1920년대 프랑스의 상하이 한인독립운동에 대한 정책과 그 성격」. ≪한국근현대사연구≫, 79.

장세윤. 2019. 「대한민국임시정부와 상해 프랑스조계」. ≪한국근현대사연구≫, 88.

한시준. 1996. 「상해의 임시정부 청사 소재지에 관한 고찰」. ≪한국근현대사연구≫, 4.

_____. 2016. 「대한민국 임시정부와 프랑스」. ≪한국근현대사연구≫, 77.

홍순호. 1985. 「독립운동과 한불관계」. 『한국독립운동과 열강관계』. 평민사.

03

연통제와 교통국을 통해
국내와 연계하다

국내 국민들과 연계하는 방법을 마련하다

대한민국 임시정부가 안고 있던 가장 큰 문제는 국내와의 연계였다. 정부는 중국 상하이에, 그 기반인 국민들은 국내에 있었다. 정부로서 국민적 기반을 확보하는 일이 무엇보다도 중요했고, 독립운동을 위해서도 국민들과 긴밀한 관계를 맺어야 했다. 국내와의 연계는 쉬운 일이 아니었다. 거리가 멀다는 점도 있었지만, 일제가 통치하는 '적 점령지역'이었고, 국민들은 적의 삼엄한 통제를 받고 있었기 때문이다. 임시정부는 국내와 연계를 맺고자 연통제와 교통국이라는 제도를 마련했고, 이를 위해 정보기구를 설립·운영했다.

국내와의 연계는 수립 직후부터 추진되었다. 그것을 주도한 것은 내무총장 안창호였다. 안창호는 수립 당시 미국에 있었다. 내무총장으로 선출되었다는 통보를 받은 그는 곧바로 미국을 출발해 1919년 5월 상하이에 도착했다. 국무총리를 비롯한 국무원들은 아직 부임하지 않고 있었다. 안창호는 미국에서 가지고 온 자금으로 정부 청사를 마련하고, 집무를 시작했다. 국무

국무원 1919년 10월 11일. 임시정부는 수립 초기 연통제와 교통국을 설립해 국내와 연계를 맺고, 특파원을 파견하여 각종 정보활동을 전개했다. 앞줄 왼쪽부터 신익희·안창호·현순, 뒷줄 왼쪽부터 김철·윤현진·최창식·이춘숙.

총리 대리도 맡았다. 그는 차장들과 함께 정부 조직과 기반을 마련하는 한편, 국내와의 연계 방안을 모색했다.

국내와의 연계 방안은 1919년 7월과 8월에 마련되었다. 7월 국무원령 제1호로 '임시연통제'를, 8월 제2호로 '임시지방교통사무국장정'을 제정한 것이다. 이를 각각 연통제와 교통국이라고 한다. 연통제는 내무부에서 관할하는 일종의 행정조직망으로 국내의 도는 독판(督辦), 부는 부장(府長), 군은 군감(郡監), 면은 면감(面監)을 책임자로 임명해 이들이 행정 사무를 맡도록 하는 제도였다. 교통국은 교통부 산하에 설치한 것으로, 임시정부와 국내를 연결하는 교통·통신연락망이었다.

연통제와 교통국은 특파원을 통해 운영했다. 특파원은 상하이와 국내를 연결해 주는 일종의 비밀연락원이자 정보요원이었다. 연통제를 발표한 7월부터 각 도 단위와 경부선을 비롯한 철도 연변에 특파원을 파견했다. 특파원의 임무는 다양했다. 국내 행정조직 책임자에게 임명장을 전달하는 것을 비롯해 정부의 법령과 공문 배포, 비밀결사와의 연계, 유력 인사의 탈출, 선전 활동, 시위운동, 자금 모집, 정황 시찰 등이었다.

임시정부는 상하이에서 활동하던 인사들을 특파원으로 파견했다. 국내에 파견한 특파원은 자료로 확인된 사람만 32명이다. 한 사람이 몇 차례 파견된 경우도 있다. 이들은 국내로 들어와 임무를 수행해 큰 성과를 거두었다. 1919년 말에 이르면 서울에 총판부가 설치되고, 평안도·함경도·황해도 등 북부 지역을 비롯해 경기도와 충청도 일부 지역에도 행정망을 조직한 것이 그 성과였다.

상하이와 국내를 연결하는 교통망도 설치했다. 교통망 설치는 교통국을 통해 이루어졌다. 교통국의 거점은 안둥(安東)에 마련했다. 안둥은 현재의 단둥(丹東)이다. 상하이와 안둥 사이에는 배편이 있었다. 안둥은 신의주 맞은편에 있는 도시로, 압록강만 건너면 바로 국내와 연결되는 곳이었다. 안둥에는 한국 독립운동에 매우 협조적인 아일랜드인 조지 쇼(George Shaw)가 있었고, 그는 일본 총영사관의 영향이 미치지 않는 구시가지에서 이륭양행(怡隆洋行)이라는 무역회사를 경영하고 있었다. 그 2층에 안둥교통사무국을 설치한 것이다.

안둥교통사무국은 상하이와 국내를 연결하는 중간 거점으로, 교통부에서 직접 책임자를 파견해 관리하고 운영했다. 선우혁·홍성익 등을 국장으로 임명해 업무를 담당하도록 한 것이 그 예이다. 국내로 파견되는 특파원들은 이를 이용했다. 특파원들은 상하이에서 배를 타고 안둥에 도착하여 안둥교통사무국을 찾아간다. 그러면 교통사무국 직원들이 특파원에게 국내로 들어가는 시간과 방법 등을 주선하고, 그에 따라 압록강을 건너 국내로 들어갔다.

국내에서는 곳곳에 설치된 비밀연락소를 이용했다. 비밀연락소는 극비리에 운영되었기 때문에 그 실상이 다 밝혀져 있지는 않지만, 사례가 있다.

국내를 6번 왕래했던 정정화 여사의 회고에 의하면 신의주 세창양복점이 비밀연락소였고, 양복점 주인 이세창의 안내를 받아 서울까지 왔다고 한다. 안희제가 운영하던 부산의 백산상회도 비밀연락소였다. 또 설정이긴 하지만, 영화 〈암살〉에 나오는 '아네모네'라는 술집도 마찬가지이다.

국내활동을 위해 정보기구를 설립하다

연통제, 교통국, 특파원을 통해 국내와 연계를 맺고 있던 임시정부는 더 전문적인 정보기구를 설립했다. 1920년 1월 19일 국무회의에서 선전기관을 설립하기로 하고, 안창호를 선전위원장으로 선출했다. 선전기관이란 정보기구를 말하는 것이다. 당시 안창호의 직책은 노동국총판이었지만, 그동안 연통제와 교통국을 설립하고 특파원들을 국내로 파견하는 일 등을 주도해 왔었다.

정보기구 설립은 안창호가 맡았다. 그는 선전기관의 조직과 활동에 필요한 규정을 마련했으며, 직접 선전대원을 선발했다. 그의 일기를 보면 선전대원으로 정인과·임득산·김석황 등을 선발했다고 한다. 선전대원은 위원장의 명령을 직접 받아 비밀리에 활동했으므로, 대원들도 서로의 존재를 알지 못할 정도로 비밀리에 선발했다.

정보기구 조직과 활동에 대한 규정도 마련했다. 안창호는 메이지대학(明治大學) 법과 출신 손두환에게 규정을 기초하도록 했다. 명칭은 '지방선전부'로 결정되었고, 1920년 3월 10일 '지방선전부규정'이 국무원령 제3호로 공포되었다. 지방선전부는 '내외에 있는 국민에 대한 선전사무를 강구 집행하는 비밀기관'으로 조직은 총판, 부총판, 이사, 선전대원으로 구성되었다. 지방선전부는 종전의 연통제, 교통국, 특파원을 통해 이루어지고 있던 정보

활동을 조직화하고 체계화한 정보기구였다.

선전대원의 임무와 복무에 대한 규정도 마련했다. 선전대원의 임무는 '조선총독부 관리 및 한인 관리의 행동', '일제의 정책', '국내 독립운동 상황', '국민의 민심 동태' 등을 상세히 조사 파악하고, 이를 매주 한 번씩 대장에게 보고해야 했다. 복무규정은 '진충보국(盡忠報國)'과 '결사(決死) 정신'의 자세를 가질 것, 어떠한 어려움이 있어도 상관의 지휘명령을 수행해야 하고, 상관의 명령 없이 멋대로 활동한다거나 자신은 물론이고 동료의 신분을 어느 누구에게도 밝혀서는 안 되며, 직무와 관련한 내용을 공개해서도 안 되고, 정보 수집에는 객관성을 유지해야 한다고 했다.

특파원과 선전대원들은 다양한 정보활동을 벌였다. 국내 유력인사를 상하이로 탈출시킨 것이 그 하나다. 성공한 사례는 김가진의 탈출이었다. 김가진은 대한제국에서 농상공부대신과 법부대신, 충청도 관찰사 등 고위 관직을 지냈고, '합병' 직후에는 일제로부터 남작 작위를 받은 인물이다. 3·1운동 직후에는 전협·최익환 등이 비밀결사로 조직한 조선민족대동단의 총재로 추대되었다. 이러한 김가진이 상하이로 탈출한 것이다.

김가진의 탈출은 특파원에 의해 이루어졌다. 김가진은 안창호에게 망명할 뜻을 전했고, 안창호는 특파원 이종욱을 파견했다. 이종욱은 오대산 월정사의 승려 출신으로 국내로 세 차례나 파견된 베테랑이었다. 국내로 잠입한 그는 대동단원 송세호, 정남용과 접촉해 대동단의 주도적 인물인 전협을 소개받았다. 이종욱이 전협에게 협조를 요청하여, 김가진 탈출을 추진했다.

상하이까지 길 안내는 이종욱이 맡았

상하이로 탈출한 김가진

다. 김가진은 그의 아들 김의한을 대동했고, 이종욱은 이들과 함께 일산역에서 경의선 기차를 탔다. 일제 경찰의 감시를 피하기 위해 서울역이 아닌 일산역을 택한 것이다. 이들은 신의주를 거쳐 안둥에 도착했고, 안둥에서 이륭양행이 운영하는 계림호를 타고 1919년 10월 30일 상하이에 도착했다. 가족들도 나중에 신문을 보고서야 알았을 정도로, 그의 탈출은 극비리에 이루어졌다.

일제 식민 당국은 김가진의 탈출에 엄청난 충격을 받았다. 한말 고위 관직을 지냈으며, 더욱이 남작 작위까지 받은 인물이 임시정부를 찾아갔기 때문이다. 일제로서는 수치가 아닐 수 없었다. 총독부 경무국은 김가진을 데려오기 위해 역공작을 폈고, 정필화를 상하이로 파견했다. 정필화는 김의한의 아내 정정화의 8촌 오빠였다. 정필화는 상하이에 갔지만, 경무국장 김구에게 발각되어 처단되었다. 김구는 『백범일지』에 "정필화를 비밀리에 검거해 심문하니 그가 사실을 낱낱이 자백하므로 교수형에 처했다"라고 썼다.

의친왕 이강도 탈출시키려 했다. 의친왕은 고종의 다섯째 아들로, 일제의 삼엄한 감시를 받고 있었다. 의친왕 탈출은 전협을 비롯한 대동단원들에 의해 추진되었다. 전협은 '의친왕이 가지고 있는 경상남도 통영의 어업권을 다른 사람에게 알선해 주겠다'는 핑계로 의친왕의 심복인 정운복에게 접근했다. 알선료 지불을 미끼로 그를 매수했고, 의친왕과 직접 만남을 주선하겠다는 약속을 받았다.

전협은 의친왕과 만날 장소를 공평동으로 정했다. 공평동에 집을 빌려놓고, 대동단원들을 하인으로 위장하여 배치시켰다. 위조지폐로 돈뭉치도 만들어두었다. 일이 틀어질 경우를 감안해 대비책도 세웠다. 어업권 문제가 아닌 상하이로 가자는 문제를 꺼냈을 때, 심복인 정운복이 반대하거나 저항하면 그를 처단하기로 한 것이다. 이들을 암매장할 구덩이도 파놓았다.

1919년 11월 9일 밤 11시, 의친왕이 약속 장소에 왔다. 전협은 자신들의 계획을 털어놓았다. 의친왕에게 상하이로 가서 임시정부에 합류할 것을 권고한 것이다. 의친왕은 당황했고, 정운복은 반대했다. 하인으로 위장한 대동단원들이 정운복을 옆방으로 끌고 가서 권총을 들이댔다. 정운복은 뜻에 따르겠다고 하며 의친왕에게 "전하, 결심하소서"라며 상하이행을 촉구했다. 긴장된 순간이 지나고, 의친왕은 상하이로 갈 것을 응낙했다.

의친왕이 응낙하자, 곧바로 행동에 들어갔다. 의친왕과 재갈을 물린 정운복을 인력거에 태워 고양군 은평면에 있는 최성호의 집으로 데려갔다. 사전에 물색해 놓은 곳으로, 안둥행 열차표를 책임진 이을규가 기다리고 있었다. 그런데 여기서 뜻밖에 문제가 생겼다. 의친왕은 고종에게 받은 120만 원의 채권증서를 가져가려 했고, 애첩 김흥인과 간호부도 데려가겠다고 한 것이다. 대동단원 이재호가 의친왕이 거주하던 이문동 집에 가서 이들을 데려왔다. 이 때문에 시간이 지체되었다.

의친왕은 허름한 옷차림으로 변장했다. 11월 10일 밤 이을규·한기동·송세호·정남용 등이 의친왕과 함께 수색역에서 안둥행 기차에 올랐다. 의친왕은 3등 칸에 탔다. 한기동은 개성까지, 송세호는 평양까지, 정남용은 안둥까지, 이을규는 상하이까지 모신다는 계획이었다. 의친왕의 잠적이 알려지자 일제 경찰에 비상이 걸렸다. 수완이 뛰어난 한인 경찰 김태석이 투입되었다. 그는 의친왕이 탈출했다고 판단하고, 신의주 경찰서에 타전해 안둥역에 경찰을 배치하도록 했다. 안둥역에 도착하여 개찰구를 나오던 의친왕은 지키고 있던 경찰들에게 발각·체포되었다.

3·1운동에 이어 제2차 독립시위운동을 추진하다

'제2차 독립시위운동'도 추진했다. 3·1운동에 이어 국내에서 대규모 시위운동을 일으킨다는 계획이었다. 거사일을 1919년 10월 31일로 잡았다. 이

날은 일왕의 생일인 천장절이었다. 일왕 요시히토(嘉仁)의 생일은 8월 31일이지만, 일왕의 병으로 인해 10월 31일을 축일로 잡았다. 시위운동의 효과를 극대화하기 위해 이날을 선택한 것이다.

8월과 9월 '시위운동 준비 및 실행'이라는 임무를 부여해 특파원들을 국내로 파견했다. 특파원들은 평안도에서부터 전라도까지, 또 경부선·경의선·경원선 등 철도 연변 일대에 파견되었다. 이들은 조선민족대동단·대한독립애국단·대한민국청년외교단 등 국내의 비밀결사와 함께 시위운동을 계획했다.

특파원들은 각종 포고문도 살포했다. 포고문은 내무총장 이동녕 명의로 된 「남녀학생에게」, 「상업에 종사하는 동포에게」, 「천주교동포여」 등이었다. '우리들의 의사를 한 번 더 분명히 발표키 위하여 다시 두 손을 높이 드사이다', '적의 심담이 서늘토록 천지가 동하는 만세를 합창하사이다'라며, 온 국민이 다시 일어설 것을 촉구하는 내용이었다. 특별히 천주교 동포들에게 "여러분은 대한민족이 아니냐"며, 3·1운동 때 적극적이지 않았던 천주교의 분발을 촉구했다.

발표할 선언서도 작성했다. 선언서 말미에 「공약 3장」을 둔 것과 민족대표 30명의 서명 등, 내용이나 형식에서 「3·1독립선언서」와 흡사했다. 그러나 선언서 문제로 제2차 시위운동은 차질을 빚었다. 국내에서 활동하던 대동단 등 비밀결사 측에서 국내 인사들의 명의가 아니면 시위운동이 효과를 거둘 수 없다며, 국외 인사들로 구성된 민족 대표를 다시 선정하자고 한 것이다. 인선 작업이 진행되었지만, 거사일까지 완료하지 못했다.

10월 31일 상하이에서는 대한민족 대표 명의로 된 선언서를 발표했지만, 국내에서는 발표하지 못했다. 독립선언서 없이 시위운동이 일어났다. 대동단의 민강 등이 독립청년단·애국청년단 등과 함께 동대문 밖과 파고다 공원에서 시위운동을 일으켰다. 평양에서도 일어났다. 장대현교회에서 위장 결혼식을 마치고 시위운동에 돌입했다. 항일 연설을 하던 여학생을 일제 경찰이 참혹하게 잡아가는 광경을 보고, 시위운동은 격렬해졌다. 시민들은 철시(撤市)하고, 숭실·광덕·광성 학교 학생들이 며칠 동안 격렬한 시위운동을 벌인 것이다.

특파원들은 선전활동도 벌였다. 선전활동은 국민들에게 임시정부의 존재와 활동상을 알리는 것으로, 임시정부에서 발행하는 공식 문건과 각종 포고문을 국민들에게 전달·배포하는 식으로 추진되었다. 임시정부에서는 헌법·법령 및 활동 사항을 수록한 ≪대한민국임시정부공보≫를 비롯해 국무원, 각부 총장 명의로 「적과 일체 관계를 단절하라」, 「관공리 퇴직권고문」 등의 포고문을 발표했다. 이 외에 ≪독립신문≫, ≪신한청년≫ 등 신문과 잡지들도 있었다. 이것을 국내로 가지고 와 국민들에게 배포한 것이다.

선전활동은 상당한 성과를 거두었다. 무엇보다도 국내의 국민들이 임시정부가 수립되어 활동한다는 사실을 알게 되어, 독립에 대해 희망을 품게 된 것이다. 비밀결사들도 조직되었다. 대한민국청년외교단·대한민국애국부인회·의성단 등이 결성되어 임시정부와 연계를 맺으며 활동한 것이다. 이들은 임시정부를 후원하는 비밀결사였고, 독립운동 자금을 마련해 보내기도 했다. 이뿐만 아니었다. 서울에서 한인 경찰 40여 명이 파업을 결행하기도 했다.

이와 같은 임시정부의 선전활동에 총독부는 매우 당혹스럽고, 곤혹스러워했다. '어느 것이고 국가 부흥에 대해 서술하거나 일본을 저주하는 망설'이라며, '선전 방법은 실로 교묘하기 이를 데 없다'는 경무국장의 보고서가 그것을 말해준다. 경무국은 대책을 마련했다. 경무국장이 평안도에 출장해 군수들을 모아놓고 '임시정부가 해산되었다'고 선전하도록 지시한 것이 그 한 예이다. 임시정부 해산설을 유포하며, 역선전에 나선 것이다.

특파원과 선전대원들을 통한 국내 정보활동은 오래 지속되지 못했다. 이들의 활동을 파악한 일제가 삼엄히 경계해 국내로 파견된 대원들이 하나둘

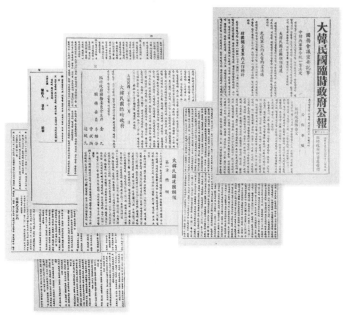

대한민국임시정부공보 어떤 정부에서건 헌법·법령·인사 등 정부의 활동과 관련한 '관보'를 발행한다. 임시정부에서도 수립 직후부터 해방 때까지 ≪대한민국임시정부공보≫를 발행했다.

체포된 것이다. 1920년 7월에는 이륭양행의 조지 쇼도 체포되었다. 1922년 말경이 되면 더는 활동할 수 없는 상태에 이르러, 국내와의 연계는 거의 단절되고 말았다. 이로써 임시정부는 인적·재정적 기반을 상실하게 되었다. 그 뒤 활동은 말할 것 없고, 정부의 조직을 유지·운영하는 데도 커다란 어려움에 빠졌다.

흔히 임시정부는 중국 상하이에 위치하고 있었기 때문에 국민적 기반을 갖지 못했다고 이해한다. 그러나 임시정부는 수립 직후부터 국내에 있는 국민들과의 연계를 모색했다. 이를 위해 연통제와 교통국 제도를 마련하고, 특파원들을 국내로 파견한 것이다. 이뿐만 아니라 국민적 기반을 확보하기 위해 일종의 정보기구인 지방선전부를 설립·운영하기도 했다. 지방선전부는 현재의 국가정보원과 별반 다르지 않은 기구였다.

| 참고문헌 |

김구.『(백범 김구 자서전) 백범일지』. 2002. 나남출판.

김용달. 1999.「대한민국 임시정부의 국내특파원」.『대한민국임시정부수립80주년기념논문집』 상. 국가
　　보훈처.

김은지. 2018.「대한민국 임시정부의 국내활동 연구」. 단국대 대학원 박사학위논문.

김은지. 2013.「대한민국 임시정부의 제2차 독립시위운동」. ≪한국독립운동사연구≫, 44.

박민영. 1999.「대한민국임시정부의 연통제 시행과 운영」.『대한민국임시정부수립80주년기념논문집』
　　상. 국가보훈처.

이연복. 1981.「대한민국 임시정부의 교통국과 연통제」. ≪한국사론≫, 10.

장석흥. 1989.「조선민족대동단 연구」. ≪한국독립운동사연구≫, 3

한시준. 2000.「대한민국 임시정부의 국내 정보활동」. ≪한국근현대사연구≫, 15.

04

임시의정원,
초대 대통령 이승만을 탄핵하다

.

이승만, 미국에서 대통령직을 수행하다

대한민국 임시정부의 초대 대통령은 이승만이었다. 이승만은 3·1운동과 더불어 민족지도자로 부각된 대표적 인물이다. 「3·1독립선언」이 발표된 직후 국내외에서 모두 8개의 임시정부가 수립되었고, 각원 명단을 발표한 곳은 6개 정부였다. 6개 정부의 각원 명단에 모두 이름이 올라 있는 인물이 이승만과 안창호였다. 그중에서도 이승만은 각 임시정부에서 국무총리, 부도령, 집정관총재 등 수반급으로 선출됨으로써, 대표적 지도자로 떠올랐다.

임시정부 초대 대통령 이승만
1919년 9월 11일 세 곳의 임시정부가 통합하면서 행정수반의 명칭을 국무총리에서 대통령으로 바꾸었고, 초대 대통령에 이승만을 선출했다.

이승만의 위상은 상하이, 연해주, 국내 세 곳의 임시정부가 1919년 9월 11일 통합하면서 그대로 현실이 되었다. 통합정부는 대통령중심제였고, 이승만을 대통령으로 선출한 것이다. 이승만은 한국 역사상 처음으로 대통령으로 선출된 것이고, 임시정부의 초대 대통령이었다. 그런데 1925년 3월 임시의정원에서 이승만 대통령을 탄핵하는 일이 일어났다.

이승만 대통령에 대한 탄핵에는 여러 가지 요인이 복합적으로 작용했다. 핵심은 크게 두 가지였다. 하나는 '위임통치청원' 문제였다. 파리강화회의가 개최되자, 미주의 대한인국민회는 대표를 파견하기로 결정했다. 이승만, 정한경, 민찬호가 대표로 뽑혔으나, 일본의 압력을 받은 미국이 이들에게 비자를 발급해 주지 않았다. 파리강화회의에 참석할 수 없었던 이들은 1919년 2월 미국 대통령 윌슨에게 '국제연맹이 한국을 통치해 달라'는 내용의 청원서를 제출했다.

'위임통치청원' 문제는 임시정부 수립 당시부터 제기되었다. 문제를 제기한 것은 신채호였다. 제1회 임시의정원 회의에서 이승만이 국무총리 후보로 추천되자 신채호는 "이승만은 위임통치 및 자치문제를 제창하던 자이니 그 이유로써 국무총리로 신임키 불가능하다"며, 그의 선출을 반대했다. 이는 의정원 속기록에 기록된 내용이다. 그러나 실상은 더 격렬했던 것 같다. 다른 기록에 의하면 신채호는 "이승만은 이완용보다 더 큰 역적이다. 이완용은 있는 나라를 팔아먹었지만, 이승만이는 아직 나라를 찾기도 전에 팔아먹은 놈이다"라며, 회의장을 박차고 나와버렸다고 한다. 위임통치를 청원한 사람이므로 민족의 지도자, 더욱이 독립운동을 총괄할 최고 책임자가 될 수 없다는 것이 그의 논리였다. 그렇지만 투표를 실시한 결과 이승만이 국무총리로 선출되었다.

1919년 9월 이승만이 대통령으로 선출되자, 문제는 더욱 커졌다. 신채호는 '위임통치청원 사실을 뻔히 알면서도 그를 대통령으로 선출한 것은 더이상 참을 수 없다'며 이승만에 대한 반대는 물론이고, 임시정부까지 싸잡아 비판하고 나선 것이다. 그는 10월 주간신문 《신대한》을 창간하고, 이를 통해 위임통치론을 논박하면서 이승만과 더불어 임시정부의 무능에 대해서도 맹렬히 공격하기 시작했다.

이에 동조하는 세력도 형성되었다. 상하이에서는 남형우 등이 신대한동맹단을 조직해 반대활동을 전개했고, 베이징에서는 박용만·신숙 등을 중심으로 한 반대 세력이 형성된 것이다. 박용만은 1910년대 하와이에서 이승만과 대립했다가 베이징으로 이동하여 활동하던 인물이다. 그는 통합정부에서 외무총장으로 선출되었지만, "자신은 군사주의인 관계로 외교의 일은 보지 못하겠다"며 취임하지 않고, 천도교 측의 신숙과 함께 활동하고 있었다.

위임통치청원 문제는 대통령 이승만과 국무총리 이동휘가 대립·갈등하는 요인으로도 작용했다. 연해주에서 활동하던 이동휘는 국무총리 선출을 통보받고 상하이로 왔다. 상하이에 도착하여 위임통치청원에 대해 알게 된 이동휘는 "독립정신이 불철저한 썩은 대가리", "이승만 밑에서는 총리가 될수 없다"라고 하면서 취임을 미루었다. 이승만과 이동휘는 '외교론'과 '독립전쟁론'을 대표할 정도로 독립운동 노선에서 차이가 있었고, 정치적 이념도 달랐다. 게다가 위임통치를 둘러싸고 오해가 생겨나다 보니 더 첨예하게 대립했다.

둘째는 임시정부가 있는 상하이에 오지 않고, 미국에서 대통령직을 수행했다는 점이다. 이승만은 대통령으로 선출되었지만, 상하이로 부임하지 않았다. 미국 매사추세츠주에 사무실을 마련하고, 구미위원부를 설립해 활동했다. 구미위원부는 구미 열강을 대상으로 외교 및 선전 활동을 위해 설립됐지만, 임시정부가 공식으로 추인하지 않은 독자적인 기구였다.

이승만은 미국에서 대통령직을 수행했다. 1919년 11월 3일 국무총리 이동휘를 비롯해 정부 각원들이 취임하자, 이승만은 축하 전문을 보내면서 역할 분담을 제의했다. "원동의 일은 총리가 주장하여 하고 중대한 사(事)만 여(余)와 문의하여 하시오. 구미의 일은 여에게 임시로 위임하시오. 중대한 사는 정부와 문의하겠오"라고 하여, 상하이의 일은 국무총리가, 미주의 일은 대통령인 자신이 담당하되 중대한 일은 서로 상의하자는 것이었다.

임시정부가 있는 상하이와 대통령이 있는 미국은 지구 반대편일 정도로 먼 거리였다. 이승만은 전문과 통신원을 통해 대통령직을 수행했다. 우선 임시정부와의 연락 수단으로 전문을 이용했다. 전문을 통해 대통령이 발하는 교령(教令)을 비롯해 공첩(公牒)·교서(敎書) 등을 보냈다. 이승만과 임시정부 사이에 수많은 전문이 오갔다. 임시정부는 '코포고(kopogo)', 이승만은 '코릭(koric)'이라는 전문부호를 사용했다.

통신원도 활용했다. 통신원은 이승만의 조력자들이었다. 상하이에 있던 현순·안현경·장붕 등이 통신원으로 활동했다. 이승만은 이들에게 "내정을 소상히 탐지하여 누구는 어디서 무엇하며 주의가 어떠한 것과 누구는 또 어떻게 마음먹는 것을 다 상고한 후에"라든가 "내각원 중에 누구는 어떠하고 아무는 어떠한가를 먼저 알아보아 통정하되"라는 등, 임시정부의 실상은 물론이고 주요 인물들의 움직임까지도 파악하여 보고하도록 주문했다. 통신원들은 국무원·의정원의 동향과 움직임은 물론이고, 인물들의 성격이나 관계에 대한 정보까지 수집해 보고했다. 이승만은 통신원들을 통해, 임시정부의 실상뿐 아니라 주요 인물들의 움직임까지 소상히 파악할 수 있었다.

대통령이 상하이로 부임하지 않자 불만의 목소리가 거셌다. 무엇보다 대통령이 헌법을 위반하고 있다는 점이었다. 당시 「헌법」에는 "임시 대통령은 임시의정원의 승낙이 무(無)히 국경을 천리(擅離)함을 부득(不得)함"(제16조)이라 하여, 대통령은 의정원의 허락 없이 멋대로 임지를 떠날 수 없다고 했다. 대통령으로서의 임무를 수행하지 않는다는 점도 불만이었다. 대통령은 행정수반으로뿐만 아니라 독립운동을 지휘해야 하는 총책임자로서의 임무도 있었다. 미국에 있으면서 이러한 임무를 방기하는 데 대한 불만이었다.

대통령에 대한 불만은 불신임으로 표출되었다. 1920년 3월 이유필 등 의정원 의원 17명이 대통령의 상하이 부임을 촉구하는 결의안을 제출한 데 이어, 국무원에서도 불신임안이 제출되었다. 1920년 5월 김립·윤현진·김철 등 차장들이 대통령 불신임안을 제출한 것이다. 이는 국무원에서 대통령을 축출하려는 것이나 마찬가지였다. 이동녕·이시영·안창호 등이 이를 만류했고, 그 과정에서 국무총리 이동휘와 각원들 사이에 마찰이 일어났다. 이동휘는 이승만에 대한 불신임 이유서와 국무총리 사퇴서를 남기고 웨이하이(威海)로 떠나버렸다.

대통령, 상하이에 왔다가 반년 만에 미국으로 돌아가다

대통령의 부임을 촉구하는 요구가 빗발쳤다. 결국 이승만은 상하이로 부임할 것을 결정하고, 하와이를 거쳐 1920년 12월 상하이에 도착했다. 대통령으로 선출된 지 1년 3개월 만에 현지에 부임한 것이다. 상하이에서는 대통령의 부임을 환영했다. ≪독립신문≫은 '국민아 우리 임시 대통령 이승만 각하 상해에 오시도다'로 환영을 표시했고, 상하이 교민들은 12월 28일 대통령환영회를 성대하게 열었다.

1921년 1월 1일, 신년축하식을 계기로 이승만은 대통령으로서 공식 업무를 시작했다. 대통령과 각원들이 한자리에 모였고, 대통령 주재하에 국무회의가 개최되었다. 그러나 국무회의는 원만히 진행되지 못했다. 대통령과 국무총리를 비롯한 각원들 사이에 불신의 골이 깊어 마찰이 일어난 것이다. 1월 24일 이동휘는 '자신이 제의한 안건을 한마디 심의도 없이 묵살하는 고로 자신의 실력으로는 이 난관을 헤쳐나가기 어렵다'는 이유로 사임서를 제출했다. 국무총리에 이어 각원들의 사퇴도 이어졌다. 학무총장 김규식, 군무총장 노백린, 노동국총판 안창호가 연이어 사퇴한 것이다.

대통령이 부임한 이후에도 혼란이 거듭되자, 베이징에서 활동하고 있던

이승만 대통령의 상하이 도착 환영식 1920년 12월 28일. 이승만은 대통령 선출 후 1년 3개월 만에 상하이에 부임했지만, 국무위원들과 갈등을 빚다가 6개월 만에 미국으로 돌아갔다. 왼쪽부터 손정도·이동녕·이시영·이동휘·이승만·안창호·박은식·신규식·장붕.

인사들이 임시정부를 부정하고 나섰다. 신채호·박용만·신숙 등은 1921년 4월 국내외 10여 개 단체들이 참가한 가운데 군사통일회의를 개최했다. 이들은 4월 19일 54명의 공동 명의로 "아 이천만 형제자매를 향해 이승만 정한경 등이 위임통치청원 곧 매국매족의 청원을 제출한 사실을 들어 그 죄를 성토한다"로 시작되는 성토문을 작성하여 발표했고, 이어 4월 27일에는 임시정부와 의정원을 총체적으로 부정한다는 불신임안을 결의한 것이다. 그리고 신성모를 상하이로 파견해 이를 전달하는 한편, 정부 당국자들의 총사퇴를 요구했다.

이승만은 이 문제를 정면으로 맞서 타개하려고 했다. 1921년 4월 협성회를 조직한 것이 그러한 의도였다. 이승만은 배재학당 시절 협성회라는 단체를 조직해 활동한 적이 있다. 협성회는 조완구·윤기섭 등이 이승만과 임시정부 옹호를 위해 조직한 단체로, 이승만은 이를 통해 반대 세력에 대항하고자 했다. 5월에는 국무총리와 사퇴한 각원들도 면직시켰다. 그리고 국무총리는 법무총장 신규식이 겸임토록 하고, 내무총장에 조완구, 외무총장에 이희경, 교통총장에 손정도, 학무총장에 김인전 등을 새로 임명했다. 이동휘와 안창호를 중심으로 한 서북 지역 인사들을 사퇴시키고, 기호 지역 인사들로 조직을 재정비한 것이다.

그러나 이승만의 입지는 크게 약화되고 있었다. 상하이에서 안창호·여운형 등이 연설회를 개최하며 국민대표회의 소집을 주창했고, 베이징에서 활동하고 있던 세력들의 압력도 더욱 거세졌다. 여기서 그친 것이 아니다. 베이징에서 활동하던 신철·김원봉 등 모험단원 10여 명이 폭탄과 권총을 소지하고 상하이로 잠입했다는 소문도 나돌았다. 이승만이 강경한 태도를 보이면 비상수단을 취한다는 것이다.

이승만은 신변의 위험을 느낀 것 같다. 1920년 5월 17일 '외교상 긴급과 재정상 절박'으로 상하이를 떠난다는 내용의 교서를 의정원에 남기고 잠적했다. 상하이를 떠난 것이다. 그는 신익희와 함께 쑤저우(蘇州)로 갔다가, 5월 29일 상하이 북쪽에 위치한 우쑹항(吳淞港)에서 마닐라행 기선 콜롬비아호를 타고 미국으로 떠났다. 상하이에 부임한 지 6개월 만에 다시 미국으로 돌아간 것이다.

미국으로 돌아간 이승만은 하와이에 도착한 직후 동지회를 조직해 활동했다. 동지회는 하와이에 도착한 직후 결성되었다. 이승만은 하와이대한인교민단이 주최한 연설회에서 "우리 동포가 피로 쌓아올려 세계에 공포한 정부조차 파괴하려는 자가 있다"라며, 임시정부를 유지하기 위해 하와이 교포들의 적극적인 협조와 재정 부담을 호소했다. 하와이 교포들은 이에 호응하여 자신들의 힘으로 임시정부를 유지하자는 데 뜻을 모았고, 이를 위해 결성한 것이 동지회였다.

임시의정원, 대통령을 탄핵하다

대통령이 미국으로 돌아간 후 임시정부는 혼란의 늪으로 빠져들었다. 대통령이 돌아간 후 각원 대부분이 임시정부를 떠났다. 임시정부는 무정부 상태에 빠졌다. 대통령은 하와이에 있으면서 별다른 대응이나 대책을 마련하지 않았다. 임시정부에서 전문과 편지를 통해 해결책을 요구했지만, '나는 상하이에 더 믿는 이도 없고 또 구하지도 아니하며, 다만 이시영·김구·조소앙으로 시국 정돈될 때까지 함께 지켜오자는 것뿐이라'는 답장만 보냈다. 시국이 정돈되기를 기다린다는 말이었다.

대통령으로서 임시정부의 혼란을 방치한 것이나 다름없다. 대통령이 대책을 마련하지 않고 방치하는 상태가 계속되자, 의정원에서 대통령 불신임이 제기되었다. 1922년 6월 안정근·조상섭·양기하 등의 의원이 "인민의 신망결여와 정국수습 능력부족으로 독립운동의 정지를 초래", "후계내각을 조직하지 못하고 무정부상태 초래" 등을 이유로 대통령과 국무원에 대한 불신임안을 제출한 것이다.

불신임은 탄핵으로 비화되었다. 1923년 4월 조덕진 등 의원 12명이 "아무런 공무가 업시 정부소재지를 떠나 정무를 삽체(澁滯: 일이 막힘)하고 시국을 수습치 못함" 등의 이유를 들어 대통령 탄핵안을 제출한 것이다. 탄핵뿐만 아니라, 아예 대통령제를 폐지하자는 안도 제출되었다. 도인권 등이 "임시대통령제를 폐지하고 종전 대통령에게 속했던 직권의 일부를 국무원과 의정원에 넘기자"라고 하면서, 이를 위해 헌법을 개정하자고 한 것이다.

불신임과 탄핵 문제가 제기되자, 이승만은 수습에 나섰다. 1924년 5월 국무총리 이동녕, 군무총장 노백린, 법무총장 김갑, 학무총장 김승학, 교통총장 김규면, 노동총장 조완구 등으로 내각을 재편한 것이다. 이로써 무정부상태는 일단 수습되었다. 이동녕 내각이 구성되자 의정원에서는 "이승만을 유고로 처리하고 국무총리로 하여금 대통령 직무를 대리케 하자"라고 했다. 이동녕은 이를 받아들였지만, 이승만은 이에 제동을 걸었다. 이동녕에게 친서를 보내 "대통령 대리에 동의하신다니 진실로 의외입니다", "대통령이 다른 데 있다고 정부행정상 장애가 됩니까"라고 하며, 대통령 대리를 수락한 것에 대해 질타했다. 결국 이동녕 내각은 1924년 12월 총사직했다.

임시정부가 다시 무정부상태가 되자, 이번에는 의정원이 나서서 새 내각

이승만 대통령 탄핵 소식이 실린 ≪대한민국 임시정부공보≫ 제42호

을 구성했다. 박은식을 대통령 대리 겸 국무총리로 선출하고, 내무총장 이유필, 법무총장 오영선, 학무총장 조상섭, 재무 겸 외무총장 이규홍, 교통 겸 군무총장 노백린 등으로 내각을 조직한 것이다. 각원 대부분은 이승만이 상하이로 부임했을 때 사퇴했거나 대통령에 대한 불신임을 주도했던 인사들이었다.

박은식 내각이 출범하면서, 이승만에 대한 탄핵이 추진되었다. 정부 각원과 의정원 의장 최창식, 법제위원장 윤자영 등이 헌법개정과 탄핵 문제를 협의했다. 1925년 3월 14일 최석순·문일민·임득산·강경선·나창헌·강창제·김현구·고준택·곽헌 등이 연서한 '임시대통령이승만탄핵안'이 의정원에 제출되었다. 의정원에서는 위원장 나창헌과 5명의 의원으로 구성된 심판위원회에 이승만의 위법 사실을 조사하도록 했다.

심판위원회는 3월 21일 심판서를 제출했다. "이승만은 언(言)을 외교에 탁(托)하고 직무지를 천리(擅離)한지 어금(於今) 5년에 원양일우(遠洋一

隅)에 격재(隔在)하야 난국수습과 대업진행에 하등 성의를 다하지 안을뿐 아니라"로 시작된 심판서에는 '정부의 위신 손상', '민심 분산', '의정원의 신성모독', '공결(公決) 부인' 등이 열거되어 있다. 대통령이 임지에 부임하지 않고, 미국에 있으면서 정부를 돌보지 않았다는 것이 주된 이유였다. 심판위원회는 심의를 통해 이승만 대통령의 면직을 결정했다. 의정원은 3월 23일 회의에서 '임시대통령 이승만 면직'을 통과시켰다. 의정원에서 대통령을 탄핵한 것이다.

| 참고문헌 |

고정휴. 2004. 『이승만과 한국독립운동』. 연세대학교 출판부.

반병률. 2009. 「상해임정의 이승만 탄핵과 그 주도세력」, 『이승만과 대한민국임시정부』. 연세대학교 출판부.

오영섭. 2009. 「상해임정내 이승만 통신원들의 활동」, 『이승만과 대한민국임시정부』. 연세대학교 출판부.

유영익. 2013. 『건국대통령 이승만: 생애 사상 업적의 새로운 조명』. 일조각.

정병준. 2005. 『우남 이승만 연구: 한국 근대국가의 형성과 우파의 길』. 역사비평사.

한시준. 2000. 「이승만과 대한민국 임시정부」, 『이승만 연구』. 연세대학교 출판부.

05

다섯 차례에 걸친 헌법개정,
다양한 지도체제를 경험하다

대한민국 임시정부는 민주공화제로 운영되었다. 국민이 주권을 행사하고, 헌법을 통해 정부를 조직하고 운영한 것이다. 한국 역사상 처음이었다. 임시정부는 1919년 4월 11일 헌법을 제정·공포한 이후, 1944년까지 모두 다섯 차례에 걸쳐 헌법을 개정했다. 헌법개정과 더불어 정부의 지도체제도 국무총리제 → 대통령제 → 국무령제 → 국무위원회제 → 주석제 등으로 바꾸면서 다양한 경험을 했다.

민주공화제 정부를 운영하면서 떠오른 문제 중 하나는 행정수반의 명칭을 무엇으로 하느냐였다. 1910년 대한제국 때까지 한국의 역사는 군주가 주권을 행사하던 전제군주제였다. 이 시기 최고통치자의 명칭은 '왕', '황제'라고 했다. 1919년 「3·1독립선언」 직후 국내외 각지에서 민주공화제를 표방한 임시정부가 수립되었을 때, 최고지도자인 행정수반의 명칭은 대통령, 정통령, 국무총리, 총통, 집정관, 집정관총재 등 다양했다.

상하이에서 수립된 대한민국 임시정부는 행정수반의 명칭을 '국무총리'라고 했다. 국무총리라는 명칭이 어떻게 결정되었는지는 알 수 없지만 제1회 임시의정원 회의록에 신석우가 '국무총리는 이승만으로 선거하자'고 한 것으로 미루어보아 제1회 의정원 회의를 개최하기 전에 임시정부 수립에 대한 논의와 준비가 있었고, 이때 '국무총리'라는 명칭이 결정된 것으로 보인다. 선거를 실시한 결과 이승만이 국무총리로 선출되었다.

1919년 4월 11일 수립 당시 임시정부는 국무총리제였다. 국무총리제는 대리체제로 운영되었다. 이승만이 미국에 있으면서 국무총리로 부임하지 않았기 때문이다. 의정원은 4월 30일 회의에서 이동녕을 국무총리 대리로 선출했다. 이동녕은 5월 9일 자신이 감당하기 어렵다며 사직원을 제출했고, 그 뒤 국무총리는 공석으로 있었다. 의정원은 6월 28일 내무총장 안창호에게 국무총리를 대리하도록 했고, 안창호는 9월 11일 통합정부가 수립될 때까지 내무총장으로 국무총리직을 맡았다.

국무총리제에서 대통령제로

국무총리제가 대통령제로 바뀌었다. 1919년 9월 11일 상하이, 연해주, 국내에서 수립된 세 임시정부가 통합하면서 행정수반의 명칭을 '대통령'이라고 한 것이다. 행정수반의 명칭이 대통령으로 바뀐 데는 이승만의 영향이 컸다. 이승만은 임시정부 수립에 직접 참여하지 않았지만, 연해주의 대한국민의회에서 국무급 외무총장, 상하이의 임시정부에서 국무총리, 한성정부에서 집정관총재로 선출되었다.

상하이 임시정부로부터 국무총리에 선출되었다고 통보받은 이승만은 미국에서 '프레지던트(president)'라는 명칭을 사용하며 활동을 시작했다. 임시정부는 'Republic of Korea'라고 칭했다. 프레지던트를 사용한 것은 한성정부에서 집정관총재로 선출되었던 것을 근거로 한 것 같다. 한성정부의 집정관총재를 프레지던트로 번역한 것이다.

이승만은 임시정부 명의로 발행하는 공식 문서에 대통령이라는 명칭을 사용했다. 6월 12일 파리강화회의에 참석하기 위해 파리에 머물던 김규식을 '대한민주국 대표 겸 전권대사'로 임명하면서, 자신의 명칭을 "대한민주국 대통령 겸 집정관총재"로 표기했다. 다른 나라에 보내는 문서에도 대통령이라는 명칭을 사용했다. 6월 14일 대한제국과 조약을 체결했던 나라들에, 6월 18일 일왕에게, 6월 27일 파리강화회의 의장 조르주 클레망소(Georges Clemenceau)에게 한국에 '자율적 민주정부'

이승만 대통령 명의로 일왕에게 보낸 공문 1919년 6월 18일. 대한민국 대통령(President of the Republic of Korea) 명의로 보낸 공문이다.

가 수립되었고, 자신이 대통령으로 선출되었다고 통보한 것이다.

국내외 동포들에게도 자신이 대통령으로 선출되었다고 알렸다. 7월 4일 「대한민주국 대통령선언서」를 발표하여 자신이 한성정부의 대통령이라고 공포했다. 이와 같은 이승만의 활동은 한성정부나 상하이의 임시정부와 협의된 것이 아니었다. 한성정부에서 집정관총재로 선출한 것을 근거로, 대통령이라는 명칭을 임의로 사용하며 독자적으로 행동한 것이다.

이승만이 미국에서 대통령으로 활동하고 있을 때, 상하이에서는 세 임시정부의 통합이 추진되고 있었다. 연해주의 대한국민의회, 상하이의 임시정부, 국내의 한성정부를 통합하고자 한 것이다. 통합 문제는 상하이 정부의 안창호와 대한국민의회의 원세훈이 주도해 추진했다. 그런데 추진 중에 이승만이 한성정부를 내세워 대통령으로 활동하자, 이들은 이승만에게 대통령 칭호 사용 중지를 요청했다. 8월 25일에 보낸 전문을 통해서였다.

> 처음의 정부는 국무총리 제도이고 한성정부는 집정관총재이며, 어느 정부에서나 대통령 직명이 없으므로 각하는 대통령이 아닙니다. 지금은 집정관총재 직명을 가지고 정부를 대표하실 것이오, 헌법을 개정하지 않고 대통령 행사를 하시면 헌법위반이며 정부를 통일하는 신조를 배반하는 것이니, 대통령 행사를 하지 마시오.

대통령이라는 명칭을 사용하지 말라는 요청이었다. 한성정부의 집정관총재라는 명칭은 사용할 수 있지만, 대통령이라는 명칭을 행사하는 것은 헌법을 위반하는 것이라고 했다. 대통령 칭호 사용은 결과적으로 통합정부를 실현하는 데 방해가 된다고 덧붙였다. 그러나 이승만은 이러한 요청을 단호히 거절했다.

> 우리가 정부승인을 얻으려고 진력하는데 내가 대통령 명의로 각국에 국서를 보냈고, 대통령 명의로 한국사정을 발표한 까닭에 지금 대통령 명칭을 변경하지 못하겠소. 만일 우리끼리 떠들어서 행동일치하지 못한 소문이 세상에 전파되면 독립운동에 큰 방해가 될 것이며, 그 책임이 당신들에게 돌아갈 것이니 떠들지 마시오.

대통령 명의로 국서를 보내 정부승인을 얻으려 노력하는데, 대통령 명칭을 가지고 왈가왈부하면 독립운동에 방해가 된다는 논리였다. 세 임시정부의 통합을 추진하던 안창호는 별다른 방도를 찾지 못했다. 이승만의 의도대로 할 수밖에 없었다.

안창호는 통합 문제를 해결하고자 두 가지를 진행했다. 하나는 연해주 측에 한성정부를 중심으로 통일을 이루자고 제의한 것이다. 한성정부가 국내에서 수립되었다는 점과 13도대표자대회라는 국민적 기반 위에 수립되었다는 점을 명분으로 내세웠다. 당시 통합 교섭을 위해 상하이에 와 있던 원세훈은 이에 동의했다. 안창호는 연해주 측 인사들에게 확실하게 동의를 얻고자 현순과 김성겸을 연해주로 보냈다. 그 결과 한성정부를 정통정부로 인정하고 정부 소재지는 상하이에 두며, 통합정부의 명칭은 대한민국 임시정부로 한다는 데 합의했다.

다른 하나는 헌법개정과 임시정부 개조 작업에 착수한 것이다. 헌법개정은 이승만에게 대통령 명칭을 합법적으로 부여하기 위한 것이었다. 대통령이라는 명칭을 사용하기 위해서는 국무총리제의 헌법을 바꾸어야 했다.

임시정부 개조는 한성정부를 정통으로 인정하고 이를 중심으로 통일을 이루기 위한 작업이었다. 임시정부의 개조 작업은 연해주의 대한국민의회와 상하이의 임시정부를 희생하고, 한성정부의 조직과 체제를 채택하는 방향으로 추진되었다.

안창호는 헌법개정안과 임시정부 개조안을 의정원에 제출했다. 헌법개정안은 당시 법무차장 신익희가 기초한 것으로 알려져 있다. 개정 헌법의 명칭은 「대한민국임시헌법」이었고, 전문과 8장 58개조로 구성되었

대한민국임시헌법 임시정부는 1919년 4월 11일 「대한민국임시헌장」을 공포한 이래 1944년까지 모두 다섯 차례에 걸쳐 헌법을 개정했다.

다. 4월 11일에 공포된 「대한민국임시헌장」이 모두 10개조였던 것을 감안하면 새롭게 제정한 것이나 다름없었다. 「대한민국임시헌법」은 입법권·행정권·사법권의 삼권분립체제를 규정하는 등 근대헌법의 체제를 갖춘 헌법전으로 평가받고 있다. 가장 큰 특징은 대통령제를 채용했다는 점이다.

9월 6일 의정원은 정부에서 제출한 헌법개정안과 임시정부 개조안을 통과시키고, 대통령 선거를 실시해 이승만을 선출했다. 이로써 이승만이 독자적으로 사용했던 대통령이라는 명칭이 헌법으로 합법화되었고, 이승만은 헌법에 의해 선출된 대통령으로 활동하게 되었다.

한성정부를 정통으로 인정했으므로, 임시정부 개조안은 한성정부의 각원을 그대로 계승한다는 것이었다. 대통령은 한성정부의 각원들을 임명하는 형식으로 내각을 구성했다. 이에 의해 국무총리 이동휘, 내무총장 이동녕, 외무총장 박용만 등이 각원으로 임명되었다. 이로써 세 임시정부의 통합이 이루어졌고, 9월 11일 대통령제를 중심으로 한 통합정부가 성립되었다. 대통령제는 1925년 박은식을 제2대 대통령으로 선출할 때까지 유지되었다.

이승만 대통령 탄핵 후 국무령제로 바꾸다

1925년 7월 임시정부는 대통령제를 국무령제로 바꾸었다. 계기는 이승만 대통령의 탄핵이었다. 앞서 말했듯이 이승만은 상하이로 부임하지 않고 미국에서 대통령직을 수행했다. 이로 인해 미국에 있는 대통령과 상하이에 있는 각원들 사이에 대립과 마찰이 일어났고, 결국 대통령 이승만은 1925년 3월 의정원 회의를 거쳐 탄핵되었다. 의정원은 대통령을 탄핵한 뒤 헌법을 개정해 대통령제를 국무령제로 바꾸었다.

대통령제를 국무령제로 바꾼 데는 이유가 있었다. 대통령이 권한만 행

이승만
초대 대통령

박은식
제2대 대통령

이상룡
국무령

홍진
국무령

김구
국무령, 주석

대한민국 임시정부 수반 임시정부는 다섯 차례 헌법을 개정하며 대통령제, 국무령제,
국무위원제, 주석제로 지도체제를 바꾸었다.

사하려 하고 의무는 수행하지 않는다는 것이 주된 이유였다. 이는 대통령 이승만에 대한 불신임안을 제기하고 탄핵하는 주요한 논거 중 하나였다. 또 기존 헌법에는 대통령 임기가 제한되어 있지 않아, 대통령이 국무원이나 의정원과 마찰을 빚으면, 해결할 방도가 없었다. 이에 의정원은 대통령 탄핵을 추진하면서 대통령제를 국무령제로 바꾸는 헌법개정안을 마련했고, 탄핵 일주일 만인 1925년 3월 30일 이를 통과시켰다. 개정된 헌법의 명칭은 「대한민국임시헌법」이라고 했다. 이는 1925년 4월 7일에 공포되었다.

「임시헌법」은 대통령제를 폐지하고 국무령제를 채택한 것이 핵심이었다. 대통령이라는 명칭을 '국무령'으로 바꾼 것이다. 국무령이라는 명칭이 결정되기까지 상당한 논란이 있었다. 헌법개정 초안에는 '국령(國領)'이었는데, ≪독립신문≫이 이를 비판하고 나섰다. '국령'은 '나라의 수령'이라고 해석할 수도 있지만 '나라의 영토'라고 해석될 수 있다는 것이다. 차라리 '나라의 공복(公僕)'이라는 뜻에서 '국복(國僕)'이라고 하든지 '국무령(國務領)'이라는 명칭을 사용할 것을 제안했다. 나라의 원수를 칭하는 직명에 종이나 노예를 의미하는 '복(僕)' 자를 쓸 수 없다고 하여 국복은 배제되고, 국무령으로 결정되었다.

이 헌법은 1925년 7월 7일부터 시행되었다. 헌법이 시행되면서 대통령 박은식은 사임했다. 박은식은 1925년 3월 23일 이승만 대통령이 탄핵당한 후 제2대 대통령으로 선출되었다. 잘 알려져 있듯이 박은식은 역사학자로서 당시 67세의 고령이었고, 정치적 욕망도 없던 인물이다. 탄핵으로 혼란해진 정국을 수습하기 위해 원로인 그를 대통령으로 선출한 것이다. 박은식은 사임하면서 국인(國印)을 의정원 의장에게 넘겨주었다. 그리고 4개월 후인 11월 1일 노환으로 별세했다.

「임시헌법」에 따라 국무령제가 시행되었다. 의정원은 박은식 대통령이 사임한 후 곧바로 선거를 실시해 이상룡을 국무령으로 선출했다. 이상룡은 서간도에서 활동하던 대표적 지도자였다. 대통령 탄핵 정국에 관계되지 않았던 독립운동의 지도적 인물을 국무령으로 선출한 것이다. 이상룡은 상하이로 와서 9월 23일 국무령에 취임했다. 그렇지만 내각 구성에 어려움을 겪었다. 이탁·김동삼·오동진·현천묵·김좌진 등을 국무원으로 임명했지만, 이들이 부임하지 않은 것이다. 이상룡은 내각을 구성하지 못한 채로 있다가 다음 해 2월 18일 국무령을 사퇴하고 서간도로 돌아갔다.

국무령제는 제대로 시행되지 못했다. 이상룡이 사퇴하자 의정원은 양기탁, 안창호를 국무령으로 선출했지만, 이들은 부임조차 하지 않아 한동안 대리체제로 운영되었다. 의정원 의장 최창식이 국무령을 대리한 것이다. 1926년 7월 7일 홍진이 국무령으로 선출되어 취임했고, 내무총장에 최창식, 외무총장에 조소앙, 재무총장에 이유필, 군무총장에 김응섭 등을 임명해 내각을 구성했다. 그러나 오래가지 못했다. 홍진은 전 민족이 대동단결한 유일당 조직을 추진하겠다며 12월 9일 사임하고 만주로 떠났다. 의정원은 12월 10일 김구를 국무령으로 선출했다.

김구는 국무령에 취임해 내각을 구성했다. 내무총장 윤기섭, 외무총장 이규홍, 군무총장 오영선, 법무총장 김철, 재무총장 김갑 등 비교적 젊은 인사들을 국무원으로 임명했다. 내각을 구성했지만, 국무령제로 임시정부를 안정시키는 데는 어려움이 있다고 보았다. 이뿐만 아니라 당시 독립운동전선에서 유일당을 조직하고, 이를 중심으로 독립운동을 전개하자는 유일당 운동이 추진되고 있었다.

김구는 임시정부를 안정적으로 유지·운영할 방안을 찾고자 했다. 그 방안으로 모색된 것이 새로 결성되는 유일당이 국가권력을 행사하도록 하고, 정부는 집단지도체제로 운영하자는 것이었다. 이를 위해 헌법개정을 추진했다. 개정 헌법은 1927년 4월 11일 「대한민국임시약헌」이라는 이름으로 공포되었다. 핵심은 "대한민국의 최고권력은 임시의정원에 있음"(제2조)으로, 유일당이 결성될 경우 국가의 최고권력을 당이 행사하도록 한 것이다. 그리고 대통령·국무령 등 단일지도체제를 폐지하고, 국무위원들을 중심으로 한 집단지도체제로 바꾸었다.

「대한민국임시약헌」이 공포되면서, 국무령제는 국무위원회제로 바뀌었다. 국무위원회제는 국무위원들이 공동으로 책임지는 집단지도체제를 말한다. 「대한민국임시약헌」이 공포되고, 이동녕·김구·오영선·조소앙·김철·김갑 등이 국무위원으로 선출되었다. 이들로 국무위원회가 구성되었고, 이들이 호선으로 주석을 선출해 회의를 진행하도록 했다. 국무위원회제에서 주석은 단지 회의를 주관하는 존재였다. 국무위원회제는 1940년까지 유지되었다.

국무위원회제에서 주석제로 바꾸다

1940년 10월 국무위원회제를 주석제로 바꾸었다. 집단지도체제를 단일지도체제로 변경하는 것이 목적이었다. 1939년 10월 의정원은 정기의회에서 국무위원 수를 늘리고, 참모부 등을 증설하는 등 정부 조직을 확대·강화했다. 전시태세를 갖출 필요도 있었다. 1937년에 중일전쟁이 일어났고, 1939년에는 유럽에서 제2차 세계대전이 일어난 상황이므로, 강력한 단일지도체제가 필요해진 것이다.

이를 위해 임시정부는 헌법개정을 추진했다. 헌법개정안은 의정원의 심의를 거쳐 1940년 10월 9일 「대한민국임시약헌」이라는 이름으로 공포되었다. 집단지도체제인 국무위원회제를 단일지도체제인 주석제로 전환해 행정부의 지위를 강화하고, 강력한 지도체제를 마련하는 것이 핵심이었다. 주석은 행정수반으로 국군의 통수권을 행사하며, 국가원수의 지위를 갖는다고 명시했다. 주석이 행정권을 장악하여 강력한 지도력을 발휘하도록 한 것이다. 의정원에서는 헌법을 개정하고, 김구를 주석으로 선출했다. 그 뒤 임시정부는 주석체제로 운영되었다.

1944년 4월 또다시 헌법을 개정했다. 좌익진영 세력들이 임시정부에 참여한 것이 계기가 되었다. 당시 중국 지역에는 김원봉의 민족혁명당을 비롯해 김성숙의 조선민족해방동맹, 유자명의 조선혁명자연맹 등이 활동하고 있었다. 이들은 임시정부와 관계없이 독자적으로 활동하다가 1942년 임시정부에 참여했다. 좌익진영의 무장조직인 조선의용대가 한국광복군에 편입됐고, 좌익진영의 인사들이 의정원과 정부에 참여한 것이다.

좌익진영이 참여하면서 정부의 조직과 기능을 확대할 필요가 있었다. 이를 위해 헌법개정이 추진되었다. 헌법개정의 핵심은 부주석을 신설한다는 것, 국무위원을 증원한다는 것, 행정부의 조직을 종전의 5개 부서에서 7개 부서로 증설한다는 것 등이었다. 좌익진영 인사들이 임시정부에 참여할 수 있는 조처를 마련한 것이다. 헌법개정안은 의정원 회의에서 통과되어, 1944년 4월 22일 「대한민국임시헌장」이라는 이름으로 공포되었다.

「대한민국임시헌장」에 따라 임시정부가 새로 구성되었다. 주석에는 김구가 재선되었고, 부주석은 좌익진영인 민족혁명당의 김규식이 선출되었다. 국무위원도 민족진영에서 9명, 좌익진영에서 5명 등 모두 14명이 선출되었다. 행정부서도 내무(신익희)·외무(조소앙)·법무(최동오)·재무(조완구)·선전(엄항섭)의 다섯 개 부서는 민족진영 인사가, 군무(김원봉)·문화(최석순)의 두 개 부서는 좌익진영 인사가 맡았다. 좌우연합정부가 구성된 것이다.

임시정부는 수립 이후 다섯 차례에 걸쳐 헌법을 개정했다. 그리고 국무총리·대통령·국무령·주석 등 다양한 지도체제를 시도했다. 다섯 번에 걸친 헌법개정과 지도체제 변화를 혼란으로 보아서는 안 된다. 임시정부는 한국 역사에서 처음으로 국민주권과 민주공화제를 수용했다. 헌법을 개정하고 다양한 지도체제를 시도하면서 국민주권과 민주공화제를 정착·발전시킨 것으로 이해해야 한다.

| 참고문헌 |

국사편찬위원회. 2005. 『대한민국임시정부자료집』 1(헌법·공보).

서희경. 2012. 『대한민국 헌법의 탄생: 한국 헌정사, 만민공동회에서 제헌까지』. 창비.

신우철. 2008. 「임시약헌(1940. 9) 연구」. ≪법사학연구≫ 37.

이재호. 2011. 「대한민국 임시의정원 연구」. 단국대 대학원 박사학위 논문.

조동걸. 1999. 「대한민국임시정부의 헌법과 이념」. 『대한민국임시정부수립80주년기념논문집』 상. 국가
　　　보훈처.

한시준. 1999. 『대한민국임시정부법령집』. 국가보훈처.

한철호. 1999. 「대한민국임시정부의 대통령제」. 『대한민국임시정부수립80주년기념논문집』 상. 국가보
　　　훈처.

제2부

고난과 존립 위기를
극복하다

06

한인애국단을 결성하고,
일왕 처단을 추진하다

한인애국단을 결성하다

1932년은 대한민국 임시정부 역사에서 커다란 의미가 있다. 무엇보다 임시정부의 존재를 세계만방에 알렸다는 점, 또 어려움에 처했던 임시정부가 되살아난 해였다는 점에서 그렇다. 수립 이후 임시정부는 독립운동 방략과 정치적 이념 차이, 지역적 파벌, 재정적 곤란 등의 문제로 어려움을 겪어, 정부 조직을 유지·운영하기 어려운 상황이었다. 수세에 몰리던 임시정부가 1932년 되살아났다. 계기는 이봉창·윤봉길 의사의 의거였다.

1920년대에 임시정부가 곤경에 처하자, 1923년에 개최된 국민대표회의에서는 임시정부를 폐지하고 새로운 단체를 조직하자는 주장이 제기되었다. 1925년 이승만 대통령의 탄핵을 추진하는 과정에서 세력이 분열되어 내부적으로 엄청난 혼란을 겪었다. 이를 극복하고자 전개된 것이 유일당운동이다. 유일당운동은 전 민족이 대동단결한 정당을 조직하고, 이를 중심으로 독립운동을 전개하자는 것이었다. "광복운동자가 대단결한 당이 완성되면 국가의 최고권력은 당(黨)에 있음"이라고 하여 헌법을 개정하기도 했다. 임시정부는 유일당에 기대를 걸었지만, 좌익 세력들이 탈퇴하면서 결렬되고 말았다.

국제 정세도 임시정부의 사정을 어렵게 만들었다. 1931년에 일어난 만보산사건도 그중 하나였다. 7월 지린성(吉林省) 완바오산(萬寶山)에서 한국과 중국 농민 사이에 수로(水路)를 둘러싸고 마찰이 일어나자 일제는 이를 악용했다. 허위 보도를 일삼고, 한국인과 중국인을 이간해 갈등을 부추겼다. 한국인은 서울·인천 등 국내 각지에서 중국인들을 습격·살해했고, 만주 지역에서는 중국인이 한국인을 살해하기도 했다.

만주사변도 임시정부를 점점 궁지로 몰아넣었다. 1931년 9월 18일 일제의 관동군이 펑톈(奉天)의 류타오거우(柳條溝)에서 남만철도를 폭파하고, 이를 빌미로 만주를 침략해 점령했다. 일제가 만주를 점령하면서, 만주 지역에 있던 임시정부의 인적·물적 기반은 크게 타격을 입었다. 이것만이 아니었다. 일부 친일 한인들이 일제의 힘을 배경으로 중국인들에게 여러 악행을 저질렀다. 이로 인해 한국인에 대한 중국인들의 증오와 적대 행위가 확산되고 반한 감정도 고조되었다.

중국인들의 반한 감정 고조는 예사롭게 넘길 일이 아니었다. 무엇보다도 임시정부가 중국 영토에서 활동하고 있다는 점에서 그랬다. 중국과의 관계가 악화되면, 임시정부는 물론이고 동포들의 삶도 어려워질 수밖에 없었다. 임시정부는 한국독립당 명의로 「화교참안선언(華僑慘案宣言)」을 발표하고, 조소앙을 중국국민당으로 보내 해명하도록 했다. 중국 정부와 중국인들을 대상으로 선전활동도 벌였다. 한국과 중국은 일제의 침략으로 공동의 운명이 되었다는 점을 강조하면서, 한국과 중국이 함께 반일투쟁에 나서야 한다고 선전했다.

수세에 몰린 임시정부는 난국을 타개하기 위해 국무회의에서 특무대를 조직해 의열투쟁을 전개한다는 방안을 결정했다. 의열투쟁은 최소 경비와

소수 인원으로 결행할 수 있는 방략이었다. 정부 수입금의 반액을 특무대에 지급하기로 하고, 계획 및 활동 등에 대한 모든 책임을 김구에게 맡기기로 했다. 김구는 이러한 상황을 『백범일지』에 "나는 정부 국무회의에서 한인애국단을 조직하여 암살 파괴 등 공작을 실행하되 여하(如何) 금전 여하 인물을 사용하든지 전권 판리(辦理)하되 성공 실패의 경과는 보고하라는 특권을 득하여"라고 적어놓았다.

김구는 당시 재무장이면서 상해대한교민단 단장을 맡고 있었다. 직책으로 보면, 그가 맡을 일이 아니었다. 김구에게 맡긴 것은 그의 과거 경험과 경력 때문이 아닌가 한다. 김구는 1896년 치하포에서 명성황후 시해사건에 관련되었다고 의심되는 일본 군인 쓰치다 조스케(土田讓亮)를 맨주먹으로 처단한 의거를 결행한 적이 있었다. 임시정부에 참여해서는 경무국장으로 경찰 업무와 밀정 색출 및 처단 활동을 하기도 했다.

김구 주변에 그를 따르는 청년들이 많았다는 점도 작용했다. 김구는 경무국장으로 밀정을 색출하는 업무를 수행하면서, 또 독립전쟁을 준비하기 위해 한국노병회를 결성해 활동하면서, 주로 청년들과 함께 지냈다. "우리 청년들 중에는 장한 뜻을 품고 상해에 왔던 친하게 믿는 지사요 제자인 나석주·이승춘 등이 있었다"라는 회고처럼, 그의 주위에는 청년들이 많았고, 청년들로부터 신뢰를 받고 있었다.

전권을 위임받은 김구는 청년들을 기반으로 한인애국단을 조직했다. 한인애국단은 비밀리에 조직·운영되어, 그 실상이 제대로 알려져 있지 않다. 김구는 우선 안공근을 불렀다. 안공근은 이토 히로부미(伊藤博文)를 처단한 안중근의 동생이었다. 일제 측은 안공근이 참모이고, 그의 집이 한인애국단 본부인 것으로 파악했다. 청년들을 단원으로 받았는데 단원이 되려면 상당한 절차를 거쳐야 했고, 김구의 명령에 절대복종한다고 맹세를 해야 했다. "우리들은 일심동체로서 김구 선생의 지휘명령에 절대복종하며 목적 달성을 위해 활동할 것을 맹약한다"라는 선서를 했다고 한다.

이봉창 의사, 일왕 처단을 시도하다

한인애국단을 조직할 때, 이봉창이라는 청년이 나타났다. 일본에서 노동자로 일하던 이봉창이 상하이로 임시정부를 찾아왔다. 일본인 행색을 한 이봉창을 누구도 믿지 않았다. 이봉창은 용산 효창동에서 태어나 어려서부터 일본인 상점에서 일했고, 일본말을 잘했다. 관동(關東) 사람을 만나면 관동 사투리를, 관서(關西) 사람을 만나면 관서 사투리를 할 정도였다고 한다. 임시정부를 찾아왔을 때도 말투나 행색이 일본인과 다름없었다. 이런 이봉창을 지켜본 인물이 김구였다.

김구는 이봉창에게서 놀라운 이야기를 들었다. "왜황(倭皇)을 도살하기는 극히 용이한데, 독립운동자들이 이것을 실행하지 않느냐?"라고 하면서, '내가 동경에 있을 때 일황이 내 앞을 지나가는 것을 보고 나에게 총이나 작탄(炸彈)이 있었으면 어찌할까'라고 생각했다고 말했다. 김구는 이봉창을 불렀다. 의중을 떠보고, 인물됨을 살폈다. "제 나이 31세입니다. 인생의 목적이 쾌락이라면 31년 동안 인생의 쾌락을 대강 맛보았습니다. 이제는 영원한 쾌락을 얻기 위하여 우리 독립사업에 헌신하고자 상해에 왔습니다." 이 말에 김구는 감동했다. 눈물이 벅차오름을 금할 수 없었다고 했다.

김구는 이봉창을 믿었다. 그리고 일왕을 처단한다는 계획을 세웠다. 이봉창에게 일본인들의 거주지역인 홍커우에 가서 생활하도록 했다. 그의 신분을 노출시키지 않기 위한 조처였다. 그동안 김구는 자금과 폭탄을 준비했다. 자금은 미주 교포들에게 부탁했다. 편지를 보내, "간절히 하고 싶은 일이 있으니 조용히 돈을 모아두었다가 보내라는 통지가 있을 때 보내달라"고 했

이봉창 의사 양손에 폭탄을 들고 태극기를 배경으로 찍은 사진이다.

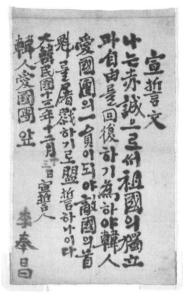

이봉창 의사 선서문 "나는 적성으로써 조국의 독립과 자유를 회복하기 위하야 한인애국단의 일원이 되야 적국의 수괴를 도륙하기로 맹서하나이다." 국립중앙박물관 소장.

다. 하와이의 안창호 목사와 임성우 등이 1000달러를 보내왔다. 폭탄은 김홍일에게 부탁했다. 김홍일은 구이저우강무당(貴州講武堂)을 졸업하고 중국군으로 복무했던 인물로, 당시 상하이병공창 주임을 맡고 있었다. 그가 폭탄두 개를 마련해 주었다.

　자금과 폭탄을 마련한 김구는 이봉창을 불렀다. 이봉창이 떠날 채비를 하고 찾아왔다. 이봉창을 안공근의 집으로 데리고 가 한인애국단에 입단시켰다. 그리고 "나는 한인애국단의 일원이 되야 적국의 수괴를 도륙하기로 맹서하나이다"라는 선서를 하도록 하고, 함께 사진을 찍었다. 이 세상에서는 함께 있지 못하지만, 저세상에서라도 함께 있자는 뜻이었다. 이봉창은 김구의 표정이 침울한 것을 보고 "우리가 대사를 성취할 터인데 기쁜 낯으로

이봉창 의사의 의거 현장을 검증하는 일본 경찰 이봉창 의사가 일왕을 향해 폭탄을 투척한 곳은 도쿄의 경시청 앞이었다. 뒤로 보이는 건물이 경시청이다.

박읍시다"라며, 오히려 김구를 위로했다. 이봉창은 그날 밤을 김구와 함께 보내고, 1931년 12월 17일 일본으로 향했다.

일본에 도착한 후, 그는 1932년 1월 8일 육군 시관병식(始觀兵式)이 거행된다는 것과 이 행사에 일왕이 참석한다는 것을 알았다. 시관병식은 새해 초에 일왕이 군대를 격려하기 위해 개최하는 행사였다. 즉시 김구에게 "상품은 1월 8일에 꼭 팔릴 터이니 안심하라"라는 전보를 보냈다. 1월 8일에 거사하겠다는 것을 알린 것이다. 예정대로 1월 8일 요요기(代代木) 연병장에서 관병식이 열렸다.

이봉창은 관병식을 마치고 황궁으로 돌아가는 일왕을 노렸다. 장소를 물색하던 이봉창은 택시를 타고 경시청으로 갔다. 경시청은 서울 경찰청에 해당하는 곳으로, 황궁으로 들어가는 사쿠라다문(櫻田門) 앞에 있었다. 이봉창 의거를 흔히 '사쿠라다문사건'이라고 한 것은 이 때문이다. '사쿠라다문사건'이라는 용어는 일제 경찰 측에서 붙인 것으로 보인다. 일본 경찰로서는 일왕에게 폭탄이 투척된 곳이 경시청 앞이었다고 발표하기 어려웠기 때문이다.

이봉창은 경시청 정문 바로 앞에서 폭탄을 던졌다. 폭탄은 마차를 타고 가는 일왕을 향해 날아갔다. 그렇지만 떨어진 곳은 일왕을 뒤따르던 궁내부대신이 탄 마차였다. 폭탄은 커다란 굉음을 내며 폭발했다. 엄청난 폭음에 양 길가에서 일왕의 마차 행렬을 구경하던 인파들이 놀랐다. 이봉창도 놀라

몇 발짝 뒤로 물러섰다. 그때 앞에서 누군가가 "나는 아니오"라고 외치며 경찰에 체포되고 있었다. 그러자 이봉창이 "그 사람이 아니야, 나야 나"라고 외쳤고, 경찰이 이봉창을 덮쳤다.

이봉창은 폭탄 두 개를 가지고 있었지만, 하나는 던지지 못했다. 폭탄이 터지는 굉음에 놀라기도 했거니와, 앞에서 엉뚱한 사람이 체포되는 것을 보았기 때문이다. 이봉창은 자신이 폭탄을 던진 사람이라고 밝히고 체포되었다. 일본 경찰과 검찰들이 이봉창을 심문하면서 궁금해한 것이 있다. 충분히 도망갈 수 있었는데, 왜 자신이라고 밝혔느냐는 점이었다. 이봉창의 대답은 간단하고 명쾌했다. "이런 일(독립운동)을 하면서 죄 없는 사람에게 죄를 뒤집어씌우는 것은 옳지 않은 일이다."

이봉창 의거가 끼친 영향, 이누카이 수상 암살과 상하이사변

이봉창 의사의 의거는 목적을 이루지는 못했다. 그렇지만 일왕을 저격한 의거는 일본과 동아시아 정세에 커다란 영향을 끼쳤다. 무엇보다도 경시청 정문 앞에서 일본인들이 신성시하는 일왕에게 폭탄을 투척했다는 사실 자체로도 엄청난 사건이었다. 일본에 천황제가 시행된 이래 일왕을 처단하려는 시도는 두 번 있었다. 1923년 난바 다이스케(難波大助)가 권총으로 저격을 시도한 적이 있었고, 이봉창 의사가 두 번째였다.

이 의거로 일본 수상 이누카이 쓰요시(犬養毅)가 암살당했고, 일본 정계가 뒤바뀌었다. 의거 당일 오후 이누카이 수상은 일왕에게 폭탄이 날아든 데 책임을 지고 내각총사퇴서를 제출했다. 일왕은 이를 반려했다. 내각이 유임되자, 야당인 민정당과 군부의 극우 세력들이 수상의 사퇴와 정부의 탄핵을 주장하고 나섰다. 이누카이 내각은 국민의 신임을 묻겠다며 중의원을 해산

했다. 그러나 파란은 계속되었다. 군부 내의 극우 세력인 황도파가 나섰고, 결국 해군의 청년 장교들이 1932년 5월 15일 이누카이를 암살했다. 이누카이 암살로 일본의 정당정치는 붕괴되었고, 군부가 권력을 장악했다. 일본 정계가 뒤집어진 것이다. 일본에서는 이를 '5·15사건'이라고 한다.

일본군이 상하이를 침공한 '상하이사변'도 이봉창 의사 의거와 관련이 있다. 이봉창 의사의 일왕저격 의거를 한국인들 못지않게 좋아한 것은 중국인들이었다. 중국은 1931년 9월 일제에 만주를 빼앗겼다. 중국국민당 정부는 만주를 침략한 일제에 제대로 저항하지 못한 채 만주를 빼앗기고 말았다. 만주를 빼앗긴 울분을 삭이지 못하고 있을 때, 한국의 한 청년이 일왕 처단을 시도한 것이다.

≪시보(時報)≫에 보도된 이봉창 의사 의거 한인저격일황부중(韓人狙擊日皇不中), 즉 "한국인이 일황을 저격했으나 맞지 못했다"라고 제목을 뽑았다.

이봉창 의거가 결행되자 ≪민국일보(民國日報)≫를 비롯해 중국의 각 신문들은 이를 대서특필했다. 이봉창을 '의사(義士)'라고 지칭하며, 일왕을 처단하지 못한 것을 아쉬워하는 보도였다. 표제도 "한국인이 일왕을 저격했지만 적중하지 못했다(韓人狙擊日皇未中)"로, 다른 기사에서는 '미중(未中)' 대신 '미성(未成)'이라는 용어를 사용하기도 했다. '미중'은 '적중하지 못했다'는 뜻이고, '미성'은 '성공하지 못했다'는 뜻이다. 일왕에게 폭탄이 적중하지 못한 것과 처단하지 못한 것을 아쉬워하는 의미였다.

중국 신문들의 보도에 대해 일제는 강력히 항의하는 한편, 중국 각지에서 난동을 벌였다. 이유는 이봉창을 의사로 지칭한 것과 그 보도 내용이 불경(不敬)하다는 것이었다. 칭다오(靑島)에서는 일본인들이 폭동을 일으켰다. 칭다오에 거주하던 일본인들이 민국일보사에 난입하고, 중국국민당 시당부를 습격해 건물 전체를 불태우기도 했다. 결국 칭다오의 민국일보사는 폐간되고 말았다.

일제의 항의와 난동은 칭다오에서만 일어난 것이 아니다. 푸젠성(福建省) 푸저우(福州)와 상하이에서도 일어났다. 상하이에서는 일본 낭인(浪人)들이 중국인들을 살해하고 난동을 일으켰으며, 상하이 주재 일본 총영사는 '천황에 대한 불경', '고의로 일본의 감정을 자극하려고 한 것' 등을 이유로 상하이 시장 우티에청(吳鐵城)에게 정정보도와 책임자 처벌을 요구했다. 상하이의 ≪민국일보≫는 사설을 통해 '국가원수 모독은 일본이 곡해한 것'이라며, 일제 측의 요구를 받아들이지 않았다. 우티에청도 이를 거부했다.

중국 측이 물러서지 않자, 홍커우 지역에 거주하던 일본인들은 교민 집회를 열고 낭인 주도로 길거리에서 중국인들을 때려죽이는 등 난동을 부렸다. 이뿐 아니라 삼우실업사 공장을 불태우는 등 난동은 더 확산되고 과격해졌다. 이에 맞서 중국인들도 들고일어났다. 중국의 항일 세력들이 상하이에 있는 일본공사 시게미쓰 마모루(重光葵)의 집을 습격해 방화한 것이다.

중국인과 일본인들의 난동과 폭력은 양국 군의 무력 충돌로 발전했다. 일본인들이 폭동을 일으키자 일본 군대가 개입하기 시작했다. 해군 육전대 사령관 시오사와 구나(鹽澤具名)가 나서서 ≪민국일보≫의 사죄와 정간을 요구한 것이다. 중국이 이를 거부하자, 시오사와 사령관은 1월 28일 육전대를 상륙시켜 상하이 북쪽 자베이(閘北)를 공격했다. 이를 막기 위해 중국국민당 군대가 투입되면서 중국과 일본 사이에 전쟁이 일어났다. 이를 '상하이사변'이라고도 하고, '쑹후(淞滬)전쟁'이라고도 한다. 이봉창 의사의 의거가 '상하이사변'을 일으킨 요인이 된 것이다.

일왕을 처단하지 못했다고 해서 이봉창 의사의 의거를 실패로 이해해서는 안 된다. 앞서 말했듯이 일본 수상이 암살되고, 일본 정계가 크게 뒤바뀌었다. 또한 상하이사변의 계기가 되어 동아시아 정세 변화에 커다란 영향을 끼쳤고, 임시정부의 존재도 세계만방에 알렸다. 이뿐 아니라 일제는 한국과 중국의 '공동의 적'이라는 인식이 확대되어 중국인들의 항일 의식이 고취되고, 한중 간의 연대가 형성되어 중국이 한국의 독립운동을 정신적·물질적으로 지원하는 계기도 마련되었다.

이 의거로 미주 지역의 동포들이 임시정부를 적극 지지하며 후원하기 시작해, 임시정부가 다시 살아나기 시작했다. 이러한 상황을 김구는 『백범일지』에 다음과 같이 적어놓았다.

> 동경사건이 세계에 알려지자 미국·하와이·멕시코·쿠바에서 기왕에 나를 동정하던 동지들은 극도로 흥분되어 나에 대한 애호와 신임을 천명하는 서신이 태평양 위로 눈송이처럼 날아 들었다. 그 중에는 이전에 임시정부를 반대하던 동포들이 태도를 바꾸어 보내온 서신도 있었다. 다시 하고 싶은 일을 하라며 금전의 후원이 더욱 광범위하게 일어나고 …….

당시 임시정부는 국내 국민들과 거의 단절된 상태나 다름없었다. 이러한 상황에서 미주 동포들이 임시정부를 적극 지지하고 나선 것이다. 임시정부를 반대했던 동포들의 태도도 바뀌었다고 했다. 이로써 임시정부는 다시 활력을 찾게 되었다. 그 뒤 미주 지역 동포들은 재정적 지원을 비롯해 임시정부를 적극적으로 후원했고, 이들의 후원은 해방 때까지 계속되었다.

| 참고문헌 |

김구. 『(백범 김구 자서전) 백범일지』. 2002. 나남출판.

김창수. 1988 「한인애국단의 성립과 활동」. ≪한국독립운동사연구≫, 2.

단국대학교 동양학연구소. 2004. 『이봉창 의사 재판 관련 자료집』. 단국대학교 출판부.

배경식. 2008. 『기노시타 쇼조, 천황에게 폭탄을 던지다: 인간 이봉창 이야기』. 너머북스.

이봉창의사장학회. 2002. 『이봉창 의사와 한국독립운동』. 단국대학교 출판부.

한시준. 2006. 「이봉창의사의 의거에 대한 중국 신문의 보도」, ≪한국근현대사연구≫, 36.

홍인근. 2002. 『이봉창 평전: 항일애국투쟁의 불꽃 그리고 투혼』, 나남출판.

상하이 홍커우공원에서
일본군 수뇌를 처단하다

출운호 폭파 등 다양한 계획을 추진하다

대한민국 임시정부가 한인애국단을 결성해 의열투쟁에 나선 것은 일제 침략에 맞선 일종의 반(反)침략전이었다. 일제는 1910년 한반도를 차지한 데 이어 중국 대륙도 침략했다. 1931년 9월 18일 이른바 '만주사변'을 일으켜 만주 지역을 점령한 것이 그 시작이었다. 만주를 점령한 일제는 내몽골과 화베이(華北) 지역으로 세력을 넓혀갔고, 1932년 1월 28일에는 상하이를 침략했다. 이와 같은 일제의 침략에 맞서 전개한 것이 한인애국단의 의열투쟁이었다.

1932년 1월 8일 이봉창 의사의 일왕저격 의거는 의열투쟁의 서막이었다. 침략의 본거지에 들어가 그 수뇌인 일왕을 처단하려고 한 것이 이봉창 의사의 의거였다. 이어 상하이에서 일본군사령부로 사용되던 군함 출운호 (出雲號) 폭파, 다롄(大連)에서 관동군 사령관 처단, 국내에서 우가키 가즈시게(宇垣一成) 조선총독 처단, 상하이에서 일본군 수뇌 처단 등을 계획하고 추진했다. 이 중 세 건은 추진 과정에서 좌절되었지만, 상하이에서 추진한 일본군 수뇌 처단은 커다란 성공을 거두었다.

출운호 폭파는 상하이사변 중에 계획·추진되었다. 1932년 1월 28일 일본군이 상하이 북쪽 자베이(閘北)에 상륙하면서 일본군과 중국군 간에 전쟁이 일어났다. 상하이사변이었다. 중국은 최정예부대로 알려진 제19로군을 동원하여 강력히 맞섰다. 어려움을 겪던 일본은 본토에서 해군과 육군 10만여 명을 증파하고 비행기도 100여 대를 투입했다. 한 달여를 버티던 중국군은 3월 1일 상하이시 외곽으로 물러났다. 중국군이 후퇴하자 일본군은 일방적으로 임시휴전을 선언했고, 전쟁은 소강상태로 접어들었다.

상하이 침략을 지휘한 일본군사령부는 출운호에 있었다. 출운호는 황푸강(黃浦江)에 정박해 있었고, 바로 그 옆 강변에 상하이 일본 총영사관이 있었다. 임시정부는 출운호에 일본군사령부가 있다는 정보를 입수했다. 김홍일이 알아낸 정보였다. 김홍일은 구이저우육군강무당을 졸업하고 중국군으로 복무하던 인물로, 당시 상하이병공창 병기주임이면서 제19로군의 정보국장을 겸임하고 있었다.

정보를 입수한 김구는 김홍일과 출운호를 폭파할 계획을 세웠다. 폭탄을 가지고 출운호 밑으로 들어가 폭파하기로 결정한 것이다. 폭탄은 김홍일이 마련했지만, 강물 속으로 폭탄을 가지고 들어가는 것이 문제였다. 한인애국단원 중에는 이를 실행할 수 있는 사람이 없어 중국인 수귀(水鬼)를 고용하기로 했다. '수귀'는 아무런 장비를 갖지 않고도 강물 속에 오랫동안 잠수할 수 있는 사람을 말한다.

엄청난 보수를 주기로 하고 중국인 수귀 2명을 구했다. 거사일은 3월 12일로 결정되었다. 특수하게 만든 폭탄은 무게가 50파운드(약 22.7kg)에 달했다. 수귀들은 잠수해 출운호 아래로 가 폭탄을 설치하고, 강 건너편인 푸둥(浦東)에서 약속한 시간에 점화장치를 누를 계획이었다. 수귀들이 폭탄을 가지고 물속으로 들어갔고, 약속한 시간이 되자 점화장치를 눌렀다. 폭탄은 엄청난 굉음을 내며 터졌지만, 출운호에서 10여 m 떨어진 곳이었다. 수귀들이 겁을 집어먹고 시간을 지체한 것이다.

조선총독도 처단하려고 했다. 조선총독은 한국을 식민통치 하는 최고 책임자였다. 당시 조선총독은 우가키 가즈시게가 맡고 있었다. 김구는 3월에 한인애국단원 이덕주와 유진식을 국내로 파견해 총독을 처단하도록 했다. 상하이를 출발한 이들은 4월 초 국내로 잠입했다. 그러나 황해도 신천에 이르러 일제 경찰에 발각되어 체포되고 말았다.

다롄에서는 일본군 관동군 사령관을 처단하려고 했다. 이는 리튼(Lytton) 조사단이 다롄에 도착한다는 정보를 입수하고 계획한 것이다. 리튼조사단은 일제의 만주 점령을 조사하기 위해 국제연맹에서 조직한 것으로, 로버트 블리워리튼(Robert Bulwer-Lytton)이라는 인물이 단장이었다. 일제가 만주를 침략했을 때 장제스의 중국국민당 정부는 "먼저 중국의 내부를 평정하고 후에 일본에 대항한다(先安內後攘外)"를 원칙으로 내세우며 별달리 저항하지 않고, 만주 문제를 국제연맹에 제소했다. 이에 국제연맹에서 조사단을 구성해 만주로 파견한 것이다.

김구는 리튼조사단이 다롄에 도착할 때 관동군 사령관을 비롯해 남만철도 총재 등이 이들을 영접할 것으로 보고, 이들을 처단한다는 계획을 세웠다. 먼저 최흥식을 보내 다롄의 상황을 파악하도록 했다. 4월 1일 도착한 최흥식은 리튼조사단의 일정과 관동군 사령관 혼조 시게루(本庄繁)의 사진을 구하는 등 거사를 준비했다. 그동안 김구는 폭탄을 마련했다. 폭탄이 마련되자 유상근을 불렀다. 그에게 폭탄을 들려 보내 최창식과 함께 거사하도록 했다.

최창식과 유상근은 5월 26일 리튼조사단이 도착할 때 관동군 사령관 혼조 시게루와 남만철도 총재 우치다 고사이(內田康哉) 등이 다롄역에서 이들을 영접한다는 정보를 얻어 거사 계획을 세웠다. 거사는 영접을 위해 대기하고 있을 때 결행하기로 했다. 준비를 마치고 거사일을 기다리던 5월 24일 새벽, 일제 경찰이 이들의 숙소를 덮쳤다. 최창식이 김구에게 편지와 전보를 보낸 적이 있었는데, 우편 검열을 통해 이들의 움직임을 파악하고 체포한 것이다.

윤봉길 의사, 상하이 홍커우공원에서 의거를 결행하다

여러 거사를 추진하고 있을 때, 한 청년이 김구를 찾아왔다. 윤봉길이었다. 윤봉길은 충청남도 예산 출신으로, 고향에서 농촌계몽운동을 하다가 조국 독립에 몸을 바칠 결심을 하고 망명한 인물이다. 칭다오를 거쳐 상하이로 온 윤봉길은 한국인 박진이 경영하는 공장에서 일을 하고 있었다. 김구도 가끔 그 공장에 들러 일하는 청년들과 이야기를 나누곤 했다. 그곳에서 윤봉길을 만났다. 김구는 윤봉길이 진실하고 학식 있는 청년으로, 생활을 위해 노동을 한다고 생각했다.

윤봉길은 내성적이고 과묵한 성격이었다. 자신을 내세우지도 않고, 생각이나 마음을 남에게 드러내지 않았다. 그런 윤봉길이 김구를 찾아와 자신이 상하이에 온 목적과 속마음을 털어놓았다.

제가 채소바구니를 등에 지고 매일 홍구방면으로 다니는 것은 큰 뜻을 품고 천신만고 끝에 상해로 왔던 목적을 이루기 위한 것이었습니다. 그럭저럭 상해사변도 중국의 굴욕으로 정전협정이 성립되는 형세이니 아무리 생각해보아도 어디에서 목숨을 바쳐야 할지 모르겠습니다. 선생님이 동경사건과 같은 경륜을 지니고 계실 것으로 믿사오니 부디 지도하여 주시면 백골난망이겠습니다.

당시 윤봉길은 공장에서 나와 일본인 거주지역인 홍커우에서 채소 장사를 하며 기회를 엿보고 있었다. 조국 독립을 위해 큰 뜻을 품고 상하이에 왔지만, 상하이사변도 정전협정으로 끝나는 것 같아 자신이 목숨을 바쳐야 할 곳을 모르겠다고 했다. 그러면서 이봉창 의사의 의거와 같은 일이 있으면 자신이 담당할 테니, 지도해 달라는 것이었다.

윤봉길의 이야기를 듣고, 김구는 감복했다. 윤봉길을 "살신성인(殺身成仁)의 크고 큰 뜻을 가진 의기(義氣)의 남자"로 본 것이다. "뜻이 있는 자는 반드시 일을 이룰 것"이라며, 윤봉길을 격려했다. 그리고 자신이 계획하고 있는 일이 있다며, 윤봉길에게 물었다.

"왜놈이 4월 29일 홍구공원에서 소위 천황의 천장절 경축전례식을 성대하게 거행하여 위세등등하게 무용(武勇)을 뽐낸다고 하니 그대는 일생의 큰 목적을 이 날에 달성하는 것이 어떻겠소."

윤봉길은 대답했다.

"저는 이제부터 흉중에 일점 번민이 없어지고 아주 평안해집니다. 준비해주십시오."

윤봉길이 찾아왔을 때, 김구는 또 다른 거사를 계획하고 있던 참이었다. 상하이에서 발행하는 일본 신문을 통해 일왕의 생일인 천장절을 맞아 4월 29일 홍커우공원에서 상하이를 점령한 전승 축하 기념식을 거행한다는 정보를 입수하고, 기념식에 참석하는 일본군 수뇌들을 처단할 계획이었다. 이를 실행할 적임자를 찾고 있던 중 윤봉길이 찾아온 것이다. 김구는 윤봉길에게 거사를 제안했고, 윤봉길은 자신이 담당하겠다고 했다.

김구는 거사를 준비했다. 기념식장에는 일본 국기인 일장기와 도시락 및 물통만 가지고 입장하라는 일본 신문 문구를 떠올렸다. 김홍일을 찾아가 도시락과 물통 모양의 폭탄을 만들어달라고 부탁했다. 김홍일은 이봉창 의사의 폭탄은 멀리 던져야 한다는 점을 고려해 가볍게 만들었다. 그 때문에 위력이 약했다. 이번에는 강력한 폭탄을 만들기로 했다.

김홍일은 중국인 린지융(林繼庸)과 왕바이슈(王伯修)에게 부탁했다. 린지융은 푸단(復旦)대학 화학과 교수로 이공학원 원장을 맡고 있었고, 상하이사변 때 푸단대학 학생들로 의용군을 편성해 제19로군과 함께 항일전을 벌인 인물로 알려져 있다. 왕바이슈는 폭탄 제조 기술자였다. 이들은 여러 차례 실험을 거쳐 강력한 폭탄을 만들었다. 이봉창 의사가 사용한 수류탄과는 달랐다. 도시락과 물통 모양이어서 많은 양의 화약을 넣을 수 있었다. 표면은 살상력을 높이기 위해 알루미늄으로 만들었다. 화약이 폭발하면서 많은 파편을 만들어내 살상력을 높이도록 한 것이다.

윤봉길도 준비했다. 윤봉길은 기념식이 열리는 홍커우공원을 사전에 둘러보았다. 몇 차례 답사하면서 기념식장을 설치하는 것을 살펴보고, 폭탄을 던질 위치도 확인해 놓았다. 행사장에 입장할 때 들고 들어오라는 일장기도 구했다. 또 자신이 처단해야 할 대상인 일본군 수뇌들의 사진을 구해, 그들의 얼굴도 익혀두었다.

4월 26일, 김구는 윤봉길을 불렀다. 한인애국단 본부인 안공근의 집으로 데리고 가서 한인애국단에 입단시켰다. 그리고 "나는 적성(赤誠)으로써 조국의 자유와 독립을 회복하기 위하여 한인애국단의 일원이 되어 중국을 침략하는 적의 장교를 도륙(屠戮)하기로 맹서하나이다"라는 선서문에 서명하도록 했다. 이로써 윤봉길은 한인애국단 단원이 되었고, 한인애국단 단원으로 상하이를 침략한 일본군 수뇌들을 처단하는 의거를 결행했다.

이봉창 의사 때도 그랬듯이, 김구는 윤봉길과 함께 사진을 찍었다. 선서문을 가슴을 달고 왼손에 폭탄, 오른손에 권총을 든 윤봉길의 사진도 찍어놓았다. 거사 하루 전날인 28일 저녁, 김구는 윤봉길에게 후일의 기록을 위해 '경력과 감상을 적은 글'을 작성하라고 했다. 윤봉길은 수첩에 자신의 약력을 쓰고, 김구를 기리는 시와 청년들에게 남기는 시를 썼다. 그리고 "너이도

한인애국단에 입단한 윤봉길 의사 양손에 권총과 폭탄을 들고, 가슴에는 "한인애국단의 일원이 되어 중국을 침략하는 적국의 장교를 도륙하기로 맹서한다"라는 「선서문」을 달고 있다. 이 사진은 1932년 4월 27일 안공근의 집에서 찍었다.

강보에 싸인 두 병정에게 "너이도 만일 피가 잇고 뼈가 잇다면 반다시 조선을 위하여 용감한 투사가 되어라. 태극에 깃발 높히 드날리고 나의 빈 무덤 앞헤 차자와 한 잔 술을 부어노으라 ……." 윤봉길 의사가 의거 전날 두 아들에게 남긴 유서이다.

만일 피가 잇고 뼈가 잇다면 반다시 조선을 위하야 용감한 투사가 되어라"로 시작되는 「강보(襁褓)에 싸인 두 병정에게」라는 시도 썼다. 어린 두 아들에게 남긴 유서였다.

4월 29일 예정대로 홍커우공원에서 천장절 및 전승 축하 기념식이 열렸다. 만주에 이어 상하이를 점령한 일본군은 기고만장했고, 승전 기념식은 성대했다. 당시 상하이에는 약 5만 명에 이르는 일본인들이 홍커우 지역 일대에 거주하고 있었다. 일본인들은 집집마다 일장기를 게양했고, 일본군과 헌병대 건물에는 거대한 일장기가 걸렸다. 아침 8시경부터 일본인들은 깨끗한 일본 전통 복장을 하고, 행사장인 홍커우공원으로 몰려들었다. 이들의 손에도 모두 일장기가 들려 있었다. 중국 신문은 당시의 상황을 "홍커우공원의 도로는 서로 어깨를 부딪칠 정도로 사람들로 가득했고, 홍커우 지역은 일장

폭탄이 투척되기 직전 단상에 서 있는 일본군 고위 관계자들

폭탄이 투척된 직후의 단상과 그 주변 광경

기로 뒤덮었다"고 보도했다.

홍커우공원 입구와 기념식장인 사령대도 화려하게 꾸몄고, 공원 정문은 형형색색의 천으로 장식되었다. 홍색천에 "경축 만세 만만세"라고 써서 내걸고, 일본 해군기와 육군기를 게양해 놓았다. 사령대는 잔디밭 위에 목조로 설치하고, 욱일기를 상징하는 홍색과 백색의 줄무늬 천으로 난간대를 둘렀다. 공원 안에는 연등처럼 생긴 홍색과 백색의 등과 함께 만국기도 걸어놓았다.

기념식에는 민간인을 비롯해 일본 육군과 해군이 동원되는 등 군관민이 참석해 그 숫자는 3만 명에 이르렀다. 일본인만 참석한 것이 아니다. 상하이에 있는 각국 영사들과 신문사 기자들도 초청됐다. 기념식 단상 우측에는 일본 육해군 고위 지휘관들이 앉았다. 좌측에는 각국 영사들을 위한 내빈석과 신문기자석이 마련됐다.

행사는 3부로 진행되었다. 제1부는 천장절 기념식이었다. 천장절 기념식은 9시에 시작했다. 천장절을 기념하는 군악대 주악과 시라카와 요시노리(白川義則) 육군대장을 비롯한 주요 인사들의 연설로 1시간 30분이 걸렸다. 제2부는 열병식이었다. 열병식은 상하이파견군 총사령관 시라카와 육군대장을 비롯해 제9사단장 우에다 겐키치 육군 중장, 제3함대 사령관 노무라 요시사부로(野村吉三郎) 해군중장이 말을 타고 한 바퀴 도는 것으로 진행되었다. 제3부는 관민결합회였다. 관민결합회는 상하이에 있는 일본의 주요 기관과 군대, 민간인들의 단합을 위한 행사였다. 열병식이 끝나자 외빈 대부분은 자리를 떴다. 일본인들만 모인 별도의 행사였다. 행사는 시라카와, 우에다, 노무라, 주중 공사 시게미쓰 마모루, 상하이 총영사 무라이 구라마쓰(村井倉松), 상하이 거류민단장 가와바타 데이지, 거류민단 서기장 도노모 구라마쓰(友野盛) 등 7명이 기념식 단상에 도열하면서 시작되었다.

윤봉길 의사는 기념식 단상 뒤편에 있었다. 일본 국가인 「기미가요」를 제창할 때, 윤봉길은 단상을 향해 물통형의 폭탄을 던졌다. 폭탄은 정확하게 단상 위에 떨어졌다. 떨어진 곳은 시게미쓰와 가와바타 사이였다. 폭탄은 거대한 폭음을 내며 폭발했다. 가와바타는 창자가 튀어나오는 부상을 입고, 단상 아래로 굴러떨어졌다. 단상에 있던 나머지 6명도 모두 폭탄 파편에 맞아 큰 부상을 입었다. 행사장은 아수라장이 되었고, 위용을 자랑하려던 일본 군은 수모를 당했다.

시라카와 육군대장의 죽음, 일본 천황이 애도하다

시라카와 육군대장 육군사 관학교 교장, 관동군 사령관, 육군대신 등을 역임한 일본 육군의 상징과 같은 인물이다. 시라카와는 얼굴에 파편이 박히는 부상을 입고 치료를 받다가 5월 26일 사망했다.

　폭탄을 투척한 윤봉길은 현장에서 체포되었고, 부상자들은 병원으로 옮겨졌다. 당시 홍커우에는 일본의 육군·해군병원과 복민병원(福民病院)이 있었다. 복부에 큰 부상을 입은 가와바타는 응급처치를 받았지만, 다음 날 새벽에 사망했다. 시게미쓰는 여러 차례에 걸쳐 64개의 파편을 제거하는 수술을 받았지만, 오른쪽 다리를 절단해야 했다. 노무라는 오른쪽 눈에 파편이 박혀 실명했고, 우에다는 발가락 4개가 완전히 부서졌다.

　육군대장 시라카와는 얼굴 왼쪽에 파편이 박히는 부상을 입었다. 부상은 심각하지 않았지만, 시라카와는 특별한 치료를 받았다. 전상자 치료의 최고 권위자 고토 시치로(後藤七郎)를 상하이로 파견하여 그를 치료하도록 한 것이다. 파편 제거 수술을 받은 시라카와는 상태가 좋아져 문병 온 인사들과 환담도 나누었다. 평소 술을 좋아했던 시라카와는 자신의 건강 상태를 자만해 병상에서 브랜디를 찾아 마시기도 했다. 그러다 5월 20일 갑자기 상태가 악화되었다. 긴급 수혈을 하는 등 조치를 취했지만,

23일부터 혼수상태에 빠져 결국 5월 26일 사망했다.

윤봉길 의사의 의거는 상하이를 침략한 일본군 수뇌들을 처단한 의거였다. 상하이 침략을 지휘한 시라카와 육군대장을 비롯해 육군 중장 우에다, 해군중장 노무라 등이 그 대상이었다. 시라카와는 상하이파견군 총사령관으로 상하이 침략을 총지휘한 인물이었을 뿐만 아니라, 일본군을 상징하는 존재이기도 했다. 1892년 육군 소위로 임관한 시라카와는 시베리아파견군 사령관, 육군사관학교 교장, 육군성 차관, 관동군 사령관 등을 거쳐 1925년 대장으로 승진했고, 1927년에는 육군대신으로 임명되는 등, 일본 육군의 대표적 지휘관이었다. 상하이사변 당시 일본군이 어려움을 겪자, 일본은 육군 대신을 역임한 시라카와에게 다시 군복을 입혀 상하이로 파견했고, 그는 상하이사변을 승리로 이끌었다.

시라카와의 위상을 짐작할 수 있는 일화가 또 있다. 그의 부상과 죽음에 대해 일왕이 보인 태도이다. 일왕은 시라카와가 위독하다는 보고를 받자 5월 23일 그에게 네 가지 조처를 취했다. 사주(賜酒)를 내렸고, 남작(男爵)이라는 작위와 함께 욱일대훈장을 수여했으며, '상하이파견군 사령관으로 임무를 완수한 노고를 가상히 여긴다'는 조어(詔語)를 내렸다. 그뿐만 아니었다. 시라카와가 사망했다는 보고를 받고, 가족들에게 조전을 보냈고, 시라카와의 유해가 도쿄에 도착하자 궁내부대신을 보내 조문하기도 했다.

윤봉길 의사의 의거는 임시정부가 추진한 반(反)침략전으로, 이를 단순한 의열투쟁으로만 보아서는 안 된다. 일제는 1910년 한반도를 차지했고, 1931년부터는 중국을 침략했다. 임시정부는 한인애국단을 조직하여 의열투쟁이라는 방법으로 일제 침략에 맞섰고, 일본군 수뇌를 처단하는 쾌거를 이루어낸 것이다. 전쟁을 하면서 적군의 최고 지휘관을, 육군대장을 처단하는 것은 드문 일이다. 임시정부는 수십 만 군대로도 해내지 못한 일을 윤봉길 의사 한 사람을 통해 해낸 것이다.

윤봉길 의사, 임시정부를 되살리다

윤봉길 의사의 의거를 단순히 일본군 수뇌를 처단한 것만으로 이해해서
는 안 된다. 그 의거가 끼친 영향이 엄청났다. 먼저 임시정부가 큰 대가를 치
러야 했다. 안창호가 체포되고, 임시정부 문서를 모두 빼앗겼으며, 근거지
인 상하이를 떠나야 했다. 의거 당일 오후에 일본 경찰이 프랑스조계 안으로
들어와 임시정부 요인들을 체포하려고 했다. 요인들 대부분은 몸을 피했지
만, 초창기 임시정부의 활동 기반을 마련했던 대표적 지도자 안창호를 비롯
해 미처 몸을 피하지 못한 11명의 청년들이 체포되었다. 요인들은 자싱(嘉
興)·항저우(杭州)·난징(南京) 등으로 흩어졌고, 임시정부는 상하이를 떠나
항저우로 옮겨갔다.

이 의거는 만보산사건·만주사변 등으로 불거진 중국인들의 반한 감정
을 일거에 날려버린 것은 물론이고, 중국국민당 정부가 임시정부를 지원하
는 계기도 마련했다. 이봉창 의사의 의거 때와 마찬가지로, 윤봉길 의사의
의거를 더 반긴 것은 중국이었다. 의거 당일부터 중국의 ≪시보(時報)≫, ≪시
사신보(時事新報)≫, ≪신보(申報)≫, ≪대공보(大公報)≫, ≪대만보(大晩報)≫,
≪중앙일보(中央日報)≫ 등 많은 신문이 두 달여 동안 윤봉길 의거 관련 보도
를 지속적으로 쏟아냈다. 윤봉길을 '의사(義士)'로 지칭하고, 보도 내용과 논
조에서도 통쾌함을 감추지 않았다. 시게미쓰와 시라카와 등 부상자들의 동
태를 매일매일 상세히 보도하면서 일본군 수뇌들의 상태도 알렸다.

중국국민당 정부가 임시정부를 지원하기 시작한 데에도 윤봉길 의사의
의거가 직접적으로 영향을 끼쳤다. 그 이전에는 중국 정부가 임시정부를 거
의 지원하지 않았다. 일본이 상하이를 침략하자 중국국민당 정부는 30만 명
에 달하는 군인을 동원해 전쟁을 벌였지만, 사실상 패했다. 중국으로서는 굴
욕을 당한 것이나 마찬가지였다. 이때 윤봉길 의사가 상하이를 침략한 일본

군 수뇌들을 처단한 것이다. 중국 측은 30만 명이 해내지 못한 일을 한국의 한 청년이 해냈다며, 윤봉길 의거를 격찬하며 고무되었다.

중국국민당 정부는 먼저 임시정부 요인들을 보호하는 조처를 취했다. 중국국민당의 조직부장이면서 특무 조직인 시시단(CC團)을 운영하던 천궈푸(陳果夫)가 나섰다. 그는 저장성(浙江省) 성장을 지낸 추부청(褚補成)에게 김구의 피난처를 제공하도록 했다. 추부청은 자싱에 김구와 임시정부 요인들의 피난처를 마련해 주었다.

장제스가 김구를 불러 직접 만나기도 했다. 1933년 김구는 천궈푸의 통지를 받고 측근인 안공근과 엄항섭을 대동하고 난징으로 가서 장제스와 면담했다. 김구는 임시정부의 독립운동을 지원해 달라고 요청했고, 장제스는 지원을 약속했다. 그 뒤 중국국민당 정부는 임시정부에 대한 재정적 지원을 시작해 일제가 패망할 때까지 계속했다. 또 뤄양(洛陽)군관학교에 한인특별반을 만들어 군사간부를 양성할 수 있도록 했다.

이 의거로 임시정부의 존재와 활동이 세계에 널리 알려졌다. 중국을 비롯해 세계 각국의 신문들이 윤봉길 의사의 의거를 보도했고, 이를 통해 임시정부의 존재와 활동이 세계 각지에 알려진 것이다. 특히 영국의 신문은 윤봉길 의거를 보도하면서, "이번 사건은 1914년 세르비아 청년 가브릴로 프린시프(Gavrilo Princip)가 오스트리아 황태자 프란츠 페르디난트(Franz Ferdinand)를 저격한 이래 세계 현대사에서 가장 충격적인 정치적 폭력행동"이라고 평가하기도 했다.

| 참고문헌 |

김상기. 2013. 『(자유의 불꽃을 목숨으로 피운) 윤봉길』. 역사공간.
_____. 2018. 「윤봉길 상해의거의 국내외적 영향과 의의」. ≪한국독립운동사연구≫, 61.

매헌윤봉길의사기념사업회. 2010.『윤봉길과 한국독립운동』.

배경한. 2017.「윤봉길의거 이후 장개석 국민정부의 한국독립운동 지원과 장기항전」.≪역사학보≫, 236.

신용하. 1997.「백범 김구와 한인애국단의 독립운동」.『조동걸교수정년기념논총』. 나남출판.

한시준. 2009.「윤봉길의사의 홍구공원의거에 대한 중국신문의 보도」.≪한국독립운동사연구≫, 32.

08

상하이에서 충칭까지,
고난의 대장정에 오르다

근거지인 상하이를 떠나다

대장정(大長征)이라고 하면, 으레 마오쩌둥(毛澤東)과 중국공산당을 떠올린다. 중국공산당의 홍군은 중국국민당 군대의 공격을 받고, 1934년 10월 근거지였던 루이진(瑞金)을 떠나 1만 2000여 km를 걸어 다음 해 10월 옌안(延安)에 도착했다. 이를 대장정이라고 한다. 같은 길은 아니었지만, 대한민국 임시정부도 고난의 대장정에 올랐다. 1932년 5월 상하이를 떠나 항저우(杭州) – 전장(鎭江) – 창사(長沙) – 광저우(廣州) – 류저우(柳州) – 치장(綦江)을 거쳐 1940년 9월 충칭에 정착한 것이다.

임시정부의 근거지는 상하이였다. 상하이에서 임시정부를 수립했고 이곳을 중심으로 활동하고 있었다. 그러나 1932년 4월 29일 윤봉길 의사의 의거 이후 일제 경찰의 급습으로 상하이를 떠나야 했다. 그동안 임시정부는 프랑스조계 당국으로부터 일정한 보호를 받았지만, 더는 보호받을 수 없는 상황이 되었다. 일제 경찰이 프랑스조계로 들이닥쳤고, 임시정부 요인들은 체포를 피해 몸을 숨겨야 했다.

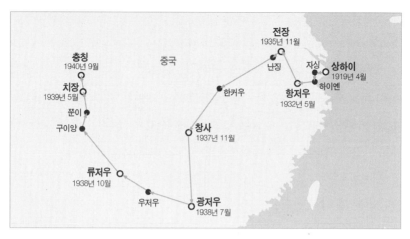

상하이에서 충칭까지 임시정부의 이동 경로

　필자는 당시 상황을 조소앙의 아들 조인제에게 직접 들었다. 일제 경찰이 골목 안으로 들어오는 것을 보고, 뒤편에 매달아 둔 밧줄을 타고 도망쳤다고 한다. 상하이의 거주지역은 대체로 골목 양편에 2층 연립주택이 빼곡하게 들어차 있는 구조로 되어 있다. 골목 입구를 지켜보다가 일제 경찰이 들어오는 것을 보고 밧줄을 타고 내려가 도망친 것이다.

　윤봉길 의사의 의거는 비밀리에 추진되었다. 국무위원 일부만 알고 있었다. 의거가 성공하자, 김구는 요인들에게 연락하여 피신하도록 했다. 의거가 결행된 것이 오전 11시 40분경인데, 오후 1시경에 일제 경찰이 들이닥쳤다. 급박한 순간이었다. 프랑스조계 당국도 이들을 제지할 수 없었다. 일제 경찰은 헌병·밀정들과 함께 임시정부 요인들과 가족들의 거주지역인 바오캉리(寶康里)와 마당루(馬當路) 일대를 돌아다니며 체포에 혈안이 되어 있었다.

　요인 대부분은 피신했지만, 일제 경찰에 체포된 사람도 있었다. 안창호와 김덕목을 비롯한 12명이 체포된 것이다. 안창호는 연락을 받지 못했다.

김구는 김영린을 통해 안창호에게 피신하라는 편지를 보냈지만, 안창호는 집에 없었다. 그는 이유필의 아들 이만영에게 소년동맹회에서 주최하는 어린이날 체육대회에 경비를 지원해 주겠다고 약속한 적이 있어, 그 약속을 지키기 위해 이유필의 집을 찾아가고 있었다. 그래서 김영린과 길이 엇갈렸다. 안창호는 이유필 집에 들어서다가 일제 경찰과 맞닥뜨렸다. 피체된 안창호는 일본 헌병대사령부에서 신문을 받고, 국내로 압송되었다.

피신한 임시정부 인사들은 함께 움직이지 못했다. 그럴 수 있는 상황이 아니었다. 제 각각 피신했다 이동녕·이시영·조완구 등은 현재 위위안이 있는 상하이현성의 중국인 거주지역으로 몸을 숨겼다. 길이 복잡하고 인구가 조밀해 숨기 적당한 곳이었다. 조소앙은 중국인 친구 집을 찾아가 도움을 청하고 그곳에 은신했다. 김구는 김철·엄항섭과 함께 난스(南市)에 있는 미국인 목사 조지 피치(George Fitch) 집으로 갔다. 피치는 김철과 알고 지내는 사이였다.

대부분 몸은 피했지만, 잃은 것이 많았다. 임시정부 수립 초기부터 대표적 지도자 역할을 하던 안창호가 피체되었고, 임시정부 문서도 모두 일제 경찰에게 탈취당했다. 일제 경찰은 청사를 비롯해 요인들의 집을 수색하면서 문서들도 압수해 갔다. 임시정부 요인들은 급히 몸을 피하느라 문서를 챙기지 못했다. 상하이 일본 총영사관은 압수해 간 문서의 목록을 작성하고, 이를 연표식으로 정리하여 1932년 말 『조선민족운동연감』이라는 책으로 펴냈다. 압수해 간 문서가 910여 종에 이르렀다. 하지만 이 문서들은 지금까지 어디에서도 발견되지 않고 있다. 임시정부 문서의 수난은 여기서 그치지 않았다. 해방 후 국내로 가지고 들어온 문서는 6·25전쟁 때 행방불명되었다.

임시정부, 항저우로 옮기다

더는 상하이에서 활동할 수 없어 물색한 곳이 항저우(杭州)였다. 항저우
는 상하이에서 자동차로 두 시간 정도 떨어진 곳이다. 일단 몸을 숨겼던 조
소앙·김철 등 국무위원들은 1932년 5월 10일 항저우에 도착했다. 임시정부
의 여당 한국독립당도 항저우로 이전했고, 가족들도 옮겨왔다. 처음에는 시
내 칭타이여사(淸泰旅社)라는 여관에 머물며 사무를 보다가 후볜춘(湖邊村)
23호에 청사를 마련했다. 이 청사는 지금도 그대로 남아 있다. '대한민국임
시정부항주구지기념관'으로 꾸며졌고, 중국 정부는 이를 국가급 문물보호
단위로 지정해 보존하고 있다.

일부 국무위원들과 김구는 자싱(嘉興)으로 피신했다. 박찬익이 중국 측
과 교섭하여 마련한 곳이었다. 당시 박찬익은 중국국민당 국제부에 근무하
고 있었다. 그는 위험에 처한 임시정부 요인들에 대한 협조를 요청했고, 중
국국민당 첩보기구 '시시단(CC團)'을 운영하던 천리푸(陳立夫)의 도움을 받
았다. 천리푸는 저장성장(浙江省長)을 지낸 자신의 유력인사 추부청에게 피
신처를 마련해 줄 것과 특별히 김구를 보호해 줄 것을 부탁했다. 이동녕·이
시영·조완구 등이 먼저 자싱으로 옮겼다. 피치의 집에 은거해 있던 김구를
엄항섭과 안공근이 자싱으로 모셔왔다. 김구는 추부청의 배려로 그의 수양
아들 집에 머물렀다.

항저우와 자싱에 피난처를 마련했지만, 안정적인 생활을 할 수 없었다.
일제 경찰의 추격이 계속되었기 때문이다. 임시정부가 상하이를 떠난 사실
을 안 일제는 경찰·밀정 등을 풀어 사방으로 추격하고 다녔다. 특히 김구에
게는 현상금 60만 원을 내거는 등 체포를 위해 온갖 수단을 동원하고 있었
다. 당시 60만 원은 현재 약 180억 원이라고 한다. 엄청난 액수였다. 일제 경
찰보다 동포들이 더 무섭기도 했다. 현상금에 눈이 멀 수도 있었기 때문이

다. 그렇지만 그런 일은 일어나지 않았다.

항저우에서 전장으로 옮기다

항저우에서도 더는 활동하기가 어려워졌다. 항저우에서의 활동을 탐지한 일제가 추격의 범위를 좁혀오고 있었다. 임시정부는 난징(南京)으로 이전하고자 했다. 난징은 중국 정부의 수도로서 일제의 추격을 피할 수 있고, 피신하기도 용이하다는 장점이 있었다. 그러나 중국 측은 난색을 표했다. 난징위수사령관 구정룬(谷正倫)은 난징에 임시정부 사무소를 두는 것은 어렵다고 했다. 당시 중국 정부는 중국공산당을 토벌하는 데 주력했으므로, 일제와의 마찰을 최대한 피하려는 정책을 취하고 있었다.

중국 정부가 임시정부의 난징행에 난색을 표한 데는 또 다른 사정이 있었다. 일제로부터 김홍일을 체포하라는 압력을 받고 있었던 것이다. 일제는 김홍일이 윤봉길 의거에 쓰인 폭탄을 제조해 준 것을 파악하고 그를 체포하려고 했다. 중국 측은 상하이병공창에 근무하던 김홍일을 난징으로 불러들여 공병창 주임으로 임명했다. 이 사실을 파악한 일제가 김홍일을 체포해 인도하라고 압력을 넣고 있었다. 김홍일은 난징으로 오면서 왕이수(王逸曙)라는 중국 이름을 사용했다. 중국 측은 공병창 주임은 중국인이라고 둘러대며, 일제의 압력에 버티고 있던 상황이었다.

천리푸가 대안으로 제시한 곳이 전장(鎭江)이었다. 당시 천리푸는 중국국민당 조직부장으로 장쑤성(江蘇省) 주석을 맡고 있었다. 전장은 장쑤성의 성도였다. 난징과는 60km 정도 거리에 있었다. 1935년 11월 임시정부는 전장으로 이전했다. 사무소를 전장에 두었지만, 인사들 대부분은 난징에 거주했다. 사무소 이전에 난색을 표했던 구정룬은 김구에게 난징에 머물도록 권유

항저우 임시정부 청사 항저우에 있을 때 사용하던 청사(후변춘 23호)이다. 독립기념관 소장.

했다. 숨어 있기가 용이했기 때문이다. 그는 난징의 일본 영사인 스마(須麻)가 김구 체포를 요청해 왔을 때 "일본에서 큰 상금을 내걸었으니 김구를 내가 체포하면 상금을 내게 달라"며, 너스레를 떨기도 했다. 임시정부 사무소를 두는 것은 허락할 수 없지만, 개별적으로 머무는 것은 막지 않은 것이다.

전장 시기에 대해서는 알려진 것이 거의 없다. 이동녕·이시영·조완구·조성환 등이 전장에 있었던 것으로 파악되는 정도다. 그 뒤 임시정부는 2년 동안 전장에 머물렀지만, 그 소재지조차 정확하게 알려져 있지 않다. 전장의 향토사학자들은 한국인 독립운동가들이 머문 곳이 무위안(穆源)소학교라고 했고, 전장시 당국은 이곳에 임시정부 진열관을 만들어놓았다.

전장에서 창사로 옮겨가다

1937년 11월 임시정부는 다시 전장에서 창사(長沙)로 옮겨갔다. 일본군이 난징으로 진격해 오자 피난을 떠난 것이다. 1937년 7월 7일 일제는 루거우차오(蘆溝橋)사건을 일으켜 중국 대륙을 침략했다. 일본군은 베이징·톈진에 이어 8월 13일 상하이를 점령하고 중국의 수도 난징을 공격했다. 중국은 수도를 지키기 위해 많은 군대를 투입했지만, 막아내지 못했다. 중국 정부는 난징을 포기하고, 충칭으로 옮겨 갔다.

임시정부도 피난하지 않을 수 없었다. 목적지로 정한 곳은 후난성(湖南省)의 성도 창사였다. 창사를 목적지로 정한 것은 물산이 풍부하고 물가가 싸다는 것이 주된 이유였다. 당시 임시정부 요인들과 그 직계가족만 해도 100여 명이 넘었다. 한국국민당·한국독립당·조선혁명당 등 관련 단체에 소속된 인원들까지 합치면, 그 숫자는 수백 명에 이르렀다. 수백 명의 인원들이 생활하기 위해 물색한 곳이 창사였다.

전장에 있던 요인들이 먼저 창사로 향했다. 이들은 관련 문서들을 챙겨 11월 20일 윤선(輪船)을 타고 전장을 떠났다. 난징에서는 100여 명이 목선 두 척에 나누어 타고 11월 23일 출발했다. 배를 타는 과정부터 아비규환이었다. 중국 정부가 떠나자 시민들도 피난길에 올랐다. 이들이 한꺼번에 강가로 몰려들어 먼저 배를 타려고 서로 아귀다툼을 벌인 것이다. 당시 함께 배를 탔던 안춘생의 증언에 의하면, 인파에 밀려 강으로 빠져 죽는 경우가 부지기수였다고 한다.

1937년 12월 창사에 도착했다. 그 무렵 난징에서는 대학살이 자행되고 있었다. 난징은 12월 13일 일본군에 함락되었다. 난징을 점령한 일본군은 시민들을 무자비하게 죽였는데, 남녀노소도 구별하지 않았다. 방법도 차마 글로 표현할 수 없을 정도로 잔인하기 이를 데 없었다. 이는 한 달여 동안 계속되었다. 희생된 인원은 30만 명을 넘었다. 이를 '난징대학살'이라고 한다.

창사에서 광저우·류저우로 피난하다

창사에서의 생활도 오래가지 못했다. 난징을 점령한 일본군이 점차 대륙 쪽으로 공격해 왔고, 창사도 위험에 빠졌다. 임시정부 요인과 한국국민당·한국독립당·조선혁명당의 간부들이 모여 피난할 곳을 협의했다. 결론은 중국 대륙 서남쪽 난닝(南寧)이나 윈난(雲南)으로 의견이 모아졌다. 그곳으로 가면 미주 교포들과 연락을 도모할 수 있을 것이라는 기대 때문이었다.

광저우에서 김구와 채원개 광저우에 도착했을 때, 그곳에서 중국군으로 복무하고 있던 채원개의 도움을 받았다.

그러나 이동 수단이 문제였다. 수많은 중국인들이 피난을 떠나는 상황에서 100여 명이 넘는 대가족이 많은 짐을 가지고 이동하는 것은 어려운 일이었다. 김구는 후난성 주석 장즈중(張治中)을 찾아갔다. 우선 광저우까지 가는 교통편을 부탁했다. 그는 기차 한 칸을 무료로 내주었다. 광둥성 성장 우티에청 앞으로 친필 소개장도 써주었다. 김구는 이를 받아들고, 중국어에 능통한 조성환·나태섭과 함께 먼저 출발했다.

임시정부 요인과 그 가족들은 1938년 7월 17일 창사를 떠났다. 기차를 탔지만, 가는 길은 험했다. 일본 비행기의 공습을 받은 것이다. 갑자기 일본 비행기가 나타나 폭격을 퍼부어 댔다. 공습이 시작되면 기차는 멈추고, 수풀 속이나 나무 밑에 가서 숨어야 했다. 이러기를 여러 차례 반복하며, 나흘 만

한국광복진선청년공작대 류저우에 머무는 동안 청년들이 한국광복진선청년공작대를 조직하여 중국인들의
항일 의식을 고취시키는 활동을 했다.

인 7월 20일 광저우에 도착했다. 다행히 희생자는 없었지만, 고통스럽고 위
험한 피난길이었다.

먼저 도착한 김구가 광저우에서 중국군으로 복무하고 있던 채원개, 이준
식의 도움을 받아 둥산바이위안(東山柏園)과 아세아여관에 거처를 마련해
놓았다. 둥산바이위안에 임시정부 청사를 두고, 가족들은 아세아여관에 머
물렀다. 두 달이 지난 9월 17일 거처를 포산(佛山)이라는 곳으로 옮겼다. 일
본 비행기가 연일 광저우 시내를 폭격했기 때문이다. 포산은 광저우에서
25km 떨어진 조그만 도시였다.

광저우에 도착했지만, 난닝이나 윈난으로 가기는 어려웠다. 김구는 장
제스에게 전보를 보내 임시정부를 중국 정부가 있는 충칭으로 옮길 수 있게
해달라고 요구했고, 오라는 답신을 받았다. 김구는 이전 문제를 협의하기 위
해 조성환·나태섭과 함께 창사를 거쳐 충칭으로 갔다. 광저우에서는 세 달

정도 머물렀다. 최근 청사로 사용했던 둥산바이위안 건물이 확인되었다. 2017년 광저우 대한민국 총영사관에서 현재 쉬구위안루(恤孤院路) 12호가 둥산바이위안이었음을 찾아낸 것이다.

일본군이 포산 근처까지 진격해 오자 다시 피난을 떠나야 했다. 목적지는 광시성(廣西省) 류저우(柳州)였다. 김구가 충칭에 가서 중국 정부와 교섭할 때, 일본군이 포산과 광저우를 공격해 왔다. 급히 피난을 떠나야 했고, 피난지로 택한 것이 류저우였다. 광저우 시내와 포산에 머물고 있던 임시정부 요인과 가족들은 1938년 10월 18일 배를 타고 류저우로 향했다. 뱃길은 험했다. 한 달 보름여 만인 11월 30일 류저우에 도착할 수 있었다.

류저우에서 네 달 동안 머물렀다. 도착 당시만 해도 류저우는 일제의 침략을 받지 않았던 곳이다. 시민들의 항일 의식도 약했다. 임시정부 인사들을 "망국노"라고 할 정도였다. 그러나 얼마 지나지 않아 일본 비행기들이 류저우를 공격했다. 공습이 시작되면 방공호로 들어가 숨는 것이 일상이었다.

류저우에서 치장을 거쳐 충칭에 정착하다

1939년 4월 류저우를 떠나 치장으로 향했다. 충칭에 간 김구가 중국 정부와 교섭하여 치장에 근거를 마련하고, 이동할 비용까지 보내왔다. 버스 6대를 배정받아 구이양(貴陽)까지 이동했다. 구이양은 높은 산이 많은 곳으로, 높이가 4000m 이상 되는 산도 있었다. 치장으로 가려면 이를 넘어야 했다. 두 팀으로 나누어 일부는 버스를, 일부는 배를 탔다. 버스길도 뱃길도 모두 험했다. 버스는 천 길 낭떠러지 절벽 위를 지났다. 뱃길을 이용한 이들은 암초에 부딪히지 않기 위해 밑창이 평평한 배를 타야 했고, 거슬러 올라가야 하니 배에 밧줄을 묶어 청년들이 양쪽 계곡에서 끌고 올라가야 했다.

한 달 만인 1939년 5월 치장에 도착했다. 치장은 충칭에서 남쪽으로 50km 지점에 있는 조그만 도시였고, 전란으로부터 벗어나 비교적 안전한 지역이었다. 도착하기 전에 조성환이 치장시 당국과 협의하여 거처를 마련해 놓았다. 이동녕·이시영 등 가족이 없는 원로들은 정정화 등 젊은 층의 가족들이 모시도록 하고, 각 단체나 가족 단위로 숙소를 배정했다. 치장에 도착해서야 위험에서 벗어날 수 있었다.

임시정부는 1940년 9월 치장에서 충칭으로 이전했다. 임시정부의 주요한 업무는 중국 정부가 있는 충칭에서 이루어졌다. 가족들은 대부분 치장에 머물렀다. 현재는 자동차로 1시간 거리이지만, 당시 충칭과 치장은 하룻길 거리였다. 충칭과 치장에 분산되어 있어 활동에 어려움이 많았다. 이에 임시정부를 충칭으로 이전하고, 충칭 교외 투차오(土橋)의 땅을 빌려 거주지를 마련한 뒤 치장에 있는 가족들까지 이주시켰다.

상하이에서 충칭까지의 시기를 '유랑기', '이동시기'라고 부른다. 상하이를 떠나고 각처로 옮겨 다니게 된 계기나 과정을 생각하면, 이런 용어가 적절한 것일까 의문이 들 수밖에 없다. 중국공산당 홍군이 중국국민당 군대를 피해 각처로 옮겨 다녔듯이, 임시정부도 일본 경찰과 군대를 피해 다닌 것이다. 일제 경찰의 급습으로 1932년 5월 상하이를 떠나 항저우, 전장, 창사, 광저우, 류저우, 치장을 거쳐 1940년 9월 충칭에 정착하기까지 8년여에 걸친 대장정이었다.

| 참고문헌 |

웨이즈장(魏志江). 2007. 「한국독립운동과 중국 광주의 관계」. ≪백범과 민족운동 연구≫ 5.
정정화. 1987. 『녹두꽃 : 여자독립군 정정화의 낮은 목소리』(미완).

한상도. 2008. 『대한민국임시정부(장정시기)』. 독립기념관 한국독립운동사연구소.

한시준. 2013. 「대한민국임시정부와 중국 광주의 관계」. ≪한국독립운동사연구≫, 5.

_____. 2017. 「대한민국임시정부가 광주에 머문 자료와 기록」. ≪사학지≫, 55.

호춘혜(胡春惠). 1987. 『중국안의 한국독립운동』. 신승하 옮김. 단국대학교 출판부.

09

존립 위기를 극복해 내다

통일운동에 의해 민족혁명당이 결성되다

1935년, 대한민국 임시정부는 존립 위기를 맞았다. 당시 임시정부는 항저우에 있었다. 윤봉길 의사의 의거 직후, 상하이를 떠나 항저우로 옮긴 것이다. 사무소는 항저우에 두었지만, 임시정부 요인들은 일제 경찰의 추적을 피해 자싱·난징·전장 등지로 흩어져 있었다. 존립 위기는 통일운동에서 비롯되었다. 여러 정당과 단체가 통일운동을 추진하면서 임시정부를 폐지하자는 주장이 대두되었고, 1935년 7월 이들이 통일을 이루어 민족혁명당을 결성하면서 임시정부는 존립 위기를 맞았다.

1930년을 전후하여 독립운동전선에 정당들이 결성되기 시작했다. 1930년 1월 임시정부 요인들이 결성한 한국독립당을 비롯해 남만주에서 조선혁명당, 북만주에서 한국독립당, 난징에서 한국혁명당 등이 결성되었다. 북만주의 한국독립당과 난징의 한국혁명당이 통합해 새로이 신한독립당을 결성했다. 그리고 미주 지역과 연계된 대한독립당, 1919년에 결성되어 의열투쟁을 전개하던 의열단도 있었다.

이 정당과 단체들 사이에 통일운동이 일어났다. 계기는 일제의 중국 침략이었다. 일제는 1931년 9월 18일 '만주사변'을 일으켜 만주 지역을 침략하여 점령했고, 이어 1932년 1월 28일에는 '상하이사변'을 일으켰다. 일제가 만주와 상하이를 침략하자 여러 정당과 단체들은 혁명 역량을 한곳에 집중시켜 대일전선을 확대·강화하고자 했고, 이를 위해 통일운동을 벌였다. 통일운동은 1932년 10월 각 정당과 단체의 대표들이 참가하여 한국대일전선통일동맹을 결성하면서 시작되었다. 통일동맹은 각 단체의 연합 기구로, 통일운동을 추진하기 위해 임시로 설립한 것이다.

통일동맹 주도로 통일운동이 추진되었다. 통일동맹은 1934년 3월 난징에서 한국독립당·조선혁명당·신한혁명당·의열단·대한독립당 등의 대표자들이 참가한 가운데 회의를 개최했다. 통일 방안을 논의하기 위한 회의였다. 여기서 기존의 정당과 단체를 완전히 해체하고 새롭게 대동단결 조직체, 즉 '단일당'을 결성하기로 결정했다. 이때 '단일당'이 결성되면 임시정부는 폐지하자는 주장이 나온 것이다.

임시정부 폐지 문제가 불거지면서 통일운동은 주춤했다. 한국독립당이 통일운동에 적극적으로 나서지 못했기 때문이다. 한국독립당은 임시정부 요인들이 주축을 이루고 있었으며, 임시정부의 기초 세력으로 역할 하던 정당이었다. 한국독립당으로서는 임시정부 폐지를 전제로 한 통일운동에 적극적으로 나서기 어려웠고, 곤란한 상황에 처했다.

한국독립당은 통일운동을 놓고 쉽게 당론을 결정하지 못했다. 내부적으로도 커다란 진통을 겪었다. 당은 통일운동 참가 여부를 논의하기 위해 1935년 2월 당대표대회를 소집했다. 통일에 대한 원칙론에는 이견이 없었다. 그렇지만 임시정부 폐지 문제를 둘러싸고 격론이 벌어졌다. 입장은 세 가지로 나뉘었다. 통일운동에 의해 결성될 '단일당'에 임시정부 문제를 일임하자는 입장과 단일당에서 임시정부 지지를 천명하도록 해야 한다는 입장, 그리고 중립적인 입장이었다. 격론을 벌인 끝에 단일당 결성에 참가하지 않기로 당론을 결정했다. 임시정부를 유지해야 한다는 입장이 우세했던 것이다.

한국독립당이 당론으로 불참을 결정하자, 통일동맹은 1935년 2월 20일로 예정했던 각혁명단체대표대회를 6월 20일로 연기했다. 당시 한국독립당은 의열단과 더불어 통일운동을 추진하는 주요 단체 중 하나였고, 그 위상이나 역할로 보아 한국독립당을 제외한 단일당 결성으로는 통일운동의 효과를 거둘 수 없었기 때문이다. 각혁명단체대표대회를 연기한 후 통일동맹은 한국독립당의 중립파와 반대파들을 회유하고, 단일당 참여를 유도했다.

한국독립당 내부에서도 변화가 일어났다. 단일당 조직에 대한 논의가 다시 일어났고, 당론을 결정짓기 위해 당임시대표대회를 소집했다. 임시대표대회는 1935년 5월 25일부터 27일까지 열렸다. 송병조·차리석·조완구·이동녕·이시영·김붕준 등이 단일당 참가를 강력히 반대하고 나섰다. "통일이란 미명(美名)하에 공산주의인 김원봉 일파의 권모(權謀)가 내포해 있으니, 그렇게 불순한 공산주의자들과의 통일 운운하는 것은 그들에게 기만 이용당한다"라는 것이 그 이유였다. 김원봉은 의열단을 이끌고 있던 인물이었다. 김원봉을 공산주의자로 보고, 의열단과의 통일은 그들에게 기만·이용당하는 것이기 때문에 반대한다는 것이었다.

그러나 단일당에 참가해야 한다는 세력이 우세했다. 1935년 2월 당대표대회에서 중립적 입장에 있던 인사들과 반대했던 인사들이 단일당 참가 찬성 쪽으로 방향을 선회한 것이다. 양기탁·문일민·김홍서 등 중립적 입장에 있던 인사들을 비롯해 반대했던 조소앙·박창세 등이 찬성 쪽으로 돌아섰다. 찬반양론이 격돌했지만, 다수결에 의해 단일당에 참가하기로 당론이 결정되었다. 불참하기로 했던 1935년 2월 당대표대회의 당론이 뒤바뀐 것이다.

한국독립당이 참가를 결정하자, 통일동맹은 예정한 대로 6월 20일 난징에서 각혁명단체대표대회를 개최했다. 대표대회는 한국독립당·의열단·조선혁명당·신한독립당·대한독립당 등의 대표들이 참가한 가운데 열렸다.

여기서 '단일당'을 결성하자는 데 합의했다. 방법은 참가한 정당과 단체를 완전히 해체하고, 그 세력들은 모두 단일당에 합류한다는 것이었다. 이 결정에 의해 1935년 7월 5일 5개 정당과 단체가 통일을 이룬 '단일당'이 결성되었다. 단일당의 이름은 '민족혁명당'이라고 했다.

민족혁명당은 통일운동이 거둔 성과였다. 5개 정당과 단체가 통일을 이룬 민족대당체였고, 또 그동안 서로 대립하던 좌우익 독립운동 세력들이 통합한 통일체이기도 했다. 민족혁명당은 중앙집행위원회체제로 일종의 합의제였다. 책임자는 위원장이라 하지 않고 서기장이라고 했다. 서기장으로는 의열단을 이끌던 김원봉이 선임되었다. 이로써 김원봉이 주요 지도자로 부각되었고, 민족혁명당은 의열단계가 실권을 장악하게 되었다.

존립 위기와 무정부상태

임시정부는 1919년 4월 수립된 이래 민족의 대표 기구이자 독립운동을 주도하는 독립운동의 중추 기구로 역할을 하고 있었다. 그런데 민족혁명당이 결성되자 임시정부는 존립 위기를 맞았다. 민족혁명당은 5개 정당과 단체가 통일을 이룬 민족대당체로서 독립운동을 주도하는 기구로서의 위상을 갖게 된 것이다. 민족혁명당 결성은 임시정부 폐지를 전제로 한 것이었으므로, 임시정부는 존립 위기를 맞게 되었다.

존립 위기는 현실적으로 다가왔다. 민족혁명당 결성과 더불어 임시정부는 무정부상태에 빠졌다. 당시 임시정부는 국무위원회제로 운영되고 있었다. 국무위원회제는 1927년 4월 개정된 헌법에 의해 시행된 것으로, 국무위원들이 공동으로 책임을 지는 일종의 집단지도체제였다. 그런데 임시정부 국무위원 7명 중 김규식·조소앙·최동오·양기탁·유동열 등 5명이 민족혁명당에 참가해 국무위원직을 사퇴했다. 남아 있는 국무위원은 단일당 참가를 반대한 송병조·차리석 2명뿐이었다.

임시정부의 세력 기반도 상실되고 말았다. 임시정부의 세력 기반이었던 한국독립당이 당을 해체하고 민족혁명당 결성에 참여한 것이다. 민족혁명 당 결성은 참가하는 각 정당 및 단체의 해체를 전제로 한 것이었고, 1935년 7월 5일 한국독립당, 의열단, 조선혁명당, 신한독립당, 대한독립당은 공동 명의로 각 당의 「해소선언(解消宣言)」을 발표했다. 「해소선언」이란 해체를 선언한 것을 말한다.

무정부상태를 수습하고 존립 위기를 극복하다

임시정부는 존립 위기를 맞았지만, 이를 극복해 냈다. 무정부상태를 수 습하고, 새롭게 한국국민당을 창당해 세력 기반을 갖춘 것이다. 임시정부를 되살리는 데 적극 나선 인물들이 있었다. 국무위원으로 임시정부를 지키고 있던 송병조와 차리석 그리고 김구였다.

송병조와 차리석은 국무위원직을 유지하며 임시정부를 지키고 있었다. 당시 송병조는 국무위원 이외에도 한국독립당 이사장과 임시의정원 의장을 맡고 있었다. 이들은 김구와 손을 잡았다. 그리고 민족혁명당에 참여하지 않은 한국독립당 세력들을 규합해 무정부상태를 수습하고 임시정부를 다시 일으켜 세웠다.

당시 김구는 임시정부 및 한국독립당과 거리를 두고 있었다. 윤봉길 의 사 의거 이후 피신 생활을 하는 동안 국무위원으로서 임기가 만료되었고, 한 국독립당 이사회에 오랫동안 참여하지 못해 제명된 상태였다. 그렇지만 김 구는 한인애국단을 비롯해 뤄양군관학교 한인특별반 출신과 한국특무대독립군으로 불리는 세력 기반을 갖고 있었다. 이뿐만 아니라 중국국민당 정부로부터 매월 5000원을 지원받고 있어 재정적 기반도 좋은 편이었다.

김구는 단일당 참가에 반대하는 입장이었다. 통일운동이 추진될 때 김구는 난징에서 김원봉을 만났다고 한다. 이때 김원봉에게서 통일운동을 추진하는 주된 목적이 '중국인들에게 공산당이라는 혐의를 면하고자 함'이라는 말을 듣고, '목적이 다른 통일운동에는 참가하지 않겠다'고 한 것이다.

김구는 통일운동이 추진되면서 임시정부 폐지 문제가 불거지자, 임시정부를 옹호·유지해야 한다는 뜻을 천명하기도 했다. 한국독립당이 단일당 참가 여부를 놓고 진통을 겪고 있을 때, 김구는 임시의정원 의원들에게 「임시의정원 제공에게 고함」이라는 글을 보냈다. 이를 통해 단일당 참가에 찬성하는 인사들을 맹렬히 비난하면서, 자신은 "일심으로 임무를 다하여 임시정부의 책임을 다하고자 노력할 것이며, 임시정부에서 위여(委與)한 특무의 본의를 수행할 것"이라며 임시정부를 옹호·유지하겠다는 뜻을 밝혔다.

송병조와 차리석은 이러한 김구와 손을 잡아, 김구의 세력을 기반으로 임시정부를 다시 일으켜 세우려 했다. 이들은 김구와 긴밀한 관계인 이동녕을 통해 김구에게 임시정부 참여를 요청했다. 당시 송병조와 차리석은 항저우에서 임시정부를 지키고 있었고, 이동녕은 김구 등과 함께 자싱에 피신해 있었다. 연락을 받은 김구는 이들의 뜻에 찬동해, 이동녕 편에

김구가 발표한 「임시의정원 제공에게 고함」 단일당 결성에 참가하는 인사들을 비난하며 자신은 임시정부를 옹호·유지하겠다는 의지를 밝혔다.

민족혁명당 본부가 있던 난징 후자화원(胡家花園) 독립기념관 소장.

의정원 회의 비용 500원을 보냈다.

송병조와 차리석은 김구 세력을 기반으로 5명의 국무위원을 보선하여 무정부상태를 수습하고자 했다. 이를 위해 1935년 10월 19일 항저우의 옛 한국독립당 사무소에서 임시의정원 제28회 회의를 개최했다. 이 회의에서 5명 국무위원의 사직서를 수리하고, 투표를 통해 김구·이동녕·이시영·조성환·조완구 등 5명을 국무위원으로 선출했다.

새로 선출한 국무위원을 중심으로 정부 조직도 다시 갖추었다. 이동녕을 국무위원회 주석으로 선임하고, 조완구를 내무장, 김구를 외무장, 조성환을 군무장, 이시영을 법무장, 송병조를 재무장, 차리석을 국무위원회 비서장으로 선임한 것이다. 이로써 임시정부 조직은 재정비되었고, 무정부상태가 수습되었다.

무정부상태가 수습되자 임시정부를 옹호·유지할 수 있는 세력 기반도 마련했다. 해체된 한국독립당 당원으로 민족혁명당에 참가하지 않은 세력을 규합하고 김구의 세력인 한인애국단과 한국특무대독립군 대원들을 기반으로, 송병조와 김구가 1935년 11월 말 항저우에서 한국국민당을 창당한 것이다. 항저우에 있던 이시영·조완구, 자싱에 있던 이동녕·조성환·엄항섭, 광저우의

무정부상태를 수습한 국무위원들 앞줄 왼쪽부터 조완구·이동녕·이시영, 뒷줄 송병조·김구·조성환·차리석.

광둥 지부에서 활동하고 있던 김붕준·양우조 등은 민족혁명당에 참여하지 않았다.

이사장은 김구가 맡았고, 송병조·이동녕·조완구·차리석·김붕준·안공근·엄항섭 등이 이사를 맡았다. 한국국민당이 임시정부의 기초 세력이 되면서, 임시정부는 존립 위기에서 벗어났다.

한국국민당은 창당 이후, 청년층을 중심으로 전위조직체를 결성해 세력과 지지기반을 확대시켜 나갔다. 난징에서 활동하던 한국특무대독립군 계열의 청년들은 한국국민당청년단을, 광저우의 옛 한국독립당 광둥 지부에서 활동하고 있던 청년들은 한국청년전위단을 각각 결성했다. 당의 구성원 대부분이 노혁명가들이었던 상황에서, 청년들이 중심이 된 청년단과 전위단은 당의 강력한 지지기반이자 활동 조직이었다. 이 전위조직들은 이봉창·윤봉길 의사의 의거를 찬양하면서, 청년들을 대상으로 세력 기반을 넓혀갔다.

한국국민당의 창당과 활동으로 독립운동전선에 커다란 변화가 일어났

다. 독립운동 세력이 한국국민당과 민족혁명당으로 재편된 것이다. 임시정부를 중심으로 보면 한국국민당은 임시정부를 옹호·유지하는 세력이었고, 민족혁명당은 반(反)임시정부 세력이었다. 이와 같은 독립운동 세력의 재편으로 독립운동전선은 좌우익의 양대 진영을 형성하게 되었다. 흔히 임시정부와 한국국민당은 우익진영, 민족혁명당은 좌익진영으로 간주한다.

그 뒤 좌익진영은 점차 약화되었다. 민족혁명당에 참가했던 세력들이 연이어 탈당했기 때문이다. 탈당은 두 차례에 걸쳐 이루어졌다. 먼저 한국독립당의 조소앙과 신한독립당의 홍진 등이 탈당했다. 이들은 김원봉의 의열단계가 민족혁명당의 실권을 장악하자 당 결성 두 달여 만에 탈당해 1935년 9월 해체되었던 한국독립당을 재건했다. 이어 이청천·최동오 등도 김원봉계와 마찰을 빚다가 1937년 4월 탈당하여, 만주에서 이동해 온 세력을 중심으로 조선혁명당을 결성했다. 이들의 탈당으로 민족혁명당은 통일전선체로서 의미를 상실했으며, 세력도 약화되었다.

민족혁명당은 세력이 약화된 반면, 임시정부의 세력 기반은 확대되었다. 조소앙·홍진 등이 중심이 된 재건한국독립당과 이청천·최동오 등이 중심이 된 조선혁명당은 독자적으로 활동하고 있었지만, 임시정부를 옹호·유지해야 한다는 데 뜻을 같이했다. 그뿐만 아니라 이들의 정치적 이념도 한국국민당과 다르지 않아, 민족혁명당에서 탈당한 이후 반(反)민족혁명당 세력을 형성하면서 임시정부의 기반이 되었다.

1937년 7월 중일전쟁 발발을 계기로 임시정부 세력은 더욱 확대·강화되었다. 임시정부는 중일전쟁이 발발하자 즉각 군사위원회를 만들어 독립전쟁을 준비했다. 중일전쟁을 독립을 쟁취할 중요한 기회로 여긴 것이다. 한국국민당, 재건한국독립당, 조선혁명당 사이에 세력을 결집하자는 논의가 이루어졌다. 논의 결과 임시정부를 중심으로 3당 세력을 연합하기로 결정했으며, 미주 지역 단체들도 참여할 것을 종용하기로 했다. 미주 지역 단체들이 이에 호응하여 1937년 8월 17일, 3당과 미주에서 활동하던 대한인국민회·대한인단합회·대한부인구제회·동지회·대한인애국단 등이 한국광복운동단체연합회를 결성했다.

한국광복운동단체연합회는 중국 지역의 민족주의 계열 3당과 미주 지역 6개 단체가 임시정부를 구심점으로 삼아 결성한 연합체이다. 이들은 「연합선언」을 통해 '임시정부는 삼천만 민중의 심혈(心血)이 만들어낸 것으로 3·1운동의 정맥(正脈)이요 민족의 공기(公器)'라고 하면서, 임시정부에 대한 옹호와 지지를 천명했다. 이로써 임시정부는 존립 위기에서 완전히 벗어날 수 있었고, 미주 지역 동포들의 적극적인 재정 지원과 후원을 받으며 활동하게 되었다.

| 참고문헌 |

강만길. 1991. 『조선민족혁명당과 통일전선』. 화평사.

김영범. 1994. 「민족혁명당의 결성과 그 혁명노선」. 『쟁점 한국근현대사』, 4. 한국근대사연구소.

김희곤·한상도·한시준·유병용. 1995. 『대한민국임시정부의 좌우합작운동』. 한울엠플러스.

조범래. 1990. 「한국국민당 연구」. ≪한국독립운동사연구≫, 4.

_____. 2011. 『한국독립당연구 1930~1945』. 선인.

한상도. 1999. 「이동시기 임시정부 독립운동정당의 활동과 변천」. 『대한민국임시정부수립80주년기념논문집』 상. 국가보훈처.

한시준. 1992. 「한국독립당의 변천과 성격」. 『장충식박사화갑기념논총』.

제3부

연합군과 공동항전을
전개하다

10

대한민국의 국군,
한국광복군을 창설하다

독립전쟁에 대한 계획을 수립하다

　대한민국 임시정부의 독립운동 전략을 흔히 외교활동으로 이해하는 경향이 있다. 수립과 더불어 파리강화회의에 크게 기대를 걸기도 했거니와, 임시정부의 행정수반인 이승만 대통령이 미국에 머물면서 외교활동을 주도했던 것이 그러한 요인이기도 했다. 하지만 임시정부는 외교활동뿐만 아니라 의열투쟁·무장투쟁 등 독립을 위해 모든 방법을 강구했다. 그중에서도 핵심 전략은 군대를 편성해 일제와 독립전쟁을 전개한다는 것이었다. 이를 상징하는 것이 한국광복군이다.

　임시정부가 군대를 편성해 독립전쟁을 전개한다는 방략을 세운 것은 1919년 말이다. 이는 국무회의에서 결정되었다. 1919년 9월 11일 세 임시정부가 통합을 이룬 후, 11월 3일 국무총리 이동휘를 비롯한 국무위원들이 취임했다. 이들은 국무회의를 열어 독립군을 편성해 독립전쟁을 전개한다는 방략을 결정했다. 방략을 결정하고, 독립전쟁을 실행할 구체적인 계획도 세웠다. 1920년 새해를 맞아 이제부터 독립전쟁을 개시한다는 의미로 '독립전

大韓民國陸軍臨時軍制

第一編　軍隊

第一章　軍隊의 編成과 及 其定員

第一條　軍隊의 編制上 階別은 分隊, 小隊, 中隊, 大隊, 聯隊, 旅團, 軍團으로 定함

第二條　軍隊의 編伍는 左와 如히 編成함
一, 三個 分隊로써 一個 小隊를 作함
二, 三個 小隊로써 一個 中隊를 作함
三, 四個 中隊로써 一個 大隊를 作함
四, 三個 大隊로써 一個 聯隊를 作함
五, 二個 聯隊로써 一個 旅團을 作함
六, 二個乃至五個 旅團으로써 一個 軍團을 作함

第三條
一, 分隊는 上士 以下 十七人 但 小隊編制上 제三分隊는 上士 以下 十六人이집
二, 各隊 伍의 定員은 左와 如히 定함

大韓民國陸軍臨時軍制

三

1919년 12월 발표한 대한민국육군임시군제

쟁 원년'으로 선포했다.

독립전쟁을 수행하기 위한 계획은 크게 세 가지였다. 1919년 12월 18일 발표한 「대한민국육군임시군제(軍制)」, 「대한민국육군임시군구제(軍區制)」, 「대한민국육군무관학교조례」가 그것이다. 여기에는 군대를 편성해 독립전쟁을 전개한다는 기본원칙하에 군대 편제와 조직, 병력 모집, 군사간부 양성 등 구체적인 실행 계획이 담겨 있다.

「대한민국육군임시군제」는 군대 편제와 조직에 관한 것으로, 군사조직법이라 할 수 있다. 이에 의하면 임시정부는 군단(軍團) 규모의 군대 편성을 계획했다. 군단에 이르기까지 부대의 편제는 분대 → 소대 → 중대 → 대대 → 연대 → 여단 단계로 정했고, 병력 규모는 1만 3000명에서 3만 명을 상정했다. 당시 독립운동 진영에서는 독립전쟁 수행에 필요한 최소한의 병력 규모를 1만 명 정도로 잡고 있었다.

「대한민국육군임시군구제」는 병력 모집 계획으로, 만주와 연해주 지역 교포들을 대상으로 삼았다. 이를 위해 만주와 연해주 지역을 3개 군구로 나누었다. 하얼빈 이남과 지린성(吉林省)·펑톈성(奉天省) 일대를 서간도 군구, 옌지현(延吉縣) 일대를 북간도 군구, 연해주 지역을 강동 군구로 설정한 것이다. 그리고 각 군구에 거주하는 20세 이상 50세 미만의 한인 장정들을 군적에 편입한다는 계획이었다.

「대한민국육군무관학교조례」는 군사간부를 양성하기 위해 무관학교를 설립·운영한다는 계획이었다. 조례 발표와 더불어 군무부 산하에 '대한민국

육군무관학교'를 설립했다. 육군무관학교는 초급장교를 양성하기 위한 것으로, 임시정부의 육군사관학교라고 할 수 있었다. 군무부 차장 김희선을 교장으로 임명했고, 도인권·황학수 등 대한제국 육군무관학교 출신들이 교관을 맡았다. 훈련은 6개월 과정이었다. 1920년 5월 제1회 졸업생 19명, 1920년 12월 제2회 졸업생 24명을 배출했다.

이러한 계획과 함께 군무부를 만주로 이전하자는 논의도 있었다. 1920년 2월 임시의정원에서 군무부의 만주 이전을 건의했다. 당시 만주 지역에는 독립군 조직들이 많이 결성되어 활동하고 있었다. 이들 중 서간도와 북간도에서 활동하던 독립군은 임시정부가 수립되자 서로군정서와 북로군정서로 개편하여, 임시정부의 명령에 복종하기로 했다. 군무부를 독립군들이 활동하는 만주로 이전해 재편성하고, 1920년 내에 적어도 보병 10개 연대를 편성해 독립전쟁을 전개하자고 건의한 것이다.

군대를 편성해 독립전쟁을 전개한다는 계획을 수립했지만, 군단 규모의 군대를 편성한다는 계획도, 만주와 연해주 지역을 3개 군구로 나누어 그곳에 거주하는 교포들을 군적에 편입시킨다는 계획도 실행하지 못했다. 이 계획 중 실행된 것은 육군무관학교뿐이었다. 군무부 산하에 육군무관학교를 설립하고, 1920년 말까지 2기생을 배출했다. 그러나 육군무관학교도 3기생 교육을 실시하다가 중단되고 말았다.

계획을 실행에 옮기지 못한 데는 여러 원인이 있었다. 가장 커다란 문제는 사람과 재정이었다. 군대를 편성하고 무장을 갖추려면 많은 사람과 큰돈이 필요했지만, 이를 확보하기 어려웠다. 임시정부는 수립 직후 인구세를 비롯해 세금을 징수한다는 '징세령'을 공포하고, 독립공채를 발행하는 등 재정 확보 방안을 마련했다. 그리고 국내의 국민들과 연계하기 위해 연통제와 교통국을 설치하고 특파원들을 파견해 자금을 조달했다. 그러나 이러한 활동은 오래가지 못했다. 연통제와 교통국 조직망이 일제 경찰에 발각되어 와해되면서, 국내로부터의 자금 조달이 거의 끊기고 말았다.

중국의 군관학교를 통해 군사간부를 양성하다

처음부터 계획했던 것은 아니지만, 독립전쟁을 위해 임시정부에서 추진한 것이 또 있었다. 바로 군사간부 양성이다. 군사간부는 중국의 각종 군관학교를 통해 양성했다. 중국 각지에는 윈난강무당(雲南講武堂)·구이저우강무당(貴州講武堂) 등 군벌들이 설립하여 운영하는 군관학교들이 많았다. 그리고 쑨원(孫文)이 국민혁명에 필요한 군사간부를 양성하기 위해 1924년 광둥성 광저우에서 설립한 황푸군관학교(黃埔軍官學校)도 있었다. 황푸군관학교는 그 뒤 중국국민당 정부가 수립되면서 중국중앙육군군관학교가 되었다. 이러한 군관학교에 한인청년들을 입학시키는 방법으로 군사간부를 양성한 것이다.

한인청년들이 중국의 군관학교에 입교하기 시작한 것은 1910년대부터였다. 중국의 혁명 인사들과 긴밀한 관계를 맺고 있던 신규식이 상하이에 온 청년들에게 중국군관학교 입학을 알선해 주었다. 이범석을 윈난강무당에, 김홍일을 구이저우강무당에 입학시켜 군사훈련을 받도록 한 것이 대표적인 사례이다. 특히 일본 육군사관학교 출신인 탕지야오(唐繼堯)가 설립한 윈난강무당에는 많은 한인청년들이 입교했고, 1923년까지 이준식·김관오·김종진 등 50여 명이 윈난강무당을 졸업했다.

황푸군관학교와 이를 이은 중국중앙육군군관학교에도 많은 한인청년들을 입교시켜 군사간부로 양성했다. 황푸군관학교가 설립되었을 때, 조소앙·박찬익 등이 중국국민당 인사와 교섭해 한인청년들을 입교시켰다. 1924년 12월 임시정부에서 추천한 차정신·장성철·이빈·유철산 등 4명이 3기생으로 입교한 것이 그 시작이었다. 이 어 4기에는 김원봉을 비롯한 의열단원 24명이 대거 입교했고, 각 기마다 한인청년들이 입교했다. 1927년 난징에 중국국민당 정부가 수립되면서 황푸군관학교는 중국중앙육군군관학교로 명칭을 바꾸었다. 중앙육군군관학교에도 안춘생·이재현을 비롯해 많은 한인청년들이 입교했고, 1940년

안춘생의 중국중앙육군군관학교 제10기 보병과 졸업증서

대까지 약 200여 명이 졸업한 것으로 알려져 있다.

　임시정부에서 직접 군사간부를 양성하기도 했다. 윤봉길 의사의 의거가 계기가 되었다. 윤봉길 의거를 주도했던 김구가 1933년 장제스와 면담하면서 특무공작에 대한 지원을 요청하자, 장제스는 무관 양성을 제의하며 뤄양군관학교 시설을 이용하라고 했다. 김구는 1934년 뤄양군관학교에 한인특별반을 설립하고, 92명의 청년들을 입교시켰다. 일본 육군사관학교 출신으로 북만주에서 한국독립군을 결성해 총사령으로 활동했던 이청천과 윈난강무당 출신으로 청산리전투에서 활약했던 이범석 등을 교관으로 초빙해 교육과 훈련을 담당하도록 했다.

군사위원회를 설치하고 군대창설을 추진하다

　1937년 중일전쟁이 발발하자, 임시정부는 군대창설을 추진했다. 1937년

7월 일제가 루거우차오(蘆溝橋)사건을 일으켜 침략을 감행하자 중국이 항전에 나서면서 중일전쟁이 발발했다. 임시정부는 이를 독립을 쟁취할 수 있는 절호의 기회로 여겼다. 중일전쟁이 발발한 지 일주일 만인 7월 15일 국무회의에서 적극적인 군사활동을 전개하기로 결정하고, 군사활동을 계획·추진하기 위해 군무부에 군사위원회를 설치했다.

군사위원회는 군사정책과 활동을 총괄하기 위해 설립한 임시 기구였다. 만주에서 독립군을 조직하여 일본군과 무장투쟁을 벌였던 군사전문가 유동열·이청천·이복원·현익철·김학규 등을 위원으로 임명했다. 유동열과 이청천은 일본 육군사관학교 출신이었고, 나머지 위원들도 모두 독립군을 조직해 일본군과 무장투쟁을 벌인 경험이 있었다. 이청천은 북만주에서 한국독립군을 조직해 총사령관으로 활동했고, 김학규는 남만주에서 조선혁명군을 조직해 참모장으로 활동하던 인물이다.

군사위원회에서는 군사활동을 위한 계획을 세웠다. '최단 기간에 초급 장교 200명을 양성하고, 우선 1개 연대를 편성한다'는 것이 핵심이었다. 최소한의 군대를 편성해 중일전쟁에 참전하여 일본군에 맞서 전쟁을 벌이려 했다. 이를 위해 37만 원의 예산도 편성했다. 그러나 일본군이 항저우와 난징을 공격해 오면서 임시정부는 피난을 떠나야만 했다. 그 뒤 임시정부는 1940년 충칭에 정착할 때까지 창사·광저우·류저우·치장 등지로 피난을 다녀야 했고, 군사활동을 위해 책정한 예산은 피난 경비로 쓰였다.

임시정부가 군대창설을 본격적으로 추진한 것은 치장에 도착해서였다. 치장은 중국국민당 정부의 임시수도인 충칭(重慶)과 100여 리(약 40km) 떨어진 곳에 있는 도시로, 전란으로부터 비교적 안정된 지역이었다. 임시정부가 치장에 도착한 것은 1939년 5월이었다. 치장에 도착하면서 임시정부는 크게 두 가지 일을 추진했다. 하나는 좌우익진영의 독립운동 세력들을 참여시켜 정부 조직을 확대·강화하고자 했고, 다른 하나는 군대로 광복군을 창설하는 것이었다.

광복군을 창설하기 위해서는 세 가지가 선행되어야 했다. 병력 모집, 재정 확보, 중국 정부의 양해와 원조였다. 병력 모집은 희망이 있었다. 일본군이 점령한 화베이 지역에 약 20만 명에 달하는 한인들이 이주해 있다는 정보가 있어, 이들을 대상으로 병력을 모집할 생각이었다. 재정은 미주 교포들에게 부탁했다. 미주 교포들은 광복군을 창설한다는 소식을 접하고, 적극 후원하고 나섰다. 미주에서 발행되던 ≪신한민보≫는 '광복군 조직은 3·1운동 이후 처음 있는 큰 사건'이라고 하면서, "힘이 있으면 힘을, 돈이 있으면 돈을 내라"라며 모금 운동을 벌였다.

총사령부를 성립하고 광복군을 창설하다

문제는 중국 측의 양해와 원조를 얻는 것이었다. 중국 영토 안에서 군대를 편성하려면, 무엇보다도 중국 측의 양해가 필수적이었다. 또한 재정적 지원도 요청해야 했다. 임시정부는 중국 측을 상대로 다양한 교섭을 전개했다. 김구가 '광복군의 창설은 중국의 항일전에 매우 유익할 것'이라는 논리로 한국 담당자 주자화(朱家驊) 등을 설득하기도 했다. 한국 담당자들은 이에 공감했고, 계획서를 제출하라고 했다.

임시정부는 1940년 5월 계획서를 제출했다. 계획서의 명칭은 「한국광복군편련계획대강」이었다. 핵심은 광복군을 편성해 한중 연합군으로 연합작전을 전개한다는 것이었고, 이를 위해 광복군을 편성하고 운영하는 데에 따른 재정 지원 요청이었다. 계획서는 주자화를 거쳐 장제스에게 전달되었다. 장제스는 '광복군이 중국의 항전에 참가한다'는 전제하에 이를 비준했다. 그리고 중국군사위원회 실무자들에게 계획서를 넘겨주었다.

한국광복군 총사령부 성립전례식 기념사진   총사령 이청천과 주석 김구를 비롯해 오광심·조순옥·김정숙·지복영 등 여성 대원들도 참석했다.

그러나 중국군사위원회 실무자들은 이를 실행에 옮기지 않았다. 계획서를 검토한 실무자들은 '광복군이 한중 연합군으로 중국군과 함께 연합작전을 전개한다'는 것을 문제로 삼았다. '광복군은 중국군과 대등한 관계일 수 없다'는 것이 실무자들의 의견이었다. 그리고 광복군은 마땅히 중국군사위원회에 예속되어 그 지휘를 받아야 한다고 했다.

중국군사위원회에서 계획서가 실행되지 않자 김구는 한국 담당자 쉬언청(徐恩曾)을 찾아갔다. 당시 쉬언청은 중국국민당 정보기관인 중앙조사통계국에서 부국장을 맡고 있으면서, 임시정부를 담당하는 인물이었다. 김구는 쉬언청에게 '광복군은 자주권을 가져야 한다', '광복군에 대한 지휘권은 임시정부가 행사해야 한다'고 주장했다. 그렇지만 이는 받아들여지지 않았다. 김구는 광복군을 중국군사위원회에 예속시키려 한다면, 더는 중국 측에 협조와 원조를 요구하지 않겠다며 자리를 박차고 나왔다.

김구는 중국 측의 양해와 협조 없이 독자적으로 광복군을 창설하기로 방향을 바꾸었다. 이청천·유동열·김학규·이범석 등 군사간부들을 중심으로 한국광복군창설위원회를 조직하고, 창군 계획을 마련하도록 했다. 우선 지휘부인 총사령부를 구성해 광복군을 창설한다는 원칙하에 재정은 미주 교포들이 보내오는 것으로 충당하며, 1년 이내에 3개 사단을 편성한다고 계획을 세웠다. 그리고 총사령에 이청천, 참모장에 이범석을 임명해 총사령부를 구성하고, 9월 15일 대내외에 광복군 창설을 알리는 「한국광복군선언문」을 발표했다.

대한민국임시정부는 원년에 정부가 공포한 군사조직법에 의거하여 중화민국 총통 장개석 원수의 특별 허락으로 중화민국 영토내에서 광복군을 조직하고, 대한민국 22년 9월 17일 한국광복군총사령부를 창립함을 자에 선언한다.
한국광복군은 중화민국 국민과 합작하여 우리 두 나라의 독립을 회복하고자 공동의 적인 일본제국주의자들을 타도하기 위하여 연합군의 일원으로 항전을 계속한다.

이는 중국과 사전 협의를 거치지 않은 채, 임시정부에서 일방적으로 발표한 것이었다. 중국군사위원회의 예속 의도를 거부하고, 독자적이고 자주적으로 광복군을 창설한다는 의지를 표현한 것이다. "원년에 공포한 군사조직법"이란 1919년 12월에 공포한 「대한민국육군임시군제」를 말하는 것으로, 이는 임시정부가 수립 직후 군대를 조직해 독립전쟁을 전개한다는 계획으로 마련한 것이다. 임시정부가 20년 전에 계획한 것을 근거로 광복군을 창설한다는 뜻이다.
또 하나 주목할 점은 장제스의 이름을 빌려, 일방적으로 광복군 창설을 공포했다는 것이다. "장개석 원수의 특별 허락"이라는 문구는 장제스가 광복군 창설 계획서를 비준한 사실을 일컫는다. 장제스는 광복군 창설 계획서를 비준하고, 이를 중국군사위원회에 넘기면서 협조하라고 지시했다. 그러나 실무자들이 중국군사위원회에 광복군이 예속되어야 한다면서 이를 실행하지 않은 것이다.

"연합군의 일원으로 항전을 계속한다"라는 표현에도 주목할 필요가 있다. 임시정부가 중국 측에 광복군 창설에 대한 승인과 지원을 요청하면서 사용한 대표적인 논리가 있었다. 광복군을 창설해 활동하면, 중국의 항일전에 매우 유익하다는 것이었다. 일제가 한국과 중국의 공동의 적이라는 사실을 강조한 것도, 한중 양국의 국민들이 서로 합작해 독립을 회복해야 한다고 언급한 것도 같은 의도였다. 광복군은 '용병'이 아니라 연합군 자격이므로 중국군사위원회에 예속되어서는 안 된다고 강조한 것이다.

임시정부는 9월 15일 광복군 창설을 선포한 후, 1940년 9월 17일 한국광복군 총사령부 성립전례식을 거행했다. 장소는 자링빈관(嘉陵賓館)이라는 충칭에서 가장 큰 호텔로, 각국 기자들과 서양인들이 사용하는 곳이었다. 호텔을 이용한 데는 이유가 있었다. 광복군 창설에 대한 선전 효과와 중국 군사 당국의 압력이나 간섭을 피하려는 의도였다.

한국광복군 총사령부 성립전례식은 주석 김구가 주도하여 성대하게 거행되었다. 총사령 이청천, 참모장 이범석을 비롯해 30여 명의 총사령부 간부들과 임시정부·임시의정원·한국독립당 간부들이 참여했다. 그리고 충칭의 위수사령관 류즈(劉峙)와 중국국민당을 비롯한 중국 각 기관의 인사들, 저우언라이(周恩來)·둥비우(董必武) 등 중국공산당 인사들, 충칭에 있던 외교사절과 신문사 대표 등 200여 명이 참석한 것이다. 그 자리에 참석하지는 않았지만, 장제스의 아내 쑹메이링(宋美齡)은 축하금으로 10만 원을 보내기도 했다.

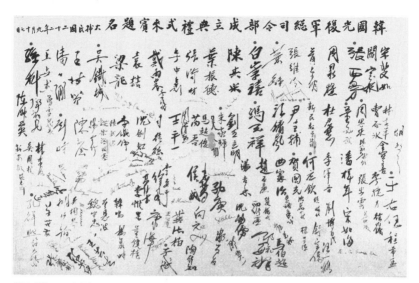

한국광복군 총사령부 성립전례식에 참석한 내빈 방명록 국민당 정부 입법원장 쑨커(孫科), 충칭시위수사령관 류즈(劉峙), 국민참정회의 저우언라이(周恩來), 천주교 주교 위빈(于斌) 등의 이름이 보인다.

성립전례식은 아침 7시에 시작되었다. 일본 공군기의 공습을 피하기 위해서였다. 주석 김구의 대회사와 외무부장 조소앙의 총사령부 성립 경과보고, 임시정부와 한국독립당 대표의 축사, 류즈 장군을 비롯한 중국 각계 인사들의 축사가 이어졌다. 그리고 장제스에게 보내는 치경문(致敬文) 낭독, 총사령에게 광복군기 봉정, 총사령 이청천의 답사 등의 순서로 3시간 동안 진행되었다.

총사령부 성립전례식을 거행한 것으로 광복군이 창설되었다. 바꾸어 말하면 광복군은 총사령부를 성립하면서 창설되었고, 총사령부 성립식을 거행한 1940년 9월 17일 광복군이 창설된 것이다. 광복군을 창설하는 과정에서 장제스의 원칙적인 승인은 있었지만, 중국군사위원회에서는 광복군을 그 산하에 예속시키려 했다. 임시정부는 이를 거부하고 자주적인 군대로 창설했다는 점을 기억할 필요가 있다. 또 광복군의 창설은 군대를 편성하여 독립전쟁을 전개한다는 임시정부의 계획에 의해, 즉 1919년 12월에 계획했던 「대한민국육군임시군제」에 의해 창설되었다는 점도 기억해야 한다.

| 참고문헌 |

김광재. 2007. 『한국광복군』. 독립기념관 한국독립운동사연구소.

윤병석. 2004. 「대한민국임시정부 초창기 독립전쟁 전략과 군사정책」. ≪백범과 민족운동 연구≫, 2.

이연복. 1999. 「대한민국임시정부의 군사정책」. 『대한민국임시정부수립80주년기념논문집』 하. 국가보
    훈처.

한상도. 1994. 『한국독립운동과 중국군관학교』. 문학과지성사.

한시준. 1993. 「한국광복군과 중국군사위원회와의 관계」. ≪국사관논총≫, 47.

_____. 1993. 『한국광복군연구』. 일조각.

11

한국광복군,
무(無)에서 유(有)를 창조하다

총사령부를 시안으로 이전하다

　　대한민국 임시정부가 한국광복군을 창설한 것은 어찌 보면 모험이고 도전이었다. 한국인이라고는 그림자조차 찾을 수 없는 곳에서 군대를 창설했으니 말이다. 게다가 30여 명의 인원으로 총사령부만을 조직해 국군을 창설했으니 이렇게밖에 설명할 재간이 없다. 모험과 도전이었지만, 그 성과는 놀라웠다. 5년 후 광복군의 모습이 그걸 말해준다. 1945년 8월 광복군 병력은 700여 명을 헤아렸고, 지휘부인 총사령부와 그 산하에 3개 지대를 갖춘 군사 조직으로 발전했다.

　　광복군이 창설된 곳은 쓰촨성(四川省) 충칭이었다. 충칭은 『삼국지』에 나오는 촉(蜀)나라 땅으로, 중국 대륙 서남쪽에 위치한다. 중국국민당 정부가 수도 난징을 일제에 빼앗기고 충칭에 임시 수도를 정할 때까지, 충칭은 조그만 도시에 불과했다. 인구도 30만 명을 넘지 않았다. 임시정부를 옮겼을 당시, 충칭에서 한국인의 그림자도 찾아볼 수 없었다. 한국인이라고는 아무도 없는 곳에서 광복군을 창설한 것이다.

비록 충칭에는 한국인이 아무도 없었지만, 병력을 모집할 수 있다는 희망이 있었다. 일본군이 점령하고 있는 화베이 지역에 한인들이 이주해 있다는 정보를 입수한 것이다. 1937년 7월 중일전쟁 발발 후 일본군은 중국 대륙 곳곳을 점령했다. 그중 화베이 지역에는 이주한 한인들이 많았다. 그들이 이주한 이유는 다양했다. 일제의 정책에 의해 집단적으로 이주된 경우도 있고, 일본군과 관계된 한인들도 많았다. 일본군 군속이나 통역, 일본군을 상대로 각종 상업활동을 하던 사람들, 그리고 일본의 관공서나 회사 직원들도 있었다. 임시정부가 광복군 창설이라는 모험과 도전을 할 수 있었던 것은 베이징, 톈진, 스자좡(石家莊) 등 화베이 지역 일대에 약 20만 명에 이르는 한인들이 이주해 있다는 정보 덕이었다.

창설 직후 광복군은 총사령부를 산시성(陝西省) 시안(西安)으로 옮겼다. 시안은 일본군이 점령한 화베이 지역과 최전선을 이루는 곳으로, 화베이 지역에 이주한 한인들을 대상으로 병력을 모집하기 위해서였다. 총사령 이청천과 참모장 이범석은 중국 측과 교섭을 위해 충칭에 남았다. 황학수와 김학규를 총사령과 참모장 대리로 임명해 총사령부 잠정 부서를 편성했다. 황학수는 대한제국 육군무관학교 출신으로 북만주에서 이청천과 함께 활동하며 한국독립군 부사령을 맡았던 인물이고, 김학규는 신흥무관학교 출신으로 남만주에서 조선혁명군 참모장으로 활동했던 인물이다. 이들은 총사령부 간부들과 함께 충칭을 떠나 1940년 11월 말 시안에 도착했다.

시안에 총사령부가 설치되면서 광복군의 활동이 본격적으로 시작되었다. 가장 먼저 착수한 일은 총사령부 산하에 단위 부대로 지대(支隊)를 편성해 군사조직을 갖춘 것이다. 지대는 중국군 편제로 사단과 같은 것이다. 3개 사단을 편성한다는 창설 계획에 따라, 3개 지대를 편성했다. 총사령부가 시안에 도착했을 때, 시안에는 이미 임시정부에서 파견한 군사특파단원들이 활동하고 있었다. 이들을 중심으로 제1지대(이준식), 제2지대(공진원), 제3지

한국광복군 총사령부 총무처 직원 일동 1940년 12월 26일. 앞줄 중앙에 외투 입은 이가 군무부장 조성환이고, 그 왼쪽이 총사령 대리 황학수이다.

대(김학규)를 편성했다. 인원을 갖춰 지대를 편성한 것이 아니라, 총사령부 간부들과 군사특파단 단원을 중심으로 지대를 편성하고, 이들이 병력을 모집해 지대 규모를 키우게 했다.

시안을 거점으로 초모활동을 전개하다

총사령부와 3개 지대로 조직을 갖춘 후, 곧바로 병력 모집을 시작했다. 병력 모집 활동을 초모활동이라고 했다. 일본군이 점령한 화베이 지역을 비롯해 중국 대륙 각지에 이주해 있는 한인청년을 대상으로 모집 활동을 한 것이다. 이를 위해 징모분처라는 기구를 두었다. 징모분처는 각 지대 지대장을 주임으로 하여 모두 5개가 설립되었는데, 각각 활동 구역이 정해져 있었다. 제1분처와 제5분처는 일본군이 점령한 화베이 지역을 담당했고, 제2분처는 쑤이위완성(綏遠省) 바오터우(包頭), 제3분처는 장시성(江西省) 상라오(上饒), 제6분처는 안후이성(安徽省) 푸양(阜陽)으로 파견되었다. 대원들을 북쪽으로는 쑤이위완성에서 남쪽으로는 장시성에 이르기까지 중국 대륙 각지로 파견해 초모활동을 전개한 것이다.

초모활동은 비밀 지하공작으로, 크게 세 단계를 거쳐야 했다. 첫 번째 단계는 공작대원들이 일본군 점령지역에 잠입해 공작 거점을 마련하는 것이다. 공작 거점은 주로 한인이 경영하는 식당이나 술집이었고, 모찌 가게 등을 직접 차리기도 했다. 두 번째 단계는 공작 거점을 기반으로 그곳에 거주하는 한인청년들을 포섭하는 것이다. 포섭은 일본군 통역이나 군속, 일본군을 상대로 장사를 하거나 일본계 회사에 근무하는 한인청년들을 대상으로 삼았다. 세 번째 단계는 포섭한 인원들을 일본군 점령지역에서 광복군 지역으로 데리고 나오는 것이었다. 적어도 이러한 세 단계를 무사히 거쳐야 초모활동은 성과를 거둘 수 있었다.

초모활동 과정에서 많은 공작대원들이 희생되었다. 일본군의 정보망에 발각된 경우도 있었고, 친일 주구배의 밀고로 체포되는 경우도 적지 않았다. 화베이 지역에 파견된 김천성·이서룡 등이 일본군 정보망에 발각되어 체포된 것을 비롯해, 바오터우에서 활동하던 제2분처는 친일 주구배의 밀고로 공작 거점이 탄로 나고 유해준이 체포되면서 철수해야 했다. 스자좡에서 활동하던 이해순·송병희, 베이징에서 활동하던 정윤희, 신샹(新鄉)에서 활동하던 백정현 등도 일본 헌병대에 체포되었다.

이렇듯 큰 희생이 있었지만, 성과도 적지 않았다. 커다란 성과를 거둔 것은 시안을 거점으로 화베이 지역에서 활동한 제1분처와 제5분처, 그리고 안후이성 푸양을 중심으로 활동한 제6분처였다. 시안에 총사령부가 설치될 당시 인원은 20명 정도였다. 이를 기반으로 발전한 제2지대는 1945년 8월경 대원이 250명에 이르렀다. 1942년 4월 푸양에 도착할 당시 8명이던 제6분처는 1945년 6월 대원이 180명에 이르렀고, 그 뒤 제3지대로 발전했다.

무정부주의 계열과 좌익진영 무장조직이 광복군으로 편입되다

광복군 조직과 세력이 크게 확대된 데는 초모활동 외에 또 다른 요인이 있었다. 임시정부와 관계없이 독자적으로 활동하던 무장 세력들이 광복군으로 편입해 온 것이다. 중국 관내에는 광복군보다 앞서 조직된 무장 세력이 있었다. 조선의용대와 한국청년전지공작대가 그들이다. 조선의용대는 조선민족혁명당을 중심으로 한 좌익진영 세력들이 1938년 10월 10일 후난성(湖南省) 한커우(漢口)에서 조직한 군사조직으로, 김원봉이 대장이었다. 한국청년전지공작대는 무정부주의 계열의 청년들이 1939년 11월 11일 충칭에서 조직한 것으로, 나월환이 대장이었다.

광복군이 창설되자 이 무장 세력들이 광복군에 참여했다. 먼저 참여한 것은 한국청년전지공작대였다. 한국청년전지공작대는 창설 직후 시안으로 이동하여, 중국군 후쭝난(胡宗南) 부대의 지원을 받으며 활동하고 있었다. 주된 활동은 초모활동이었다. 김동수·이해평 등의 대원들이 일본군 점령지역인 타이항산(太行山) 일대에 잠입해 한인청년들을 모집했다. 이들의 초모활동은 큰 성과를 거두었다. 일본군 제36사단 통역관 이도순, 사진관을 경영하던 문응국 등을 비롯해 60여 명을 초모한 것이다.

초모해 온 청년들은 일정 기간 정신교육과 군사훈련을 시켜 대원으로 편입시켰다. 이를 위해 중국군 훈련 시설을 빌려 한국청년훈련반을 설립했다. 한국청년훈련반의 교육과 훈련은 전지공작대 간부들이 담당했으며, 3기에

한국광복군 제5지대 성립기념식 1941년 1월 1일. 제5지대는 한국청년전지공작대가 광복군에 편입되어 조직되었다.

걸쳐 모두 97명의 병사를 배출하는 성과를 거두었다. 이러한 활동을 통해 전지공작대 병력은 크게 증강되었다. 1939년 28명으로 결성된 전지공작대는 1년이 지난 1940년 말에 이르면 100여 명이 넘는 병력을 확보한 무장 세력으로 발전한 것이다.

독자적으로 발전하던 전지공작대가 광복군으로 편입되었다. 계기는 총사령부의 시안 이전이었다. 충칭에서 창설된 광복군은 곧바로 총사령부를 시안으로 옮겼다. 1940년 11월 황학수와 김학규를 총사령 대리와 참모장 대리로 한 총사령부가 시안 시내에 도착하여 얼푸제(二府街) 4호에 자리 잡았다. 전지공작대 본부는 얼푸제 29호에 있었다. 전지공작대 본부와 광복군 총사령부가 얼마 떨어지지 않은 곳에서 활동하게 된 것이다.

총사령부가 시안에 설치되자 전지공작대의 광복군 편입이 추진되었다.

전지공작대는 "우리의 혁명역량을 국군인 광복군에 집중하여 광복군을 발전시키는 데서만 우리의 혁명목적을 달할 수 있다"라며, 광복군에 편입하기로 결정했다. 독립을 달성하기 위해서는 무장역량을 국군인 광복군에 집중해야 한다는 것이었다. 전지공작대가 광복군 편입을 결정하자 총사령부는 이미 편제되어 있던 제1·2·3지대에 이어 전지공작대를 제5지대로 편제했다. 그리고 1941년 1월 1일 신년축하식을 기해 제5지대 성립식을 열었다. 100여 명의 대원을 확보한 전지공작대가 편입하면서 광복군 병력은 크게 증강되어 광복군이 확대·발전하는 계기가 되었다.

전지공작대에 이어 조선의용대도 광복군에 편입했다. 조선의용대는 광복군보다 2년 앞선 1938년 10월 좌익진영에서 결성한 무장조직으로, 임시정부와 관계없이 독자적으로 활동하고 있었다. 창설 당시 조선의용대 병력은 100여 명 정도였다. 조선의용대는 창설 이후 중국의 각 전구에 분산 배속되어 중국군과 함께 항일전을 전개하면서 많은 대원들을 확보해 왔다. 중국으로 이주한 한인청년들을 초모한 것을 비롯해 중국 포로수용소에 수용되어 있던 한인청년들을 인도받아 대원으로 편입했다. 그 결과 조선의용대는 1940년 2월에 이르면 330여 명 규모의 무장 세력으로 발전했다.

조선의용대가 광복군으로 편입한 데는 두 가지 계기가 있었다. 하나는 조선의용대 대원들이 비밀리에 중국공산당 지역인 화베이로 넘어간 것이다. 조선의용대는 중국군사위원회 정치부에 소속되어 있었다. 그런데 1941년 3월부터 5월 사이에 대원들 중 상당수가 비밀리에 뤄양에서 황허강을 건너 중국공산당 지역인 화베이로 이동했다. 보고를 받은 장제스는 몹시 격분했고, 군사위원회 참모총장 허잉친(何應欽)에게 조선의용대를 광복군과 함께 직접 장악해 운용하라는 명령을 내렸다. 이에 따라 조선의용대와 광복군 모두 중국군사위원회 관할하에 놓이게 되었고, 이를 계기로 조선의용대의 광복군 편입이 추진된 것이다.

1938년 10월 한커우에서 창설한 조선의용대 광복군에 합류한 조선의용대는 제1지대로 편제되었다.

또 다른 계기는 1941년 12월에 발발한 미일전쟁이었다. 미일 간에 전쟁
이 일어나면서 민족의 역량을 한곳에 집중시켜 총단결을 이루자는 논의가
일어났고, 임시정부로 세력을 집중하자는 데 뜻을 함께했다. 좌익진영 중에
서 김성숙이 주도하던 조선민족해방동맹이 임시정부 옹호를 선언했고, 이
어 김원봉의 조선민족혁명당도 1941년 12월 10일 전당대표대회를 열어 '그
동안 임시정부와 관계없이 독자적으로 활동하던 노선을 포기한다'는 것과
'임시정부에 참여한다'는 것을 천명했다. 이를 계기로 조선민족혁명당의 무
장조직인 조선의용대의 광복군 편입이 추진되었다.

좌익진영이 임시정부 참여를 천명하자, 임시정부는 이에 대한 조처를 마
련했다. 조처는 군사통일을 먼저 이루고, 후에 정치통일을 추진하는 것이었
다. '군사통일'이란 조선의용대를 광복군에 편입하는 것을 말하고, '정치통
일'은 좌익진영 세력들이 임시정부에 합류하는 것을 말한다. '군사통일'에

대한 조처로 1942년 4월 20일 국무회의에서 '조선의용대를 광복군으로 합편할 것'을 결의했다. 그리고 광복군에 부사령 직제를 증설하고, 조선의용대 대장 김원봉을 광복군 부사령으로 선임했다.

임시정부와 더불어 중국군사위원회에서도 조처를 취했다. 중국군사위원회가 관계하게 된 것은, 앞에서 언급했듯이 '광복군과 조선의용대를 장악하여 운용하라'는 장제스의 지시에 따른 것이었다. 중국군사위원회는 1942년 5월 15일 '조선의용대의 광복군 편입 및 광복군 개편'에 관한 명령을 내렸다. 내용은 '광복군 총사령부에 부사령 직제를 증설할 것', '김원봉을 부사령으로 파견할 것', '조선의용대는 광복군 제1지대로 개편할 것'이 핵심이었다.

임시정부의 조처와 중국군사위원회의 명령으로 조선의용대가 광복군에 편입되었다. 조선의용대는 1942년 7월 '광복군 동지와 정성단결하여 진정한 일심일체가 되도록 노력할 것', '광복군을 확대 발전시키기에 노력할 것'이라는 내용이 담긴 「조선의용대 개편선언」을 발표하고, 광복군에 편입한다는 것을 공식 천명했다. 1941년 1월 한국청년전지공작대 편입과 더불어 조선의용대가 광복군에 편입되면서, 중국 관내에서 활동하던 무장 세력이 모두 광복군으로 군사통일을 이루었다.

이에 따라 광복군의 직제와 부대 편제에 커다란 변화가 생겼다. 총사령부에 부사령 직제가 증설되어 김원봉이 부사령을 맡게 된 것이다. 그리고 조선의용대가 제1지대로 편제되면서, 기존에 설치되었던 지대들은 하나로 통합되어 제2지대가 되었다. 부대가 새롭게 편제되면서 지대장도 바뀌었다. 제1지대장은 부사령 김원봉이 겸임했고, 제2지대장에는 참모장이던 이범석이 임명되었다. 그리고 안후이성 푸양에서 초모활동을 전개하던 징모 제6분처가 제3지대로 개편되었고, 김학규가 지대장을 맡았다.

안후이성 푸양에서 활동한 제3지대의 성립기념식 1945년 6월 30일.

일본군에서 탈출한 청년들이 광복군에 참여하다

병력이 증가한 데는 전지공작대와 조선의용대 편입 외에도 또 다른 요인이 있었다. 일본은 중일전쟁을 도발한 후 지원병·학도병·징병 등의 이름으로 많은 한인청년들을 일본군으로 동원했다. 이들이 중국전선에 투입되었다가 부대에서 탈출해 광복군에 참여한 것이다. 또 중국군에 포로로 잡혀 포로수용소에 수용되어 있다가 광복군에 편입되기도 했다.

일본군을 탈출한 것은 주로 학도병들이었다. 학도병은 대학에 다니다가 일본군으로 끌려나온 청년들을 말한다. 이들은 1944년 1월 일본군에 징집되어 중국의 여러 전선에 배치되었다. 1944년 4월 쉬저우(徐州) 지역에서 장준하·김준엽 등이 탈출한 것을 시작으로, 윤경빈·한성수·김우전 등이 뒤를 이었다. 일본군 부대에서 탈출한 이들은 대부분 안후이성 푸양으로 집결했고, 한국광복군훈련반에서 정신교육과 군사훈련을 받은 뒤 광복군 대원이 되었다. 중국군 제9전구 지역에서도 많은 학도병들이 탈출했다. 1944년 10월 최덕휴·정윤성 등 12명이 탈출한 것으로 알려져 있고, 이들은 장시성(江西省) 이춘(宜春)에 집결해 제1지대 제3구대로 편제되었다.

중국군의 포로로 잡혔다가 광복군에 편입된 경우도 있다. 중국군은 일본군과의 전투에서 적지 않은 포로를 잡았고, 이들을 시안의 바오지(寶鷄)수용소와 충칭의 난취안집중영(南泉集中營) 등에 수용했다. 임시정부에서는 중국 측과 협의해 포로수용소에 있는 한인청년들을 인계해 줄 것을 요청해 허락을 받아냈다. 특히 1945년 5월 1일 임시정부와 중국 사이에 새로운 군사협정이 시행되면서, 중국에서는 한적 포로들을 대부분 석방했다. 광복군 대원들이 포로수용소에 가서 이들을 인수하거나 석방된 한적 포로들을 인계했고, 이들을 광복군에 편입시킨 것이다.

광복군 병력은 정확히 알 수 없다. 공식 자료인 1945년 4월 군무부 보고에는 장교·대원·사병 등을 합해 모두 514명으로 기록되어 있다. 그러나 이후에도 탈출한 병사들의 합류와 포로 인도는 계속되었다. 1945년 8월에는 총사령부 100여 명, 제1지대 90여 명, 제2지대 250여 명, 제3지대 180명 등 620명 정도였을 것으로 짐작된다. 이 외에 중국의 제3전구·제9전구 등에도 광복군으로 편입되어 있던 대원들이 적지 않았다. 이들까지 포함하면 광복군 병력은 700여 명을 헤아렸다.

1940년 9월 17일 창설 당시 광복군 병력은 30여 명이었다. 그런데 5년 후인 1945년 8월경에는 700여 명을 헤아리게 된 것이다. 이는 중국 땅에서 거둔, 매우 놀라운 성과였다. 한국인들이 이주했다고 해도 중국은 넓고 광활한 곳이다. 이를 감안하면 광복군은 무에서 유를 창조한 것이나 다름없었다고 할 수 있다.

| 참고문헌 |

김문택. 1988. 「회고 광복군 시기」. ≪한국독립운동사연구≫, 2.

김준엽. 1987. 『장정』 1. 나남출판.

독립운동사편찬위원회. 1975. 『독립운동사』 6(독립군전투사).

이재현. 1991. 「한국광복군 제2지대의 태항산적후공작」. ≪광복≫, 96.

한시준. 1993. 『한국광복군연구』. 일조각.

12

일본과 독일에
선전포고를 발표하다

충칭에 정착하여 전시체제를 갖추다

선전포고는 '한 나라가 다른 나라에 대하여 전쟁을 시작한다는 것을 공식적으로 알리는 일'을 말한다. 대한민국 임시정부도 다른 나라를 향해 전쟁을 선언한 일이 있다. 제2차 세계대전 중인 1941년 12월 일본에, 1945년 2월 독일에 선전포고를 했다.

1940년대 들어서면서 국제 정세는 크게 요동쳤다. 제2차 세계대전이 발발해 아시아와 유럽 전체가 전쟁에 휩싸였다. 아시아에서는 일본군이 1937년 7월 루거우차오에서 중국군을 공격하며 침략을 본격화해 중일 간에 전면전이 일어났다. 베이징 교외에서 시작된 중일전쟁은 중국 대륙 전체로 확산되었다. 전쟁은 중국 대륙에만 한정되지 않았다. 일본이 필리핀, 싱가포르, 베트남을 비롯해 인도와 버마(현재 미얀마) 등을 공격하면서 아시아 전체가 전쟁에 휩싸였다.

유럽에서는 1939년 9월 1일 히틀러의 나치 독일이 폴란드를 침략하자 영국과 프랑스 등이 연합해 독일에 맞서면서 전쟁이 시작되었다. 제1차 세계대전이 종결된 지 20여 년 만에 유럽에서 다시 전쟁이 일어난 것이다. 이를 흔히 제2차 세계대전이라고 한다. 영국과 프랑스가 연합해 독일에 맞섰지만, 막아내지 못했다. 프랑스는 독일에 패해 나라를 빼앗겼고, 영국은 본토로 철수하고 말았다. 독일은 프랑스를 비롯해 네덜란드·벨기에 등으로 점령지역을 확대해 나갔고, 러시아도 침략했다. 이로써 유럽 전체가 전쟁에 휩싸이게 되었다.

아시아와 유럽에서 전쟁이 확대되고 있을 때, 임시정부는 충칭에 정착했다. 1932년 윤봉길 의사 의거 이후 상하이를 떠나 중국 대륙 여러 곳으로 피난을 다니다가 1940년 충칭에 정착한 것이다. 충칭은 중국국민당 정부의 임시 수도로, 전란에서 비교적 안전한 지역이었다. 임시정부는 충칭에 정착하면서 혼란에서 벗어나 전쟁을 대비해 대응책을 마련해 나갔다.

대응책은 크게 세 가지로 추진되었다. 하나는 임시정부의 세력 기반을 강화한 것이다. 그동안 별도의 조직을 유지하며 활동하던 우익진영의 한국국민당·한국독립당·조선혁명당 등 세 당을 통합해 새로 한국독립당을 창당했다. 둘째는 전쟁에 참전하고자, 전쟁을 수행할 군대로 한국광복군을 창설했다. 셋째는 헌법을 개정해 단일지도체제인 주석제로 바꾸었다. 임시정부는 1927년 4월 이래로 집단지도체제인 국무위원회제로 운영되고 있었다. 이를 단일지도체제인 주석제로 바꾸고, 김구를 주석으로 선출했다. 주석은 국가의 원수이자 국군통수권자로, 강력한 지도력을 행사할 수 있게 한 것이다.

미일전쟁 발발 직후 일본에 선전포고 하다

전시체제를 갖추고 광복군이 병력을 확대하고 있을 때, 더 큰 전쟁이 일어났다. 일본이 미국을 침략하면서 미국과 일본 사이에 전쟁이 일어난 것이

1941년 12월 8일 일제의 하와이 진주만 기습공격과 미일전쟁의 발발

다. 중국 대륙을 침략하고 동남아시아 일대로 전선을 확장해 나가던 일본은 1941년 12월 8일 하와이의 진주만을 기습 공격했다. 하와이는 미국의 영토였고, 진주만에는 미국의 해군기지가 있었다. 일본이 선전포고도 없이 기습적으로 진주만을 공격해 미국을 침략한 것이다. 미국은 즉각 일본에 대해 선전포고를 발표하고, 전쟁에 돌입했다. 미국이 일본과 전쟁을 시작하면서 아시아 지역을 비롯해 태평양 일대가 전쟁의 소용돌이로 빠져들었다.

　미일 간 전쟁은 독립운동가들이 예상했던 일이고, 바라던 바였다. 독립운동가들은 일본의 침략이 한반도에서 멈출 것으로 생각하지 않았다. 일본은 계속 세력을 팽창할 것이고, 그렇게 되면 일본이 중국이나 미국과 전쟁을 치를 수 있다고 생각했던 것이다. 이에 따라 독립군을 양성하여 일본이 중국·미국 등과 전쟁을 벌일 때, 이 나라들과 함께 전쟁을 수행하여 독립을 쟁취한다는 전략을 세워놓고 있었다. 독립운동가들이 예상했던 그대로 일본은 세력 팽창을 멈추지 않았고, 결국 중국에 이어 미국과도 전쟁을 벌인 것이다.

널리 알려져 있지 않지만, 임시정부에서 미일전쟁이 일어날 것을 예견한 인물은 광복군 총사령 대리 황학수였다. 황학수는 대한제국 육군무관학교 제1기 출신으로, 서안 총사령부에서 총사령 대리를 맡고 있었다. 그는 1941년 6월 광복군 정훈처에서 발간하는 ≪광복≫이라는 잡지에 「미국의 연해방어와 태평양방선(美國的沿海防禦與太平洋防線)」이라는 글을 발표한 적이 있다. 이 글에서 미국 해군 및 공군의 군사력이 태평양 연안에 배치된 상황을 각종 통계자료로 분석해 미일 간의 충돌은 피할 수 없다고 했다. 6개월 전에 이미 미일 간에 전쟁이 일어날 것을 예견한 것이다.

임시정부는 미일 간에 전쟁이 일어나자, 즉각 일본에 선전포고를 발표했다. 선전포고를 발표하는 데는 절차가 있었다. 당시 임시정부 헌법에 따르면 '외교사절 임면과 조약 체결, 선전포고' 등에는 임시의정원 의원 과반수의 출석과 출석 의원 3분의 2 이상의 동의가 있어야 했다. 임시정부는 미일 간에 전쟁이 발발하자 이러한 절차를 거쳐 일제가 진주만을 기습 공격한 지 이틀 만인 12월 10일, 주석 김구와 외무부장 조소앙 명의로 「대한민국임시정부대일선전성명서」를 발표했다.

우리는 삼천만 한인과 정부를 대표하여 삼가 중국 영국 미국 캐나다 네덜란드 오스트레일리아 및 기타 여러나라가 일본에 대해 전쟁을 선포한 것이 일본을 격패(擊敗)시키고 동아시아를 재건하는 가장 유효한 수단이 되므로 이를 축하하면서 다음과 같이 성명한다.

1. 한국의 전체 인민은 현재 이미 반침략전선에 참가해 오고 있으며, 이제 하나의 전투단위로서 축심국(軸心國)에 전쟁을 선언한다.
2. 1910년 합방조약과 일체의 불평등조약이 무효이며, 아울러 반침략국가가 한국에서 합리적으로 얻은 기득권익이 존중될 것임을 거듭 선포한다.

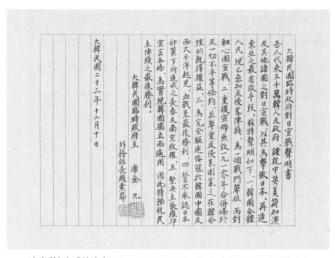

임시정부의 대일선전포고　미일전쟁 발발 이틀 후인 12월 10일에 발표했다.

3. 한국과 중국 및 서태평양에서 왜구를 완전히 구축하기 위하여 최후의 승리를 거둘 때까지 혈전(血戰)한다.

4. 일본세력 아래 조성된 장춘(長春)과 남경정권(南京政權)을 절대로 승인하지 않는다.

5. 루스벨트 처칠 선언의 각 항이 한국독립을 실현하는 데 적용되기를 견결(堅決)히 주장하며, 특히 민주진영의 최후 승리를 미리 축원한다.

　대한민국은 이미 반침략전선에 참가하고 있으며, 중국·영국·미국·캐나다·네덜란드·오스트레일리아 등 일본에 전쟁을 선포한 국가들과 함께 하나의 전투단위로서 일본과 전쟁을 전개한다고 선언한 것이다. 일본과의 전쟁은 한국과 중국, 서태평양에서 왜구를 완전히 몰아낼 때까지, 그리고 일본이 완전히 패망할 때까지 혈전을 전개한다고 했다.

　일본에 대한 선전포고를 발표하면서, 임시정부가 천명하고자 한 것이 있다. 첫째는 일제가 1910년에 대한제국을 병탄한 '병합조약'을 비롯해 일제와 맺은 모든 불평등조약이 완전히 무효임을 선언한 것이다. 그리고 일제와 싸우는 연합국에 대해 과거 한국에서 합리적으로 얻은 기득권은 앞으로도 존중하고 인정할 것임을 밝혔다. 한국은 과거 일본과 불평등하게 맺은 관계와 일제의 병탄을 청산한 국가이며, 독립국가로서 연합국과의 관계를 정상화한다고 천명한 것이다.

둘째는 일본이 중국에서 수립한 괴뢰정부는 인정하지 않고, 오직 중국국민당 정부만 인정한다는 것이다. 일본은 만주 지역을 침략한 후 그곳을 통치하기 위해 장춘을 수도 삼아 만주국을 세웠다. 그리고 중국 대륙을 침략해 중국국민당의 왕징웨이(汪精衛)를 내세워 난징(南京)에 괴뢰정부를 수립했다. '장춘과 남경정권'은 이를 일컫는 것이다.

셋째는 미국 대통령 프랭클린 루스벨트와 영국 총리 윈스턴 처칠 사이에 합의된 「대서양헌장」이 한국 문제에도 적용되어야 한다고 주장했다. 루스벨트와 처칠은 1941년 8월 14일 대서양에 떠 있는 영국 군함 웨일스함에서 만나 제2차 세계대전 후 세계 인류의 복지와 평화 등에 대한 문제를 놓고 회담했다. 여기서 합의한 내용을 발표한 것이 「대서양헌장」으로, "관계 주민의 자유의사에 의하지 아니하고는 영토변경을 인정하지 않는다", "주민이 정체(政體)를 선택하는 권리를 존중하며 강탈된 주권과 자치가 회복될 것을 희망한다"라는 내용이 들어 있다. 임시정부는 「대서양헌장」에 들어 있는 이러한 조항이 한국에도 그대로 적용되기를 바란다고 한 것이다.

일본에 대한 임시정부의 선전포고는 두 가지 면에서 중요한 의미가 있다. 하나는 한국도 연합국의 일원이 되어 전쟁을 수행하겠다는 것을 국제사회에 공식적으로 천명했다는 점이다. 당시 세계는 두 패로 나뉘어 전쟁을 벌이고 있었다. 일본·독일·이탈리아 등 축심국의 침략에 맞서 미국·영국·중국 등이 연합국을 이루어 대항한 것이다. 축심국과 연합국과의 전쟁, 이 전쟁에 한국도 참전한다는 것과 연합국의 일원으로 전쟁을 수행하겠다는 것을 국제사회에 천명한 것이 「대한민국임시정부대일선전성명서」였다.

다른 하나는 전후 연합국의 지위를 획득하기 위한 전략이었다는 점이다. 전쟁에는 승자와 패자가 있다. 패자는 많은 것을 잃게 되고, 승자는 전리품을 차지한다. 제1차 세계대전 때는 독일의 침략에 맞서 33개 국가가 연합국이 되어 전쟁을 벌였다. 승리를 거둔 연합국은 많은 전리품을 차지했고, 이를 어떻게 나눌지 논의하기 위해 모인 회의가 파리강화회의였다. 전리품을 차지하기 위해서는 연합국으로 인정받아야 한다. 임시정부의 「대한민국임시정부대일선전성명서」는 연합국의 일원으로 인정받기 위한 전략이었던 것이다.

독일에 선전포고 하다

잘 알려져 있지 않지만, 일본 이외에 다른 나라에도 선전포고를 한 적이 있다. 독일이었다. 당시의 현실로 보면 임시정부는 독일과 전쟁을 할 이유가 없었다. 독일이 한국을 침략한 것도 아니고, 독일과는 아무런 이해관계도 없었다. 그러나 국제 정세의 변화가 독일에 선전포고를 하게 만들었다. 이유는 샌프란시스코회의에 참석하기 위해서였다.

1945년에 들어서면서 세계적으로 커다란 변화의 움직임이 있었다. 미국을 중심으로 한 연합국들이 제2차 세계대전 이후 세계평화와 안전보장 문제를 논의하기 위한 기구로 국제연합을 창설하고자 했다. 이를 위해 1945년 4월 25일 미국의 샌프란시스코에 50여 개국 대표들이 모여 이른바 샌프란시스코회의를 개최하기로 했다. 이 회의는 연합국의 승리가 가시화되는 시점에 열리는 데다, 많은 나라가 참석하는 회의였다.

임시정부는 샌프란시스코회의에 큰 기대를 걸었다. 한국 문제를 국제적으로 부각시킬 수 있는 절호의 기회로 여겼기 때문이다. 임시정부는 샌프란시스코회의 소식을 접하고, 회의에 참석하기 위해 백방으로 외교적 노력을 기울였다. 그런데 문제가 있었다. 샌프란시스코회의에 참가하려면 조건을 갖춰야 했다. 1945년 3월 1일 이전에 독일에 선전포고를 발표한 국가만이 회의에 참석할 수 있다는 것이 전제 조건이었다.

샌프란시스코회의에 참석하기 위해서는 독일에 대해 선전포고를 발표해야 했다. 임시정부는 즉각 국무회의를 소집해 독일에 대한 선전포고를 결의하고, 헌법에 따라 임시의정원에 동의를 요청했다. 이에 따라 임시의정원은 1945년 2월 28일 임시의회를 소집해 정부가 요구한 대덕선전포고안을 원안대로 가결했고, 임시정부는 2월 28일 자로 독일에 대해 선전포고를 발표했다.

「대덕선전포고문」

덕일(德日) 축심국가가 인방(隣邦)의 독립과 자유를 파괴하며 인류의 화평 질서를 교란하엿다. 태평양 개전일에 본 정부는 거듭 일본에 선전을 포고하며 또 축심국 과반(夥伴)에 죄악을 책(責)하엿다. 본 정부는 연합국과의 최후 승리와 원동 및[及] 세계의 화평과 안전을 촉진키 위하여 덕국 히틀러(希特勒) 정부에 향하여 선전을 포고한다.

1945년 2월 28일 발표한 독일에 대한 선전포고

'덕(德)'은 독일을 가리킨다. 중국에서는 독일을 '덕국(德國)'이라고 한다. 임시정부는 미국과 일본 사이에 전쟁이 발발했을 때 일본에 대해 선전포고를 발표했다는 사실을 언급했다. 그리고 일본과 독일이 인류의 자유와 평화를 교란했다고 하면서, 연합국과 더불어 최후의 승리를 위해, 또 동아시아와 세계의 평화를 위해 히틀러 정부에 선전포고를 발표한다고 했다. 독일에 대한 선전포고는 독일과 전쟁을 하려는 것이 아니라 샌프란시스코회의에 참석할 자격을 갖추기 위한 것이었다.

독일에 대해 선전포고를 발표한 임시정부는 샌프란시스코회의에 참석하기 위해 준비했다. 먼저 미국에 있는 주미외교위원회 이승만 위원장에게 회의에 출석하라는 통지를 보내고, 회의에 참석할 대표단을 구성할 것을 지시했다. 이승만은 자신을 단장으로 하고, 김호·한시대·송헌주 등 9명의 대표를 선정하여 통보해 왔다. 국무회의에서는 이들을 대표단으로 결정하고, 부주석 김규식과 외무부장 조소앙을 파견하기로 결정했다.

임시정부는 대표단을 선정한 후 각국의 언론을 통해 회의 참석에 대한 협력을 요청하고, 연합국에 회의 참석을 요구하는 공문을 보냈다. 중국의 ≪대공보≫를 비롯한 여러 신문에 독일에 대한 선전포고를 발표했음을 알리고, 각국 기자들을 초청해 "우리는 지난 40년 동안 항일전쟁을 해왔다"라는 등의 논리로 회의에 참석할 수 있도록 도와줄 것을 당부했다. 그리고 독립운동의 발자취와 임시정부의 활동상을 소개하는 비망록을 비롯해 '회의 참가 요청 공문', '한국문제 해결 요구안' 등을 작성하여 연합국 원수들에게 보냈다.

임시정부는 이렇듯 샌프란시스코회의 참석을 위해 다각적인 노력을 기울였다. 미국으로 파견하려 한 조소앙과 김규식은 비자를 발급받지 못해 갈 수 없었지만, 이승만을 단장으로 한 미주 지역 대표단이 샌프란시스코에 갔다. 이승만은 회의 주최 측에 참석을 요구하는 공문을 제출했다. 그러나 샌프란시스코회의 사무총장으로부터 돌아온 답변은 "한국 임시정부는 아직 국제적으로 정식 승인을 받지 못했기 때문에 한국 대표는 회의에 참석할 수 없다"라는 것이었다.

　임시정부가 국제적 승인을 받지 못했다는 것을 이유로 내세웠지만, 그 이면에는 미국의 이해관계가 있었다고 한다. 당시 미국은 샌프란시스코회의에서 식민지 국가들에 대한 신탁통치 문제를 논의할 예정이었고, 이는 실제 회의에서도 주요 의제 가운데 하나로 다루어졌다. 신탁통치 대상 지역으로는 제1차 세계대전 당시에 위임통치령이던 영토, 그리고 제2차 세계대전에서 축심국으로부터 분리될 영토 등이 거론되었다. 한국도 일본으로부터 분리될 영토로, 그 대상에 포함되어 있었던 것이다.

　잘 알려져 있듯이, 국제관계는 냉혹하다. 국제 세력 간의 이해가 첨예하게 대립하고, 자국의 이익을 확대하려는 것이 국제관계이다. 연합국들이 임시정부를 승인하지 않은 가장 큰 이유는 국제관계와 이해관계에서 찾아야 한다. 열강들이 임시정부를 승인하지 않았다고 해서 임시정부의 존재 자체가 부정되어서는 안 된다. 일본과 독일에 선전포고를 발표한 것도 마찬가지이다. 임시정부가 일본에 대해, 또 독일에 대해 선전포고를 발표한 것은 역사적 사실이고, 이는 우리의 역사이다.

| 참고문헌 |

고정휴. 2003. 「샌프란시스코회의(1945)와 얄타밀약설」. 『미주한인의 민족운동』. 혜안.

구대열. 1995. 『한국국제관계사 I: 일제시기 한반도의 국제관계』. 역사비평사.

국사편찬위원회. 2005. 『대한민국임시정부자료집』 4(임시의정원 3).

김희곤. 2004. 『대한민국임시정부 연구』. 지식산업사.

백범김구선생전집편찬위원회. 1999. 『백범김구전집』 5. 대한매일신보사.

정용욱. 1999. 「태평양전쟁기 임시정부의 대미외교」. 『대한민국임시정부수립80주년기념논문집』 하. 국가보훈처.

한시준. 2009. 『대한민국임시정부(중경시기)』 독립기념관 한국독립운동사연구소.

13

인도-버마전선에서
영국군과 대일전쟁을 수행하다

일본의 전쟁, 미국과 아시아 지역으로 확대되다

'우리 민족 혼자의 힘으로 일본을 패망시킨다.' 독립운동가들은 그렇게 생각하지 않았다. 독립군을 양성했다가 일본이 다른 나라들과 전쟁을 할 때, 그들과 함께 대일전쟁을 수행하여 연합국 지위를 획득하려 했다. 이것이 독립운동 전략이었다. 독립운동가들이 예견한 대로 일본은 중국을 비롯해 미국·영국 등과 전쟁을 벌였고, 광복군은 이들과 함께 대일전쟁을 수행했다. 그 사례 중 하나가 인도-버마전선에서 영국군과 함께 대일전쟁을 전개한 것이다.

일본은 1910년 한반도를 차지한 이래 많은 나라들과 전쟁을 벌였다. 일본이 대한제국을 침략했을 때 의병과 독립군이 이에 대항해 전쟁을 벌인 것이 그 시작이었다. 이어 1931년 만주를 침략하면서, 그 지역의 중국인들과 전쟁을 벌였다. 만주의 군벌 장쉐량(張學良)은 군대를 이끌고 관내 지역으로 철수했지만, 만주 지역에 거주하던 중국인들이 자위대와 동북항일연군 등을 조직해 일본에 맞서 전쟁을 벌인 것이다. 여기서 한 가지 기억할 것이 있다. 만주 지역 중국인들이 일본군과 싸울 때 조선혁명군과 한국독립군 등이 그들과 연합해 일본군과 치열한 무장투쟁을 전개했다는 점이다.

일본은 1937년 7월 베이징 교외 루거우차오에서 중국군을 공격한 것을 시작으로 중국 대륙을 침략했다. 이에 중국이 전면적으로 대항하면서 중국과도 전쟁을 벌였다. 중국과의 전쟁에서 일본은 승승장구했다. 전쟁을 시작한 지 몇 달 만에 베이핑(北平, 현재 베이징)을 비롯해 톈진·상하이·샤먼(廈門) 등 중국 동부 해안 지역을 차지했고, 수도 난징(南京)도 점령했다. 장제스의 국민당 정부는 서남쪽에 위치한 충칭으로 쫓겨났고, 마오쩌둥의 공산당은 북쪽의 옌안으로 물러나 있었다. 이로써 일본은 중국 대륙의 약 8할 정도를 차지하게 되었다.

한반도와 만주를 차지하고 중국 대륙을 석권했지만, 일본은 침략을 멈추지 않았다. 1940년대에 들어서면서 침략을 더욱 확대해 나갔다. 1941년에 미국을 침략한 것이 대표적인 예이다. 12월 8일 미국의 해군기지가 있는 하와이의 진주만을 기습적으로 공격한 것이다. 선전포고도 없었다. 일본의 기습 공격을 받은 미국은 곧바로 일본에 대해 선전포고를 발표하고, 일본과 전쟁에 돌입했다. 중국과 전쟁을 하면서, 미국과 새로운 전쟁을 일으킨 것이다.

일본은 미국만 침략한 것이 아니었다. 동남아시아 국가들도 침략했다. 진주만을 기습 공격함과 동시에 미국령인 필리핀과 괌을 비롯해 영국령인 말레이시아·싱가포르·인도네시아, 프랑스령인 인도차이나반도 등을 공격했다. 진주만 공격으로 미국의 군함들이 거의 궤멸 상태가 되자 일본은 태평양의 섬들을 장악해 나갔다. 1942년 4월경에 이르면 뉴질랜드와 오스트레일리아를 제외한 태평양 지역의 거의 모든 섬이 일본에 점령당했다.

태평양뿐만 아니었다. 일본의 침략은 버마와 인도로 향했다. 당시 버마는 미국의 군수물자를 중국으로 보내는 수송로 역할을 하고 있었다. 일본에 의해 중국 해안선이 봉쇄되자 미국은 버마 랑군(Rangoon, 현재 양곤)항에서 만달레이(Mandalay)를 거쳐 중국의 윈난성 쿤밍(昆明)으로 군수물자를 수송한 것이다. 이를 '버마공로(公路)'라 부르기도 하고, 장제스를 원조한다는 뜻에서 '원장(援蔣) 루트'라고도 한다. 일본은 이를 차단하기 위해 태국을 거쳐 1942년 1월 버마를 침략했다. 당시 버마는 영국의 식민지였다. 일본이 침략하자 영국은 이에 맞서 일본과 전쟁을 벌였다.

인도 주둔 영국군, 대원의 파견을 요청하고 군사협정을 맺다

중국·미국·영국 등이 일본과 전쟁을 벌일 때, 임시정부의 국군 광복군은 이들과 함께 대일전쟁을 수행했다. 그 하나가 인도-버마전선에서 영국군과 함께 대일전쟁을 전개한 것이다. 그 계기는 영국군의 요청에 의해서였다. 영국군은 버마를 침략한 일본군을 제대로 막아내지 못했다. 영국군의 숫자가 많지 않았고, 병력 대부분이 현지 출신들이었기 때문이다. 이뿐만 아니라 일본군의 침략을 대수롭지 않게 여겨 방어태세도 제대로 갖추고 있지 못했다. 또 전쟁에서 필수적인 적의 동향을 파악하는 정보활동을 제대로 할수도 없었다. 영국군은 일본어를 구사할 수 있는 이들이 필요했고, 민족혁명당을 통해 파견을 요청해 온 것이다.

민족혁명당은 1935년에 결성된 좌익진영의 정당으로, 1938년 조선의용대라는 무장조직을 결성해 활동하고 있었다. 1942년 겨울, 인도에 주둔하고 있던 영국군 총사령부에서 민족혁명당에 일본어를 구사할 수 있는 인원을 파견해 줄 것을 요청해 왔다. 지원 요청을 받은 민족혁명당은 최성오·주세민 2명을 파견했다. 이들은 가청(加城, 현재 콜카타)과 아라칸(阿拉干) 등지의 전방에서 활동하는 부대에 배치되어 대적선전공작을 담당해 영국군의 작전에 커다란 도움을 주었다. 영국군 측에서 더 많은 인원의 파견을 요청해 왔다.

더 많은 인원의 파견을 요청하면서, 양측이 협정을 맺었다. 1943년 5월 인도주둔 영국군 총사령부 대표 콜린 매켄지(Colin Mackenzie)와 민족혁명당 총서기 김원봉이 「조선민족군선전연락대 파견에 대한 협정」을 체결했다. 민족혁명당은 영국군의 대일작전에 협조하고, 영국군은 민족혁명당의 대일투쟁을 원조한다는 원칙하에, 선전연락대의 구성, 임무, 복무 기한, 대원들에 대한 대우 등을 규정했다. 내용을 보면, '대원들은 영국군 장교로 대우한다'는 등 한국 측에 매우 유리한 조건이었다. 선전연락대 대장은 영국군 대위, 대원들은 중위로 대우하기로 한 것이다.

이는 군사협정이었다. 군사협정을 민족혁명당이 체결할 수 있느냐는 문제가 대두되었다. 민족혁명당은 1942년 10월 임시정부에 참여했고, 그 무장세력인 조선의용대도 광복군에 편입되어 있었다. 이뿐만 아니라 당시 광복군은 작전권이나 기타 행동에 대해 중국군사위원회의 통제를 받고 있던 상황이었다. 이런 문제로 인해 대원들을 파견하는 문제는 중국군사위원회와 광복군 측에서 심각하게 논의되었고, 광복군 총사령부가 주도해야 한다고 결론을 내렸다.

인면전구공작대를 편성해 인도로 파견하다

영국군과의 군사협정은 광복군 총사령부 주도로 실행되었다. 광복군 총사령부는 각 지대에서 파견할 대원들을 선발했다. 선발 기준은 신체 조건과 일본어 및 영어 구사 능력이었다. 제1지대에서 2명(한지성, 이영수), 제2지대에서 7명(문웅국, 최봉진, 김상준, 나동규, 박영진, 송철, 김성호) 등 모두 9명의 대원을 선발했다. 이들을 인면전구공작대(印緬戰區工作隊)라 했고, 대장은

인도-버마전선에 파견된 인면전구공작대 대원들

한지성이 맡았다.

'인면전구(印緬戰區)'의 '인(印)'은 인도를, '면(緬)'은 버마를, '전구(戰區)'는 전쟁을 하는 구역을 일컫는다. 제2차 세계대전에서 일본과 전쟁하고 있던 연합국의 전구는 크게 둘로 나뉘어 있었다. 하나는 태평양전구로, 미국이 일본과 싸우는 구역이었다. 다른 하나는 IBC전구로, 인도·버마·중국의 전구를 일컫는다. IBC전구는 1942년 1월에 생겨났다. 전구사령관에는 중국의 장제스, 참모장에는 미국의 조지프 스틸웰(Joseph Stilwell) 중장이 임명되었다.

선발된 인면전구공작대 대원들은 먼저 중국군사위원회에서 교육을 받았다. 일본이 버마를 공격하자 중국은 10만 명에 이르는 군대를 인도-버마전구에 파견해 영국군과 함께 전쟁을 수행했다. 그 뒤로도 중국은 추가 병력을 파견하면서 사전 교육을 실시하고 있었다. 인면전구공작대 대원들도 이들과 함께 3주간 군사훈련 및 인도-버마의 실정과 정세에 대해 교육을 받고 인도로 파견되었다.

이들은 1943년 8월 말 인도 캘커타(Calcutta, 현재 콜카타)에 도착했고, 인도 주둔 영국군 총사령부에서 교육을 받았다. 주로 영어와 방송 기술에 대한 교육으로, 약 3개월 동안 진행되었다. 교육이 끝나자 곧바로 영국군에 분산 배속되었다. 송철은 인도군 총사령부에, 이영수와 최봉진은 캘커타의 방송국에 남았다. 그리고 대장 한지성을 비롯한 6명의 대원은 브야크로 이동해 영국군 201부대와 204부대에 배속되었다.

영국군과 함께 대일전쟁을 수행하다

영국군에 배속된 후, 이들은 임팔(Impal)전선에 투입되었다. 임팔은 지리적으로 인도와 버마의 접경지역이었고, 랑군에서 쿤밍으로 연결되는 '버마공로'의 중간 거점으로 중국에 군수물자를 수송하는 중요한 통로였다. 군사적으로는 영국군 제15군단 사령부가 주둔하고 있었고, 비행장을 비롯해 연합군 병참기지가 있던 곳이기도 했다. 이곳에는 영국군뿐만 아니라 중국군과 미국군도 있었다.

임팔은 영국군과 마찬가지로, 일본군에도 전략적으로 매우 중요한 지점이었다. 중국으로 들어가는 군수물자의 주요 거점인 데다 인도를 공격할 관문이기도 했기 때문이다. 이에 일본은 버마를 침략한 직후부터 임팔에 눈독을 들이고 있었다. 1944년 3월 일본의 버마 방면 사령관 가와베 마사카즈(河邊正三) 중장은 휘하의 제15군과 제55사단을 동원해 임팔을 공격했다. 당시 제55사단의 사단장은 무다구치 렌야(牟田口廉也)로, 그는 1937년 7월 루거우차오사건을 일으킨 장본인이다. 일본군이 임팔을 공격하자 영국군과 일본군 사이에 대규모 전투가 벌어져 7월까지 계속되었다. 이를 임팔전투라고 한다.

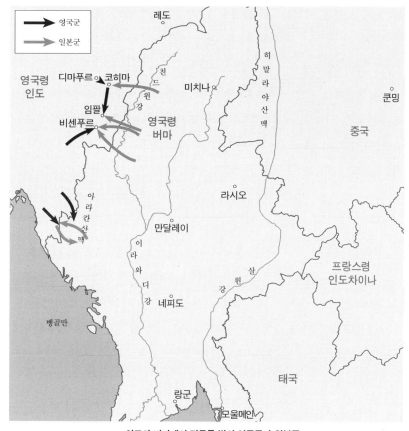

영국군

일본군

레도

영국령
인도

디마푸르 → 코히마

임팔

비센푸르

친드윈강

영국령
버마

미치나

히말라야산맥

쿤밍

중국

아라칸산맥

라시오

프랑스령
인도차이나

만달레이

이라와디강

살윈강

벵골만

네피도

태국

랑군

모울메인

인도와 버마에서 전투를 벌인 영국군과 일본군

　광복군 대원들은 임팔전투에 참전했다. 일본군이 임팔을 향해 진격해 올 때 브야크에 있던 한지성 등은 영국군 제201부대와 함께 임팔전선으로 이동을 했고, 박영진 등이 배속된 제204부대도 아라칸을 거쳐 임팔로 이동해 전투에 참전한 것이다. 임팔전투는 1944년 3월 15일 일본군이 친드윈(Chindwin)강을 건너 임팔을 공격하면서 시작되었다. 임팔을 비롯해 팀플, 티팀, 비센푸르 등 여러 지역에서 7월 1일 일본군이 퇴각할 때까지 네 달 가까이 치열한 전투가 계속되었다. 임팔전투는 인도-버마전선에서 벌어진 전투 중 가장 치열하게 전개된 대규모 전투로 알려져 있다. 이 전투에서 영국 군은 승리를 거두었고, 패배한 일본군은 버마의 랑군으로 물러났다.

임팔전투에서 광복군 대원들이 수행한 임무와 활동은 대적선전공작이었 다. 최근 새로 발굴한 자료에 의하면, 한국광복군 대원들은 영국군의 '인도야 전선전대'인 IFBU(India Field Broadcasting Unit)에 소속되어, KNALU(Korean National Army Liaison Unit)라는 명칭으로 활동했다고 한다. KNALU는 '조선 민족군연락대' 혹은 '한국군연락대'로 해석할 수 있다. 영국군에 배속되어 있었지만, 한국군이라는 이름 아래 독자적인 부대조직으로 편제되어 활동 한 것이다.

광복군 대원들은 다양한 방법으로 대적선전공작을 전개했다. 무장을 갖 추고 적과 가장 가까운 진지로 잠입해 일본군 병사들을 향해 일본어로 투항 을 권유하거나 염전(厭戰) 사상을 고취하는 방송을 한 것이 대표적이다. 이 외에 투항을 권고하는 각종 선전물과 전단을 제작해 일본군 진영에 살포하 기도 했고, 일본군의 움직임을 파악하기 위한 정보 수집과 분석, 포로 심문 등을 맡았다. 일종의 정보전을 담당한 것이다.

일본군과 접전을 벌이는 최전선에서 전개된 광복군 대원들의 활동은 큰 성과를 거두었다. 무엇보다도 이들이 대적 선전을 시작하자 일본군 탈출자 들이 많이 생겨났다는 점이다. 당시 일본은 대규모 병력을 동원했지만, 군량 을 비롯한 군수물자를 제대로 보급하지 못하고 있었다. 교통로를 확보하지 못해 소와 마차 등을 이용해 운반했지만, 밀림 지역과 무더운 날씨로 제대로 보급하지 못했다. 전투에서 죽은 병사들보다 행군 중에 죽은 병사들이 더 많 을 정도였다. 이러한 상황에서 일본어 방송이 나오자 군대를 이탈하는 병사 들이 생겨났다. 이 외에 일본군으로 강제 징집된 한인청년들의 탈출도 이어 졌다. 영국군에서 활동하는 한국광복군이 있다는 사실을 알고, 탈출을 감행 한 것이다.

한국광복군 대원들은 임팔전투에 이어 버마 탈환 작전에도 참전했다. 임팔전투에서 패한 일본군은 랑군을 향해 철수해 갔다. 영국군은 이들을 추격해 일본이 점령한 버마를 탈환하는 작전을 전개했다. 버마 탈환 작전은 임팔전투 직후 시작되어 1945년 7월 일본이 완전히 패퇴할 때까지 1년여 동안 계속되었다. 한지성·박영진·김성호는 버마 중북부에서 만달레이를 향해 남진하는 부대에, 최봉진·김상준·이영수는 만달레이를 향해 북상하는 부대에, 문응국과 송철은 버마 수도 랑군 상륙작전에 참전했다.

버마 탈환 작전을 전개하면서 영국군과 일본군 사이에 수많은 전투가 벌어졌고, 광복군 대원들도 영국군과 함께 수많은 전투를 치렀다. 광복군 대원들은 일본군의 무선전신과 각종 정보를 수집·분석하고, 일본군 포로를 심문하여 일본군의 실정과 동향, 작전계획 등을 사전에 알아냈다. 이러한 활동은 영국군의 대일작전에 큰 도움을 주어, 버마에서 영국군이 승리하는 데 크게 기여했다.

일본군에 포위된 영국군 1개 사단을 구하다

버마 탈환 작전에서 광복군 대원들이 거둔 성과 중 널리 알려진 것이 하나 있다. 일본군에 포위된 영국군 1개 사단을 구해내는 데 결정적인 공헌을 한 것이다. 버마 반격 작전을 전개하며 만달레이로 남하하던 영국군 제17사단이 일본군의 선제공격을 받아 완전히 포위되었다. 포위된 영국군이 밀림 속에서 악전고투 중일 때, 대원 문응국이 일본군의 무선전신을 감청하고 포로를 심문해 일본군 배치 상황을 정확하게 알아냈다. 영국군은 이를 근거로 일본군의 포위망에서 벗어날 수 있었다. 광복군 대원이 영국군 1개 사단을 구해낸 것이다.

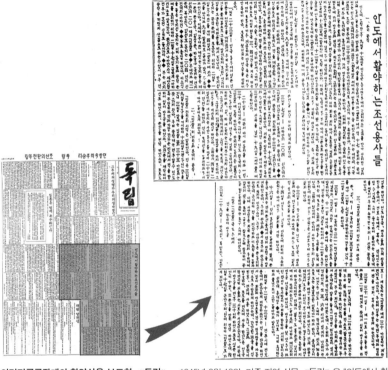

인면전구공작대의 활약상을 보도한 《독립》   1945년 6월 13일. 미주 지역 신문 《독립》은 "인도에서 활약하는 조선용사들"이라는 제목으로 보도했다.

이 사실은 신문보도를 통해 알려졌다. 미주 지역에서 발행된 《독립》은 1945년 6월 13일 자 "인도에서 활약하는 조선용사들"이라는 기사를 통해, 광복군 대원들의 활동상을 소개하며 이를 보도했다. 충칭에서 발행된 중국 신문 《대공보》에 실린 김원봉과의 인터뷰 기사에도 광복군 대원들이 '구설지공(口舌之功)으로 영국군을 구해내 영국군으로부터 칭송을 받았다'는 내용이 들어 있다. 당시 임시정부의 군무부장이던 김원봉은 인터뷰를 통해 인도-버마전선에서 활동하는 광복군 대원들의 활약상을 세상에 널리 알린 것이다.

광복군 대원들의 활약이 크게 두드러지자, 영국군 측에서는 동남아시아 최고사령관 루이스 마운트배튼(Louis Mountbatten) 경 명의로 더 많은 인원들을 파견해 달라고 요청해 왔다. 영국군은 1944년 12월 대장 한지성을 충칭으로 보내 이 문제를 놓고 교섭했다. 이에 대해 임시정부에서는 대원들을 증파하려고 했다. 일부 자료에 안원생과 한지성의 아내 안금생이 인도에 파견된 것으로 나타나 있지만, 영국군이 요청한 증파는 이루어지지 않았다. 이유는 알 수 없지만, 당시 광복군에서는 미국의 전략첩보기구 OSS(Office of Strategic Services)와 합작을 추진하고 있었다.

버마 탈환 작전이 종료된 것은 1945년 7월이었다. 영국군은 5월에 버마 수도 랑군을 탈환했고, 7월에는 일본군을 완전히 패퇴시켰다. 탈환 작전이 완료된 후 광복군 대원들은 캘커타로 철수했다. 그곳에서 새로운 작전에 참가하기 위해 대기하던 중 일제의 항복 소식이 전해졌다. 인도-버마전선에 파견되어 2년 동안 영국군과 함께 대일작전을 수행한 한국광복군 대원들은 9월 10일 모두 충칭으로 복귀했다.

| 참고문헌 |

김광재. 2007. 『한국광복군』. 독립기념관 한국독립운동사연구소.
≪독립≫. 1945.6.13. 「인도에서 활약하는 조선용사들」, 3-75.
박민영. 2009. 「한국광복군 인면전구공작대 연구」. ≪한국근현대사연구≫, 33.
유동연. 2015. 「한지성의 생애와 민족운동 : 1930~40년대 중국 인면지역 활동을 중심으로」. ≪한국근현대사연구≫, 74.
이현종. 1975. 「광복군 연락대의 인도파견과 활동상황」. ≪아세아학보≫, 11.
한시준. 1993. 『한국광복군연구』. 일조각.

14

미국의 OSS와 독수리작전으로
국내 진입을 추진하다

OSS와 합작을 추진하다

광복군은 영국군에 이어 미국의 OSS와도 합작해 국내진입작전을 추진했다. OSS(Office of Strategic Services)란 미국의 전략첩보기구를 말한다. 미국은 제2차 세계대전을 수행하면서 정보 수집, 유격대 활동, 적후방 교란 등을 주요 임무로 하는 기구를 설립했다. 그것이 OSS였다. OSS는 제2차 세계대전이 종료된 후 미국의 국가정보기관인 CIA가 되었다.

광복군과 OSS가 합작한 것은 양측의 필요에 의해서였다. 임시정부는 국군으로 광복군을 창설했지만, 광복군의 힘만으로 일본과 전쟁을 한다고 생각하지 않았다. 임시정부의 계획은 연합군과 함께 작전한다는 것이었고, 주요 대상을 미국으로 삼고 있었다. 광복군 창설 직후 군무부에서 작성한 '한국광복군의 작전계획'이 있다. 여기에 '광복군을 확대하여 속히 연합군과 배합작전한다', '태평양 방면에서는 속히 미국과 연계한다', '한국과 일본 본토에 지하공작을 진행하며 미국과 배합작전하여 해상으로 조선반도에 진입한다'는 내용이 있다. 연합군 특히 미군과 합작해 한반도에 대한 지하공작을 전개하고, 해상으로 진입한다는 작전계획이었다.

광복군은 1944년 8월 중국군사위원회의 통제에서 벗어나면서 미군과의 연계를 추진할 수 있었다. 광복군은 그동안 1941년 11월 중국군사위원회에서 보내온 '한국광복군행동9개준승'에 근거해 중국군사위원회의 통제에 얽매여 있었다. 이는 광복군을 중국군사위원회 판공청(辦公廳)에 소속시켜 통제한다는 것이 핵심으로, 광복군의 재정권과 인사권을 비롯해 작전권을 중국에서 행사한다는 것이었다. 임시정부는 이를 취소하고자 중국 측과 수많은 교섭을 벌였고, 마침내 1944년 8월 장제스가 취소 지시를 내렸다. 이로써 광복군은 독자적으로 작전권을 행사하게 되었다.

광복군이 미국의 OSS와 연계하려는 시도는 두 경로로 이루어졌다. 하나는 제2지대장 이범석이 OSS와 교섭을 추진했다. 이범석은 중국에서 활동하던 미국 제14항공대 클레어 리 셔놀트(Claire Lee Chennault, 중국 이름 陳納德) 장군 및 OSS 측 간부와 교섭에 나섰다. 이범석은 1944년 10월 광복군이 '미군을 위한 첩보 수집'과 '한국에서 수행하게 될 연합군의 작전을 돕겠다'고 하면서, 이를 위해 광복군에 특수 훈련을 실시해 줄 것을 제의했다. OSS는 클라이드 사전트(Clyde B. Sargent) 대위를 연락관으로 삼아 교섭을 추진했다.

다른 하나는 제3지대장 김학규가 OSS와 별도로 교섭을 추진했다. 제3지대가 주둔한 안후이성 푸양에서 멀지 않은 셰완(謝灣)이라는 곳에서 OSS 통신대가 활동하고 있었다. 제3지대와 OSS 통신대의 존 버치(John M. Birch) 대위가 만나 교섭이 이루어졌다. 1945년 3월 김학규는 OSS 본부가 있는 윈난성 쿤밍으로 가서 윌프레드 스미스(Wilfred Smith) 중령 등과 함께 양측의 군사 합작에 대해 논의했다.

OSS가 한반도 작전에 한국인을 활용하려는 계획을 세우다

OSS 측에서도 일본과의 작전에 한국인들을 활용하려는 계획을 세우고 있었다. OSS는 중국에서 활동하며 전략상 한반도를 중요하게 여겼다. 한반도가 '일본의 중국 침략을 용이'하게 할 뿐만 아니라 '일본과 대륙 간의 수송로 역할을 하고 있다'는 것, 그리고 '비밀 첩보원들이 일본으로 침투하는 기지'로서 중요하다는 것이었다. 한반도의 전략적 가치가 중요시되면서 OSS에서는 한반도에 대한 첩보활동을 전개하고자 했다. 이 활동에 한국인들을 활용하려 한 것이다.

한국인들을 활용하려는 OSS의 구상은 치밀하게 계획되었다. OSS 문서를 보면 크게 세 부류의 한국인들을 활용한다고 했다. 하나는 한국의 국내 사정을 잘 아는, 즉 한국에 거주했던 사람으로 한국 내에 친척·친구·반일 단체 등과 연관이 있는 자, 둘째는 독립운동에 가담하여 첩보활동이나 테러활동을 한 경험이 있는 자, 셋째는 한국어와 일본어를 구사할 수 있는 자 등으로 분류했다. 그리고 미국에 거주하는 미주 교포, 미군의 포로가 된 한국인, 중국에서 활동하는 한국광복군과 조선의용군 등을 활용 대상으로 삼았다.

OSS는 1945년 들어 한국인들을 대일작전에 활용한다는 구체적인 계획을 수립했다. 방향은 활용할 수 있는 모든 한국인을 이용한다는 것이고, 이에 대한 세 가지 작전을 세운 것이다. 하나는 냅코작전(The NAPKO Project)이었다. 이는 미국 본토와 하와이에 거주하는 한국인, 매코이(McCoy)수용소에 있는 한국인 포로들 중에서 선발하여 한반도와 일본에 투입해 정보 수집과 게릴라활동을 시킨다는 계획이었다. 둘째는 독수리작전(The Eagle Project)으로, 한국광복군을 활용한다는 계획이었다. 셋째는 북중국첩보작전(North China Intelligence Project)으로 옌안 지역에 있는 한국인 공산주의자들과 조선의용군을 이용한다는 것이었다.

세 가지 계획 중 광복군과 연계해 실행한 것이 독수리작전이다. OSS 측 자료에 독수리작전이 계획되고 추진된 과정이 기록되어 있다. 이에 의하면 독수리작전은 1945년 2월 24일 OSS의 비밀정보국(SI)에서 작성해 2월 27일 워싱턴극동정보처에 보고했다. 그 뒤 OSS 작전회의에서 이를 심의하여 통과시켰고, 3월

OSS에서 작성한 독수리작전 계획서 '극비(TOP SECRET)' 도장이 눈에 띈다.

3일 전략첩보국장은 중국 주둔 미군 총사령부에 승인을 요청했다.

승인한 과정이나 일자에 대해서는 알려져 있지 않지만, 3월 13일 전략첩보국이 중국 주둔 미군 총사령부에 보낸 문건에 "한국인들의 훈련 문제는 쿤밍으로 이동할 것 없이 그들의 기지에서 훈련시키는 것이 가능하다"는 내용이 있다. OSS 본부가 있는 쿤밍이 아니라 광복군들이 주둔하고 있는 곳에서 실시하라는 것이다. 이 내용에 의하면 독수리작전은 3월 13일 이전에 승인된 것으로 보인다.

김구 주석, 독수리작전을 승인하다

OSS에서 입안한 독수리작전은 또 다른 절차를 거쳤다. 광복군 측과 사전 협의를 거쳐 임시정부 주석 김구의 승인을 받은 것이다. 광복군 측과의 협의는 4월 1일에 이루어졌다. 광복군 측에서는 총사령 이청천, 제2지대장

이범석, 김구 주석의 비서 민석린, 통역 정환범이 참석했고, 미국 측에서는 OSS의 연락관으로 실무 역할을 담당한 사전트 대위가 참석했다. 양측 실무자들이 모여 독수리작전에 대해 최종적으로 협의하는 절차였다. 여기서 사전트는 "앞으로 실행될 한미 간의 협력이 모든 한국인 지도자들과 단체들의 지지를 받기 원한다"라고 했고, 이범석은 "계획된 작전에 대해 임시정부는 아무런 문제가 없으며 전적으로 작전에 따르겠다"라고 했다.

양측 실무자들의 합의를 거친 후, 임시정부 주석의 재가를 받았다. 4월 3일 사전트가 임시정부 청사로 김구 주석을 찾아왔다. 광복군 통수권자인 임시정부 주석에게서 최종적으로 재가를 얻기 위해서였다. 이 자리에는 광복군 최고지도자 이청천, 이범석, 김학규와 통역 정환범이 참석했다. 보고를 받은 김구는 "이범석과 사전트 사이에 협의된 모든 것을 승인한다", "임시정부의 요원들을 동반한 연합군의 한반도에 대한 공격작전을 지원한다", "동원할 수 있는 인력으로 적극 협조한다"라고 재가했다. 이범석과 사전트 사이에 협의한 한미 군사 합작에 대해 최종 승인한 것이다. 사전트는 OSS 본부에 "독수리작전에 대한 김구 주석과 이청천 장군의 완벽한 승인을 받았다"라고 보고했다.

절차는 임시정부 주석의 승인에서 끝나지 않았다. 한 단계 더 있었다. 4월 17일 주석 김구와 외무부장 조소앙이 통역 정환범을 데리고 중국 주둔 미군 총사령부를 방문해 앨버트 웨드마이어(Albert C. Wedemeyer) 장군을 만났다. 당시 웨드마이어는 중국 전구 부사령관이자 중국 주둔 미군 총사령관이었다. 이들의 방문에 대해서는 '군사원조를 제안한 것' 외에 별다른 내용이 보이지 않는다. 그렇지만 이는 광복군과 OSS 사이에 이루어진 군사 합작 협정을 체결하기 위한 것이거나, 군사 합작을 이룬 임시정부와 미국 대표의 만남이었을 것으로 생각된다.

이로써 광복군과 미국 OSS 사이에 군사 합작이 이루어졌다. 독수리작전을 매개로 한 한미 간의 군사 합작은 상호 간의 이해관계가 부합해 성사된 것이다. 광복군은 미군과 연합해 대일작전을 수행하려는 의도가, 미국은 전략적으로 중요한 한반도에 대한 작전에 한국인들을 이용하려는 의도가 있었다. 독수리작전은 OSS가 첩보활동을 위한 특수 훈련을 광복군 대원들에게 실시하고, 이들을 한반도에 침투시켜 적후방 공작을 전개한다는 것이 주된 내용이었다.

광복군 대원들, OSS 훈련을 받다

독수리작전은 주석 김구의 재가를 거친 후, 곧바로 실행에 옮겨졌다. 먼저 훈련받을 대원들을 선발했다. 김구의 승인을 받은 4월 3일, 총사령 이청천과 이범석을 비롯해 사전트 대위가 충칭 교외의 투차오(土橋)를 방문하여, 그곳에 있던 광복군 대원들을 만났다. 당시 투차오에는 안후이성 푸양에서 군사훈련을 받은 학도병 출신 37명이 머물고 있었다. 사전트는 이들의 자질을 높이 평가하면서, 이범석에게 '이들 모두를 데리고 가서 훈련에 참여시킬 것'을 제안했다.

OSS 훈련에 대한 모든 준비와 경비는 OSS 측에서 담당했고, 그 책임자는 사전트 대위가 맡았다. 훈련 장소는 제2지대 본부가 있던 시안의 두취(杜曲)로 결정됐고, OSS에서는 4월 중순부터 훈련에 필요한 병참 물자를 수송하기 시작했다. 제2지대 본부에 훈련 본부를 설치하고, 교관과 대원들의 숙소를 비롯해 훈련 장비, 도구 등도 마련했다. 광복군 측에서는 충칭 투차오에 있는 학병들을 시안으로 이동시키고, 제2지대 대원들 중에서 훈련생을 선발했다. 제2지대에서는 노복선·이재현을 비롯해 31명이, 투차오에 있던 학병 중에서는 장준하·김준엽을 비롯해 19명 등 50명이 선발되었다. 훈련

OSS 훈련 모습 광복군 대원들이 무선전신 훈련과 사격 훈련을 받고 있다.

자료: Robert S. Kim, *Project Eagle: The American Christians of North Korea in World War II.*

시설과 경비 등을 고려해 우선 50명을 제1기생으로 선발하고, 그 뒤 제2기·제3기생을 선발해 훈련시킬 계획이었다.

OSS 훈련은 사전트를 비롯해 미국인 교관들이 부임하면서 시작되었다. 미국인 교관은 장교, 하사관, 문관, 전문 사진사 등 20여 명으로 구성되어 1945년 5월 11일 두취에 도착했다. 이들은 먼저 훈련받을 대원 50명의 신상을 조사하고, 각 개인의 사진을 찍었다. 그리고 나서 일주일 동안 예비 훈련을 실시했다. 예비 훈련을 통해 훈련생들의 자질과 적성을 파악했고, 이를 토대로 훈련생 각자에게 부여할 임무와 특수 훈련 내용을 정했다.

예비 훈련이 끝나고 정규 훈련에 들어갔다. 정규 훈련은 첩보훈련반과 무선전신반으로 나누어, 학과 교육과 야전 훈련으로 실시되었다. 학과 교육 과목으로는 첩보의 유형과 가치, 무선통신, 독도법, 심리전술, 위장과 위장술 등이 있었다. 야전 훈련은 사격술·폭파술·도강술 등을 비롯해 게릴라 활동에 필요한 특수 훈련과 무선전신반의 현장 훈련 등이었다. 사격술 훈련은 30mm 구경의 스프링필드 권총, 30mm 구경의 존슨 반자동 소총, 45mm 구경의 경기관총 등을 조작하고 사격하는 것이었다.

학과 교육과 야전 훈련은 매우 엄격하게 실시되었다. 일정한 단계를 마치면 시험을 치러야 했고, 시험을 통과해야 다음 단계의 훈련에 들어갈 수 있었다. 독수리작전 7월 월례보고서를 보면 "오늘까지 독수리작전에 적합하지 않은 9명이 방출되었다"라는 내용이 있다. 시험에 합격하지 못한 훈련생은 탈락한 것이다. 그렇지만 통신 교육에서는 훈련생들의 성적은 뛰어났던 것 같다. "기초적인 첩보 교육과 통신 교육을 받고 있지만, 이들은 특히 통신에 있어서는 특출하다"라는 보고가 그것을 말해준다.

훈련은 약 3개월 동안 실시되었다. 5월 11일 시작된 훈련이 8월 4일에 끝난 것이다. 8월 4일 교관들은 "훈련생들의 훈련 성과에 만족, 이들이 대일작전에 투입되는 것을 승인한다"라고 했다. 이로써 제1기생의 훈련이 완료되었고, 훈련을 마친 대원은 38명이었다. 12명은 중도에 탈락했다.

제3지대 대원들도 OSS 훈련을 받았다. 제3지대의 OSS 훈련은 지대장 김학규가 1945년 4월 11일 OSS 본부가 있는 쿤밍으로 가서 협의해 추진한 것이다. OSS 측에서는 훈련책임자로 클래런스 윔스(Clarence N. Weems) 대위를 임명했고, 훈련 장소는 리황(立煌)으로 결정했다. 리황은 안후이성과 허베이성(河北省) 경계에 있으며, 푸양에서는 남쪽으로 500여 리 떨어져 있다. 이곳에 미국 제14항공대 파견대가 주둔하고 있어, 여기서 OSS 훈련을 실시하기로 한 것이다.

김학규는 푸양으로 돌아와 대원들을 선발했는데, 선발 과정에서 어려움을 겪었다. 일부 중간급 간부들이 OSS 훈련보다 병력을 모집하는 초모활동에 주력해야 한다는 의견을 제시한 것이다. 당시 제3지대에서는 일본군 점령지역에 대원들을 파견해 병력 모집 활동을 전개하고 있었고, 성과도 적지 않았다. 김학규는 중간급 간부와 의견을 조율하고, 대원들을 개별적으로 면담했다. 이를 통해 엄도해·윤영무·김영일 등 모두 23명을 선발했다.

제3지대의 OSS 훈련은 이들이 리황으로 파견되면서 시작되었다. 제3지대의 OSS 훈련에 대한 직접적인 자료는 얼마 남아 있지 않다. 대원들이 남긴 회고 글이 있을 뿐이다. 이에 의하면 대원들은 7월 초 윤영무를 책임자로 하여 푸양을 출발했고, 훈련이 1개월 정도 진행되었을 때 일본의 항복 소식이 전해졌다고 한다. 제3지대의 OSS 훈련은 1945년 7월 중순에 시작되어 일제가 패망할 때까지 약 1개월 정도 실시된 것으로 보인다.

OSS와 함께 국내진입작전을 추진하다

진입작전 회의를 마친 김구 주석과 도노번 소장
주석 김구와 OSS 총책임자 도노번 소장이 제2지대 본부에서 국내진공작전에 합의한 뒤 정문을 나서고 있다. 그 뒤에 선전부장 엄항섭, 총사령 이청천, 제2지대장 이범석 등이 보인다.

제2지대에서 실시한 제1기생 훈련이 완료되면서, 이들을 국내에 침투시키는 국내진입작전이 추진되었다. 국내진입작전 준비는 OSS 측에서 담당했다. 준비의 첫 단계는 훈련을 마친 대원들을 평가하는 것이었다. OSS 측에서는 심리학자를 비롯해 한국계 미국인 통역관으로 구성된 평가단을 두취로 파견해 훈련을 마친 대원들을 대상으로 필기시험, 면접, 기계에 대한 적성, 폭파, 사격, 교량 건설, 절벽 오르기 등을 검사했다. 이는 훈련생 각 개인의 특성과 장점을 파악해 임무를 맡기기 위한 것이었다.

임시정부와 OSS는 작전회의를 했다. 제1기생 훈련이 완료되자 주석 김구와 총사령 이청천, 선전부장 엄항섭 등이 충칭에서 시안으로 왔고, OSS 측에서도 총책임자 윌리엄 도노번(William B. Donovan) 소장이 간부들과 함께

시안에 도착했다. 8월 7일 이
들이 제2지대 본부에서 양국
국기를 걸어놓고 마주 앉았
다. 한국 측에서는 주석 김구,
총사령 이청천, 제2지대장 이
범석이, 미국 측에서는 도노
번 소장, OSS 중국 책임자 홀
리웰(Holliwell) 대령, 사전트
대위 등이 참석했다. 여기서
훈련을 마친 대원들을 한반도
에 침투시키는 국내진입작전
이 논의되었다. 회의를 마친

이범석과 도노번 도노번 소장(가운데)과 이범석 지대장
(안경 쓴 이)이 국내진입작전을 협의하고 있다. 이범석 왼쪽
에 있는 이는 당시 미군에 복무하며 통역을 담당한 함용준
대위이고, 도노번 소장 왼쪽에 앉아 있는 이는 사전트 대위
이다.

자료: Robert S. Kim, *Project Eagle: The American Christians
of North Korea in World War II.*

도노번 소장은 "오늘부터 아메리카합중국과 대한민국임시정부 사이에 적
일본에 항거하는 비밀공작이 시작된다"라고 공동작전 실행을 선언했다.

국내진입작전에 대한 계획과 준비는 OSS 측에서 맡았다. 작전계획은 훈
련 교관 체스터 쿠퍼(Chester Cooper)가 작성한 것으로 알려져 있다. 이를 김
구와 도노번에게 보고해 승낙을 받았다. 국내진입작전 방법에 대해 김구는
"산동(山東)에서 미국잠수함에 태워 본국으로 들여보내어 국내의 요소를 혹
은 파괴하고 혹은 점령한 후에 미국비행기로 무기를 운반할 계획까지도 미
국육군성과 다 약속이 되었던 것을 ……"이라고 서술해 놓았다. 산둥반도에
서 미국 잠수함에 대원들을 태워 국내로 침투시키고, 비행기로 무기를 운반
하여 적후방 공작을 전개하려고 한 것이다.

그러나 이 작전은 실행되지 못했다. 작전을 준비하던 중 일제의 항복 소
식이 전해졌기 때문이다. 일제는 8월 10일 스위스 제네바의 국제연맹에 무
조건항복 한다는 사실을 통보했다. 중국의 라디오 방송들은 저녁 8시 일제

가 무조건항복을 했다며 이를 주요 뉴스로 보도했다. 주석 김구는 이 소식을 시안에서 들었다. OSS 측과 작전회의를 마친 후 산시성(陝西省) 주석 주샤오저우(祝紹周)의 초대를 받아 시안 시내에서 저녁식사를 하던 중 일제가 항복한다는 소식을 전해 들었다.

일제의 항복 소식을 접한 김구는 총사령 이청천과 함께 곧바로 두취로 갔다. 제2지대 대원들과 OSS 교관들도 이미 소식을 알고 있었다. 김구는 이청천, 이범석을 비롯해 OSS 교관들과 회의를 했다. OSS 측에서는 일본이 항복했다며 위험한 국내진입작전을 추진하지 않으려 했다. 임시정부와 광복군으로서는 안타깝고 아쉽기 그지없었다. 이범석은 일본의 항복을 접수하고 연합군 포로 등에 대한 정보를 수집할 필요가 있다는 논리를 펴면서, 국내진입작전을 그대로 추진해야 한다고 주장했다. 훈련책임자 사전트 혼자 결정할 수 있는 일이 아니었으므로, 쿤밍에 있는 본부에 무전으로 보고했다. 8월 13일 중국 전구 미군사령부에서 "수일 내에 OSS 작전팀을 서울로 들여보낸다"라고 하면서, 광복군은 이에 편승하라는 통보가 왔다. 광복군 측에서 요구한 대로 국내진입작전을 추진한다는 것이었다.

김구, 이청천, 이범석이 이 문제를 논의했다. 결론은 OSS 작전팀과 함께 광복군 대원들을 '국내정진대'라는 이름으로 국내에 들여보내기로 했다. 국내진입작전 계획에서는 '국내정진군'이라고 했지만, 그것을 축소해 '정진대'라고 한 것이다. 곧바로 국내로 파견할 대원을 선발했다. 처음에는 7명을 선발했지만, 비행기 적재무게 때문에 이범석·김준엽·장준하·노능서 등 4명으로 줄였다. OSS 측에서는 윌리스 버드(Willis Bird) 대령 등 모두 18명이 선발되었다. 이 중에는 한국인 미 공군 장교 정운수가 통역으로 포함되어 있었다.

광복군 '정진대'는 OSS 작전팀과 함께 국내진입작전을 수행했다. 첫 시도는 8월 16일에 있었다. 이날 새벽 4시 반에 비행기로 시안을 출발했다. 비행기가 산둥반도에 이르렀을 때, 일본군이 아직도 연합군을 공격하고 있다

광복군 정진대와 OSS 작전팀 광복군 정진대와 OSS 작전팀은 국내로 진입했다가 중국으로 돌아가던 중 산둥성 웨이셴(維縣)에 불시착했다. 사진은 웨이셴에서 찍은 것이다.

는 전보가 날아들었다. 버드 대령은 귀환을 명령했다. 국내 진입을 다시 시도한 것은 8월 18일이었다. 충칭에서 가져온 비행기 C-47을 타고 새벽 5시 50분 시안을 출발했다. 한반도에 이르러 일본군 측에 착륙 여부를 문의해 허락을 받고 12시경 서울에 도착해 여의도 비행장에 내렸다.

이들을 맞이한 것은 무장한 일본군이었다. 일본군은 착륙은 허락했지만, 착륙 즉시 이들을 포위했다. 버드 대령은 일본군 책임자에게 "중국 전구 미군 사령관 웨드마이어의 지시로 연합군 포로 문제를 협의하기 위한 예비 대표로 왔다"라고 하면서, 아베(阿部) 총독에게 이를 전달해 줄 것을 요청했다. 일본군 측에서는 이를 받아들이지 않았다. 신임장이 없는 데다 도쿄로부터 아무런 지시를 받지 못했다는 것이 이유였다. 버드 대령은 다시 "일본의 항복 서명이 있을 때까지 체류하다가 평화협정이 체결되면 즉시 활동할 수 있도록 할 것"을 요구했지만, 이 역시 받아들이지 않았다.

정진대 대원들이 자신들의 국내 입국을 알리기 위해 친지들을 만나게 해

이범석이 작성한 국내정진대의 국내진입작전에 대한 보고서 OSS와 함께 시안을 출발해 국내 여의도 비행장에 착륙했다가 중국으로 돌아간 과정을 보고한 문건이다.

달라고 요청했지만, 이 요구도 들어주지 않았다. 일본군은 이들을 포위하고 활동을 엄격히 통제하면서 돌아갈 것을 종용했다. 탱크를 비롯해 박격포와 기관총 등을 배치하여 위협하기도 했다. 여의도 비행장에서 일본군과 하룻밤을 대치했지만, 별다른 방법을 찾을 수 없었다.

더 이상 활동할 수 없게 되자, 이들은 돌아가는 길을 택할 수밖에 없었다. 일본군이 가져다준 휘발유로 비행기 연료를 채운 후 다음 날인 8월 19일 여의도 비행장을 이륙했다. 이륙하면서

이들이 걱정한 것이 있었다. 일본군이 기습 공격을 할 수 있다는 우려였다. 서쪽으로 향하던 기수를 북쪽으로 돌렸다. 북쪽으로 돌아가다가 연료 부족으로 산둥성 웨이셴(維縣) 비행장에 불시착했다. 웨이셴에서 중국군에 포위를 당했지만, 마침 그곳에 주둔하고 있던 중국군 사령관이 이범석과 잘 아는 리원리(勵文禮) 장군이었다. 그의 도움으로 연료를 공급받아 8월 28일 시안으로 돌아갔다.

광복군이 OSS와 공동으로 추진한 국내진입작전은 계획대로 실행되지 못했다. 일본의 항복 때문이었다. 그렇다고 해서 OSS와 연합해 추진한 광복군의 국내진입작전이나 임시정부의 의도를 소홀히 평가해서는 안 된다. 독립운동은 성공한 것보다 계획과 실행 단계에서 좌절된 경우가 더 많았다는 점을 알아야 한다. 성공한 것만을 기억하면 독립운동의 역사를 제대로 이해할 수 없다. 임시정부는 연합군과 함께 대일전쟁을 수행하여 독립을 쟁취한

다는 전략으로 독립운동을 전개했다. 전후 연합국의 지위를 획득하려는 전략이었다. 그리고 광복군은 임시정부의 전략에 따라 영국군·미국군 등 연합군과 함께 대일전쟁을 수행했다. 이것은 역사적 사실이다.

| 참고문헌 |

김광재. 1999. 「한국광복군의 활동 연구: 미 전략첩보국(OSS)과의 합작훈련을 중심으로」. 동국대학교 대학원 박사학위논문.

김문택. 2005. 『광복군』 하. 독립기념관 한국독립운동사연구소.

장준하. 1971. 『돌베개』. 사상사.

한시준. 1993. 『한국광복군연구』. 일조각.

Kim, Robert S. 2017. *Project Eagle: The American Christians of North Korea in World War II*. University of Nebraska Press.

제4부

연합국으로부터
독립을 보장받다

15

광복 후
'신민주국' 건설을 계획하다

독립운동의 목표, 자주적 민족국가 건설

독립운동에는 목표가 있었다. 목표는 일제에 빼앗긴 국토와 주권을 되찾는 것이다. 이를 독립이라고 한다. 독립은 일차적 목표였다. 독립을 쟁취한 이후에는 우리 민족이 살 수 있는 민족국가, 즉 독립적이고 자주적인 국가를 세워야 했다. 이것이 독립운동의 최종적인 목표였다. 대한민국 임시정부는 한편으로는 독립운동을 주도하면서, 다른 한편으로는 독립 후 건설할 민족국가에 대한 계획을 세웠다.

독립적이고 자주적인 민족국가, 그 첫 모습은 대한민국 임시정부였다. 대한민국 임시정부는 독립운동으로 세운 국가였고, 정부였다. 1919년 3월 1일 독립국임을 선언하는 독립선언을 발표하고, 온 민족이 나서서 독립국에 대한 열망으로 '대한독립만세'를 부르며 시위운동을 전개했다. 그리고 40여일 만인 4월 11일에 '대한민국'이라는 국가를 건립하고 임시정부를 수립한 것이다.

대한민국은 3·1독립운동의 결실로 건립한 국가였다. 그러나 완전한 독립국가는 아니었다. 빼앗긴 국토와 주권을 회복하지 못했기 때문이다. 그렇지만 우리 민족 반만년 역사에서 대한제국에 이어 건립한 국가였고, 독립운동을 통해 세운 국가였다. 대한민국은 국민이 주권을 갖는 국가로 건립되었고, 임시정부는 민주공화제 정부로 수립되었다. 우리 민족 역사에서 처음으로 국민이 주권을 갖는 국가를 건립하고, 민주공화제 정부를 수립한 것이다. 국민주권 국가와 민주공화제 정부, 이것이 독립국가의 첫 모습이었다.

독립 후 민족국가 건설 방안으로 창안된 삼균주의

비유하자면, 대한민국 임시정부는 건물의 기본 골격을 세운 것이라 할 수 있다. 독립 후 건물의 내부를 어떻게 꾸미고, 건물을 어떻게 유지·운영해야 할지에 대한 방안이 필요했다. 임시정부가 수립된 이후, 대한민국을 어떠한 나라로 만들어야 할지에 대한 방안이 강구되었다. 이에 대해 고민하고 방안을 마련한 인물이 있었다. 안창호와 조소앙이었다. 안창호는 대공주의를, 조소앙은 삼균주의를 창안했다.

안창호와 조소앙은 임시정부에서 활동하던 지도자였다. 안창호는 임시정부가 수립되기 전 미국에서 대한인국민회를 조직하여 운영한 경험이 있었다. 조소앙은 일본에 유학하여 메이지대학(明治大) 법과를 졸업했고, 1917년에 임시정부 수립을 제창한 「대동단결선언」, 1919년 만주 지린(吉林)에서 발표된 「대한독립선언」을 기초한 인물이다. 이들은 임시정부에 참여하여 활동하면서 독립 후 대한민국을 어떠한 나라로 만들 것인지 고민했고, 그 이론으로 대공주의와 삼균주의를 창안했다. 대공주의는 평등사회를 건설하려는 구상이었다고 하지만, 구체적인 내용에 대해서는 알려진 것이 없다.

삼균주의에 대해서는 많은 연구가 이루어졌고, 구체적 내용이 알려져 있다. 조소앙은 「대동단결선언」과 「대한독
립선언」을 기초하면서 독립국가에 대한 방
안을 제시한 적이 있었고, 1920년대 후반에
삼균주의를 창안했다. 삼균주의는 '정치·
경제·교육의 균등을 통해 개인과 개인의
균등을 실현하고, 이를 토대로 민족과 민
족, 국가와 국가의 균등을 이루며, 나아가
세계일가를 추구한다'는 것이 주된 내용이
다. 정치·경제·교육의 균등을 핵심으로 한
삼균주의는 한 개체로서의 인간이 인간 생

삼균주의를 창안한 조소앙

활을 영위하는 기본 조건, 즉 육체(정치)·의식주(경제)·정신(교육)에서 찾은
것이라고 한다.

삼균주의는 독립 후 어떠한 민족국가를 건설할 것인지에 대해 방안을 제
시한 이론이었다. 대한민국 임시정부는 국민주권과 민주공화제를 채용하
고, 헌법을 제정하여 운영되고 있었다. 그렇지만 국가와 정부로서의 기본골
격만 갖춘 상태였다. 독립 후 이를 어떠한 국가와 정부로 만들 것인가에 대
한 이론이 삼균주의였다. 삼균주의는 정치·경제·교육 분야에서 균등한 제
도를 만들어 국민 모두가 균등하게 살 수 있는 균등사회를 건설한다는 것이
핵심 내용이다.

조소앙이 창안한 삼균주의는 임시정부가 추구하는 독립운동의 목표이
자 정치 이념이 되었다. 삼균주의가 임시정부의 독립운동 목표이자 정치적
이념으로 제시된 것은 한국독립당을 통해서였다. 한국독립당은 임시정부
요인들이 1930년 1월에 결성한 정당으로, 임시정부의 여당이었다. 임시정
부는 한국독립당의 「당의(黨義)」와 「당강(黨綱)」을 통해 독립 후 어떠한 국
가를 건설하겠다는 방안을 천명했다.

본당은 혁명적 수단으로써 원수 일본의 모든 침탈세력을 박멸하여 국토와 주권을 완전히 광복하여 정치·경제·교육의 균등을 기초로 한 신민주국을 건설하여서 안으로는 국민각개의 균등생활을 확보하며, 밖으로는 민족과 민족, 국가와 국가와의 균등을 실현하고 나아가 세계일가의 진로로 향함.

이는 임시정부가 독립 후 건설할 국가에 대해 처음으로 밝힌 것이다. 독립 후에는 정치·경제·교육의 균등을 기초로 한 신민주국을 건설하고, 국민 모두가 균등하게 살 수 있는 국가를 건설할 것이라고 했다. 그리고 더 나아가서는 민족과 민족, 국가와 국가의 균등을 실현하여 세계가 평화롭게 살 수 있는 세계일가를 추구할 것이라고도 했다. 이러한 독립 후 국가건설 방안은 삼균주의를 기초로 한 것이었다.

삼균주의는 임시정부의 독립 후 국가건설 방안으로 천명된 후, 1930년대 이래 좌우익 독립운동 정당들에도 수용되었다. 1935년 김구·이동녕 등이 주도하여 창당한 한국국민당은 창당 선언을 통해 "오등(吾等)은 국가주권의 완전한 광복으로 전민적(全民的) 정치·경제·교육의 3대 원칙을 신앙으로 확립하고"라고 했고, 좌익진영의 조선민족혁명당도 그 당의에 "국토와 주권을 회복하고 정치·경제·교육의 평등에 기초를 둔 민주공화국을 건설하고 국민 전체의 생활평등을 확보하며 나아가 세계 인류의 평등과 행복을 촉진한다"고 했다. 좌우익 정당들이 삼균주의를 수용한 것이다. 이로써 삼균주의는 좌우 독립운동 세력이 받아들인 공동의 정치 이념이자 목표가 되었다.

민족국가 건설 계획, 대한민국건국강령을 발표하다

임시정부는 충칭에 정착하여 활동하면서, 독립 후 민족국가 건설에 대한

총체적인 계획을 마련했다. 1932년 상하이를 떠난 이래 임시정부는 중국 대륙 각지로 피난을 다니다가 1940년 충칭에 정착할 수 있었다. 이때는 이미 중일전쟁이 4년째 진행되고 있었고, 유럽에서는 제2차 세계대전이 일어났다. 그리고 머지않아 미국과 일본 사이에도 전쟁이 일어날 것으로 예견되고 있었다. 임시정부는 전쟁이 확대되면 일제는 패망할 것으로 내다보았다. 일제의 패망을 예견하면서, 민족국가 건설에 대한 계획을 확립한 것이다.

독립 후 민족국가 건설에 대한 계획을 기초하는 일은 조소앙이 맡았다. 조소앙은 삼균주의를 창안한 인물이었고, 임시정부에서 대표적인 사상가이자 이론가로 역할 하고 있었다. 민족국가 건설에 대한 계획은 「대한민국건국강령」이라는 이름으로 작성되었다. 임시정부는 국무회의에서 이를 검토하고 약간의 수정을 거쳐 가결해, 1941년 11월 28일 국무위원회 명의로 공포했다.

「대한민국건국강령」은 독립 후 건설할 민족국가에 대한 총체적인 계획이었다. 내용은 총강·복국·건국의 3장 24개 항으로 구성되어 있다. 제1장 총강은 한민족은 반만년 역사를 가진 고정적 집단이라는 고유주권에 대한 선언과 삼균제도에 의한 건국원칙을 밝힌 것이고, 제2장 복국은 독립을 쟁취하는 방법과 그 단계별 활동 목표를 설정한 것이다. 그리고 제3장 건국에서는 독립 후 건설할 민족국가의 구체적인 모습을 제시해 놓았다.

임시정부가 건립하고자 한 민족국가의 모습은 제3장에 담겨 있다. 핵심은 민족구성원 최대 다수의 행복을 실현할 수 있는 균등사회를 건설한다는 것, 개인이나 특정 계급에 의한 독재를 철저히 배격하는 '신민주국'을 건설한다는 것이었다. 이를 실현하기 위한 구체적인 방법을 정치·경제·교육의 세 분야로 나누어 제시해 놓았다.

정치적으로는 국민의 기본권리 및 자유와 의무를 보장하고, 어떤 한 정권이나 특권계급에 의한 독재를 철저히 배격하여 정치적 균등을 실현한다

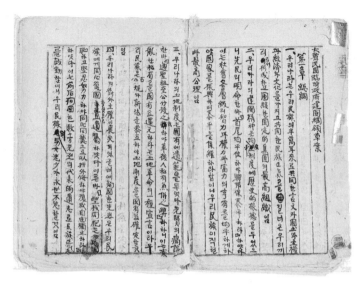

임시정부의 광복 후 민족국가 건설 계획인 「대한민국건국강령」 초안 조인래 소장.

고 했다. 국민의 기본권리는 헌법에 규정해 놓는다고 하면서, 국민의 기본권리로 노동권·휴식권·참정권·선거권·남녀평등권·피보험권·면비수학권 등을 들고 있다. 이 중 참정권을 예로 들면, 만 18세 이상의 남녀는 모두 선거권을, 만 23세 이상의 남녀는 모두 피선거권을 갖는다고 했다. 참정권을 행사하는 데는 신앙·교육·사회출신·재산 등을 분별하지 않는다고 했으며, 보통선거제를 실행할 것임을 밝혔다. 참정권에 예외 규정도 두었다. 일제에 붙어 협력한 자와 독립운동 방해자, 정신결함자, 범죄판결을 받은 자 등에게는 선거권과 피선거권을 부여하지 않는다는 것이다.

국민의 자유와 의무에 대해서도 규정해 놓았다. 국민의 자유는 신체의 자유를 비롯해 거주·언론·저작·출판·신앙·집회·여행·시위·통신·비밀 등으로, 이를 헌법에 보장한다는 것이다. 자유와 더불어 의무에 대한 규정도 있다. 법률을 지키며 납세, 병역, 공공복무, 조국건설보위 등을 국민의 의무로 규정했다.

정치기구로는 중앙정부를 조직하고, 지방자치제를 실시할 것이라고 했다. 중앙정부는 최고 행정기관으로 국무회의를 통해 집행하며, 행정 분담을 위해 내무·외무·군무·법무·재무·교통·실업·교육의 8개 행정부서를 설치한다는 것이다. 그리고 지방에는 각 지방의 행정단위에 따라 정부와 의회를 구성하여 지방자치를 실시한다고 했다. 이를 위해 각 도·부·군에 각각 정부와 의회를 설치할 것이라 하고 있다. 지방자치제는 정권을 분산시켜 한 계급이나 특정한 정권에 권력이 집중되는 것을 막고, 독재를 방지하기 위한 것이었다. 우리나라에서 1995년에 지방자치제가 실시되었다는 것을 생각하면, 지방자치제를 실시하겠다는 임시정부의 계획은 실로 놀라운 것이라 할 수 있다.

경제 분야에서는 토지와 대생산기관은 국유로 한다는 전제하에, 경제는 국가가 계획하고 조정하며 분배의 합리성을 통해 경제적으로 균등한 생활을 보장한다고 했다. 토지와 대생산기관을 국유로 하고자 한 데는 이유가 있었다. 토지와 대생산기관을 개인이 소유하는 자본주의체제에서는 생산과 분배가 합리적으로 이루어지지 못하는 모순이 있고, 이로 인해 국민들의 경제적 생활이 불평등해진다는 것이었다.

토지를 국유로 하는 방안도 구체적으로 제시했다. 우선 일제가 강제로 차지하거나 시설한 관공사유지를 비롯해 적산 일체(어업·광산·농림·은행·회사·공장·철도·학교·교회·사찰·병원·공원 등), 그리고 일제에 붙어 협력한 자의 일체 소유자본 및 부동산을 몰수하여 국유로 한다고 했다. 몰수한 토지는 실제로 토지를 경작할 수 있는 자력자경인(自力自耕人)에게 분배하는 것을 원칙으로 정했고, 분배하는 순서는 고용농·자작농·소지주농 등으로 소득이 낮은 쪽부터 우선권을 부여한다는 것이었다.

대생산기관은 국유를 원칙으로 하되, 소규모 중소기업은 사유로 할 수 있다는 규정을 두었다. 중소기업이라고 해서 모두 사유로 한다는 것은 아니었다. 광산·어업·수리·운수사업을 비롯해 은행·전신·전기·교통·국제무역 등은 국유로 한다고 했다. 그리고 몰수한 대생산기관은 빈공·빈농 및 무산자의 이익을 위한 국영·공영의 집단생산기관에 공급한다는 것을 원칙으로 정했다. 이 외에 국제무역, 전기, 대규모 인쇄·출판, 극장 등은 국영을 원칙으로 하고, 노인·어린이·여성 등의 야간근로와 불합리한 노동은 금지한다는 내용도 있다.

교육 분야는 국비의무교육제도를 실시해 모든 국민에게 균등한 교육의 기회를 부여한다고 했다. 국비의무교육제도의 핵심은 6세에서 12세까지 초등교육과 12세 이상의 고등교육에 대한 일체의 비용은 국가가 부담한다는 것이었다. 그리고 학령초과로 교육을 받지 못하는 국민에게도 국가의 부담으로 보충교육을 시행한다고 했다.

교육을 위한 기관을 설립하는 데 대해서도 구체적으로 언급해 놓았다. 교육기관으로 소학교·중학교·전문학교·대학을 설립한다고 했다. 교육기관은 인구·교통·문화·경제 등 형편에 따라 시설하고, 최저한도 1읍 1면에 5개 소학교와 2개 중학교를, 1군 1도에 2개 전문학교를, 1도에 1개 대학을 설립할 것이라고 했다. 그리고 교과서는 학생들에게 무료로 나누어주고, 교과서의 편집·발행·인쇄 등은 국영으로 할 것임을 밝혔다.

「대한민국건국강령」은 한마디로, 임시정부가 독립 후 건설할 민족국가의 모습을 제시한 것이다. 개인이나 특정 계급에 의한 독재를 철저히 배격하고, 정치·경제·교육 분야에서 국민들이 균등한 생활을 할 수 있는 균등사회를 실현한다는 것, 이것이 임시정부가 건설하고자 한 민족국가였다. 그리고 민족국가가 지향할 최고 목적은 민족구성원 최대 다수의 행복을 실현하는 데 두고 있었다.

임시정부가 건설하고자 한 국가는 신민주국이었다

「대한민국건국강령」에는 임시정부의 정치적 꿈과 경험이 담겨 있다. 정치적 경험이란 1919년에 수립된 대한민국 임시정부를 유지·운영해 온 경험을 말한다. 대한민국 임시정부는 우리 민족 역사에서 처음으로 국민주권과 민주공화제를 수용했고, 임시정부를 유지·운영하면서 국민주권과 민주공화제를 정착시켰다. 정치적 꿈이란 임시정부가 쌓아온 경험을 기반으로, 보다 나은 국민주권 국가와 민주공화제 정부를 건설하려는 욕망이었다.

「대한민국건국강령」을 통해 임시정부가 건설하고자 한 민족국가는 한마디로 '신민주국'이었다. '신민주국'은 신민주주의 국가를 말한다. 신민주주의란 구민주주의에 대한 상대적 개념이고, 구민주주의는 자본주의와 공산주의를 지칭한다. 자본주의 국가와 공산주의 국가보다 더 발전된 국가가 신민주주의 국가였다. 임시정부는 자본주의와 공산주의 보다 더 발전된 국가를 건설하고자 했다.

삼균주의는 자본주의와 공산주의의 장단점을 분석하여, 이보다 더 발전된 사회를 건설하고자 한 이론이었다. 삼균주의를 창안한 조소앙은 레닌이 건설한 공산주의를 직접 관찰한 적이 있다. 파리강화회의 참석을 위해 프랑스에 갔던 조소앙은 영국을 방문하여 노동당 인사들을 만나기도 했고, 레닌 정부의 초청을 받아 25개국 시찰단의 일원으로 한 달여 동안 공산주의 국가 소련을 돌아보기도 했다.

그 뒤 조소앙은 자본주의와 공산주의의 장단점을 분석했다. 결론은 자본주의와 공산주의 모두 독재를 타도하여 생겨났지만, 그것이 실행되면서 또 다른 독재를 창조했다는 결점이 있다고 했다. 프랑스, 미국, 러시아를 그러한 사례로 들었다. 프랑스와 미국은 군주독재에서 벗어나기 위해 민주주의를 창립했지만, 100여 년 동안 실행되면서 지식계급과 자산가계급의 독재로 귀결되었다고 했다. 그리고 러시아는 군주독재와 지식 및 자산가계급의 발호에 자극되어 공산주의 제도를 받아들였지만, 무산자독재로 귀결되었다는 것이다. 자본주의와 공산주의가 모두 독재로 귀결되면서, 국민들은 참정권을 박탈당하고 불평등한 삶을 살게 되었다는 것이 그의 생각이었다.

조소앙은 자본주의와 공산주의가 가지고 있는 결점을 보완하여, 전 민족 최대 다수의 행복을 실현할 수 있는 제도와 국가를 건립하고자 했다. 그러한 이론으로 창안한 것이 삼균주의였고, 민족구성원 최대 다수의 행복을 실현할 수 있는 국가를 신민주국이라고 한 것이다.

> 그러면 우리는 어떤 제도를 건설할까 - 정치·경제·교육의 균등을 기초로 한 신민주국 즉 뉴데모크라시의 국가를 건설하려는 것이다. 여기에 신민주라 함은 민중을 우롱하는 자본주의 데모크라시도 아니며, 무산자독재를 표방하는 사회주의 데모크라시도 아니다. 더 말할 것도 없이 범한민족(汎韓民族)을 지반(地盤)으로 하고 범(汎)한국국민을 단위로 한 전민적(全民的) 데모크라시다.

이는 한국독립당의 당의를 설명하는 데 들어 있는 내용이다. 자본주의와 사회주의는 단점이 있다고 했다. 자본주의의 단점은 민중을 우롱하는 것이고, 사회주의의 단점은 무산자독재를 표방하는 것이라 설명하고 있다. 때문에 독립 후 건설할 민족국가는 이러한 단점을 보완하고 극복해야 한다는 것이고, 그 방법으로 정치·경제·교육의 균등을 기초로 한 신민주국을 건설할 것이라고 했다. 신민주국은 자본주의 국가도 사회주의 국가도 아닌, 한민족을 기반으로 하고 한국 국민을 단위로 한 국가를 말하는 것이었다.

임시정부가 독립 후 건설하고자 한 민족국가는 신민주국이었다. 신민주국은 자본주의 국가와 사회주의 국가의 결점을 보완한 것으로, 이보다 더 발전된 국가를 말한다. 자본주의와 사회주의보다 더 나은 국가, 이는 한국 민족의 역사에서는 물론이고 세계사에서도 수립해 보거나 운영해 보지 못한 것이었다. 임시정부는 인류 역사상 누구도 건설해 보지 못한 새로운 국가 건설을 계획하고 있었다.

| 참고문헌 |

김인식. 2008. 『광복 전후 국가건설론』. 독립기념관 한국독립운동사연구소.

박만규. 1991. 「도산 안창호의 대공주의에 대한 일고찰」. ≪한국사론≫, 26.

정병준. 2009. 「1940년대 대한민국임시의정원의 건국 구상」. ≪한국민족운동사연구≫, 61.

조동걸. 1999. 「대한민국임시정부의 건국강령」. 『대한민국임시정부수립80주년기념논문집』 상. 국가보훈처.

한시준. 1989. 「대한민국임시정부의 광복 후 민족국가 건설론」. ≪한국독립운동사연구≫, 3.

_____. 2014. 「대한민국임시정부와 삼균주의」. ≪사학지≫, 49.

16

카이로회의에서
자유 독립을 보장받다

미국과 영국, "한국을 국제공동관리 하자"

1943년 12월 1일, "위의 3대국은 한국인의 노예상태에 유의하여 적절한 시기에 한국을 자유 독립되게 할 것을 결의한다"라는 「카이로선언」이 발표되었다. 이는 일본이 패망하면 한국은 자유 독립되게 한다는 것으로, 미국·영국·중국 3국이 합의한 것이다. 당시 지구상의 민족 가운데 약 80%가 제국주의에 의해 나라를 빼앗기고 독립운동을 전개했지만, 연합국으로부터 독립을 보장받은 나라는 한국이 유일했다. 이는 연합국이 준 일방적 선물이 아니었다. 대한민국 임시정부가 얻어낸 성과였다.

1943년 3월 임시정부는 커다란 충격에 휩싸였다. 미국을 방문한 영국 외무장관 앤서니 이든(Anthony Eden)과 미국 대통령 프랭클린 루스벨트(Franklin D. Roosevelt) 대통령이 전후 문제를 논의하면서, '한국을 국제공동관리 하기로 했다'는 소식이 전해진 것이다. '국제공동관리'란 국제 열강들이 한국을 공동으로 관리한다는 것을 말한다. 일제가 패망하면 한국을 독립국으로 하는 것이 아니라, 일제에 이어 국제 열강들이 한국을 통치하겠다는 것이었다.

국제공동관리 문제가 대두되기 시작한 것은 1942년 중반부터였다. 논의는 미국에서 일어났다. 1941년 12월 일본과 전쟁에 돌입한 후, 미국의 일부 학자와 언론 등이 전후 대외정책에 대한 문제를 거론하기 시작했다. 이 과정에서 일본이 패망하면, 일본의 점령지역인 한국은 국제공동관리로 해야 한다는 주장이 대두되었다. 미국의 신문·잡지 등이 이를 보도했고, 임시정부는 이에 대해 촉각을 곤두세우며 정보를 수집하고 있었다. 그러다 영국 외상과 미국 대통령이 만나 국제공동관리에 합의했다는 소식을 접했다.

소식을 접한 임시정부는 즉각 당·정·군 최고회의를 소집하고, 대책을 협의했다. 대처 방안은 크게 네 가지로 결정되었다. 임시정부 명의로 국제공동관리에 반대하는 성명서를 발표한 것이 그 하나이다. 외무부장 조소앙은 '한국은 문화·역사 등 모든 면에서 독립국가를 건설할 능력을 가지고 있기 때문에 외국인이 한국을 관리할 이유가 없다', '한국을 국제공동관리에 두는 것은 원동의 평화를 파괴하는 것'이라며, 한국은 일제가 패망하면 그 즉시 독립해야 한다고 주장했다. 만일 일제가 패망한 후 국제공동관리가 실행된다면, 한민족은 지난 30년간 혈전을 전개해 왔던 것처럼 외세의 간섭에 끝까지 저항하고 투쟁할 것이라는 내용도 덧붙였다.

충칭(重慶)에 있는 한인들을 동원해 국제공동관리 반대운동도 전개했다. 1943년 5월 10일 한국독립당·민족혁명당·조선민족해방동맹·조선무정부주의자총연맹·한국애국부인회·한국청년회 등 각 정당 및 단체를 비롯하여, 한인 300여 명이 참가한 가운데 집회를 했다. 명칭은 '재중국자유한인대회'라고 했다. 대회에서 '전후 한국은 완전히 독립되어야 한다', '어떠한 형식의 외세간섭도 반대한다'는 연설이 이어졌고, 국제공동관리에 반대하는 선언문, 결의안, 「각 동맹국 원수들에게 보내는 전문」 등을 채택했다.

미국 대통령 루스벨트에게도 국제공동관리를 반대한다는 전문을 보냈다. 직접적인 자료는 전해지지 않지만, 외무부가 임시의정원 회의에 보고한

국제공동관리를 반대하기 위해 개최한 재중자유한인대회 국제공동관리에 반대하고 일제가 패망하는 즉시 한국은 독립되어야 한다는 선언문, 결의안 등을 채택하여 각국 원수에게 보냈다.

정무보고에 그러한 사실이 나타나 있다. "루스벨트 대통령에 향(向)하야 반대의사를 전보하얏으며 미국 대통령으로부터 전문에 관한 답복이 있었다"라는 내용이다. 임시정부는 루스벨트에게 국제공동관리에 반대한다는 전보를 보냈고, 루스벨트가 이에 대한 답변을 보내왔다는 것이다.

중국의 외교부를 비롯해 각 기관의 대표들과 주요 인사들을 찾아다니며 반대해 줄 것을 요청하기도 했다. 성명서를 발표하고 시위운동을 벌였지만, 임시정부는 이러한 활동으로 성과를 얻을 수 있다고 기대하지 않았다. 임시정부를 승인하지 않고 있던 연합국들이 이를 받아줄 리 없었기 때문이다. 매달릴 곳은 중국뿐이었다. 외무부장 조소앙과 신익희 등은 중국 외교부를 찾아가 중국 정부의 입장이 어떠한지 알아보았고, 입법원장 쑨커(孫科)와 행정원장 위유런(于右任) 등을 비롯해 중한문화협회 인사들을 찾아다니며 국제공동관리의 부당성을 설명하면서, 중국 측이 나서서 반대해 줄 것을 요청했다.

장제스를 면담하고 한국의 자유 독립을 요청하다

　중국 측 인사들을 만나는 과정에서, 임시정부는 중요한 정보를 입수했다. 장제스가 루스벨트를 만나 회담을 한다는 정보였다. 장제스와 루스벨트의 회담 교섭은 루스벨트의 제의에 의해 시작되었다. 1942년 말 루스벨트는 장제스에게 미국 방문을 요청한 적이 있었고, 비밀전문을 통해 만날 것을 제의했다. 중국 측 자료에 의하면, 장제스는 처음에는 거절했다고 한다. '일본과의 전쟁을 총지휘해야 하기 때문에 자리를 비울 수 없다'는 것이 이유였지만, 루스벨트의 의도를 파악하지 못했기 때문이었다. 루스벨트의 제의가 거듭되자 장제스는 아내 쑹메이링(宋美齡)과 논의해 줄 것을 부탁했다. 쑹메이링은 미국을 방문했고, 1943년 6월 중국 외교부장 쑹쯔원(宋子文)과 함께 루스벨트를 만나고 돌아왔다.

　쑹메이링이 돌아온 후 회담 문제가 급진전되었다. 장제스는 쑹메이링에게서 자세한 이야기를 들었다면서, 7월 8일 루스벨트에게 만나자는 답변을 보냈다. 그 뒤 중국과 미국 사이에 회담 장소와 대상자 및 시기를 두고 교섭이 오갔다. 회담 장소로 알래스카가 논의되기도 했고, 소련의 스탈린과 영국의 처칠을 참석토록 할 것인지에 대한 논의도 이루어졌다. 결론이 난 것은 11월 1일이었다. 이집트 카이로에서 루스벨트, 처칠, 장제스 세 사람이 만나기로 한 것이다.

　루스벨트가 장제스를 만나고자 한 데는 의도가 있었다. 일본군을 중국 대륙에 묶어두려는 것이 그 의도로, 장제스에게 항복하거나 타협하지 말고 일본과 열심히 싸워줄 것을 부탁하기 위해서였다. 1941년 12월 진주만을 기습 공격당한 미국은 일본과의 전쟁에서 어려움을 겪고 있었다. 군함 대부분이 바다에 가라앉았기 때문이다. 1942년 4월경이면 태평양의 모든 섬들이 일본에 장악되고, 뉴질랜드와 오스트레일리아까지 점령당할 우려가 있었

장제스와 임시정부 요인 담화 기록 1943년 7월 26일 김구, 조소앙, 김규식, 이청천, 김원봉은 장제스를 면담하고, 중국이 한국의 독립을 지지·관철시켜 줄 것을 요청했다.

다. 미국으로서는 일본이 태평양으로 군대를 동원하지 못하도록 하는 것이 유리했고, 장제스가 열심히 싸우면 일본군을 중국 대륙에 묶어둘 수 있었다.

정보를 입수한 임시정부는 장제스를 만나고자 했다. 중국국민당 조직부장으로서 한국 담당자 우티에청에게 면담을 요청했고, 면담은 성사되었다. 1943년 7월 26일 오전 9시 주석 김구, 외무부장 조소앙, 선전부장 김규식, 광복군 총사령 이청천, 부사령 김원봉 등 임시정부 요인 5명은 통역으로 안원생을 대동하고 장제스와 만났다. 중국 측은 「총재접견한국영수담화기요」라는 제목으로 면담한 기록을 남겨놓았다.

김구·조소앙: 영국과 미국은 조선의 장래 지위에 대해 국제공동관리 방식
  을 채용하자고 주장하고 있습니다. 바라건대 중국은 이에 현혹되지
  말고 한국의 독립 주장을 지지하고 관철하여 주시기 바랍니다.

총재: 영국과 미국 쪽에서는 확실히 그러한 논조를 가지고 있습니다. 앞으로 (국제공동관리 문제에 대해) 반드시 쟁집(爭執)이 많을 것입니다. 이러한 때문에 한국 내부의 정성통일과 공작표현을 보여줄 필요가 있습니다. 그래야 중국도 역쟁(力爭)할 수 있고, 일에 착수하기도 쉬울 것입니다.

미국과 영국이 국제공동관리를 주장하고 있는데, 중국은 이에 현혹되지 말고 한국의 독립을 지지하고 관철시켜 달라고 요청한 것이다. 장제스는 미국과 영국이 그렇게 생각하고 있다며 쉽지 않은 일이라 했다. 또 이 문제로 연합국 사이에 커다란 논쟁과 다툼도 많을 것이라고 했다. 그러면서도 중국은 한국의 독립을 위해 '힘써 싸우겠다'고 약속했다.

장제스, 카이로회의에서 한국의 자유 독립을 주장하고 관철시키다

장제스는 약속을 지켰다. 회담을 준비하는 과정에서부터 '한국의 독립'을 제안하기로 한 것이다. 중국은 회담에서 제안할 문제를 사전에 준비했다. 군사위원회 참사실과 국방최고위원회 비서청 두 곳에서 별도로 준비했다. 일본이 패망하면, 청일전쟁 때 빼앗긴 타이완(臺灣)과 펑후다오(澎湖島), 1931년 일본이 차지한 만주는 중국에 귀속토록 한다는 것 등이 준비되었다. 두 곳 모두에 '한국의 독립'을 제안한다는 것도 포함되어 있었다.

장제스도 일기에 회담에서 제안할 사항으로 '한국의 자유 독립'을 적어 놓았다. 『장개석일기』는 미국의 스탠퍼드대학이 소장하고 있고, 몇 년 전부터 공개하기 시작했다. 장제스는 그날의 주요 사항, 그날 해야 할 일, 그날 한 일 등을 기록해 놓았다. 카이로에 도착한 이후에도 '전후 한국의 완전 독

립과 자유', '전후 한국의 독
립'이라며, 한국 독립을 제안
할 것임을 거듭 확인하고 있
었다.

카이로회의는 3국의 정
상들이 도착하면서 시작되었
다. 가장 먼저 도착한 이는
장제스였다. 장제스는 11월

카이로회의가 열렸던 메나하우스(Mena House) 현재는 메
나호텔로 사용되고 있다.

21일 오전에, 처칠은 오후에, 루스벨트는 22일 오전에 도착했다. 회의 장소
는 카이로 교외에 있는 메나하우스(Mena House)였다. 메나하우스는 영국의
귀족이 1850년대에 지은 별장이라고 하며, 짐승의 몸에 사람 얼굴을 한 스핑
크스와 이집트에서 가장 큰 피라미드 바로 옆에 위치하고 있다. 장제스와 처
칠의 숙소는 메나하우스에 마련되었고, 루스벨트는 이집트 주재 미국대사
관저에 머물렀다.

카이로회의는 23일 오전 11시, 3국 정상들이 참석한 가운데 열렸다. 카
이로회의는 전후 문제를 다루는 정치회담이 아니었다. 군사회담이었다. 미
국·영국·중국 3국이 일본과의 전쟁을 어떻게 수행할 것인지, 특히 중국의
대일작전에 대한 문제를 주요 의제로 다루었다. 카이로회의에는 3국의 군사
지휘관들이 참석해 회의장에 뜬 별이 200개가 넘었다고 한다. 오후부터 군
사 실무담당자들이 모여 회담을 시작했다.

한국 문제가 논의된 것은 11월 23일 저녁이었다. 저녁 7시 반 장제스는
아내 쑹메이링과 함께 루스벨트 숙소에서 만찬을 함께 했다. 장제스, 쑹메이
링, 루스벨트와 그의 보좌관 해리 홉킨스(Harry Hopkins) 등 4명이 참석했다.
만찬은 밤 11시까지 이어졌다. 이때 장제스는 일본이 패망하면 타이완, 펑
후다오와 만주는 중국에 귀속되어야 한다는 것 등 중국이 준비해 간 것을 제

안했다. 전후 한국을 자유 독립국으로 하자는 것도 빼놓지 않았다. 중국 측은 카이로회의의 전 과정을 기록해『카이로회의일지(開羅會議日誌)』로 남겨 놓았다. 루스벨트는 장제스가 제안한 내용에 대부분 동의했고, 회의는 원만하게 이루어진 것으로 기록되어 있다.

만찬을 마치고 헤어질 때, 루스벨트는 보좌관 홉킨스에게 장제스와 협의한 내용을 근거로 초안을 작성하도록 지시했다. 24일 오전 홉킨스는 백악관 문서기록관 앨버트 코넬리우스(Albert M. Cornelius)를 불러 타이핑을 시켜 초안을 작성했다. 초안은 루스벨트의 결재를 거쳤다. 홉킨스는 오후 4시에 초안을 가지고 와 쑹메이링에게 전달했다. 중국 측 실무자 왕충후이(王寵惠)는 이를 중국어로 번역해 장제스에게 보여주었다. 장제스는 펑후다오의 이름이 잘못됐다고 지적한 것 외에는 만족을 표시했다. 초안에는 한국 문제가 다음과 같이 기록되어 있었다.

우리는 일본이 한국인에 대해 노예대우를 하고 있음을 잊지 않고 있으며,
일본이 패망한 후 적당한 시기(at the proper moment)에 한국으로 하여금
자유 독립의 국가가 되도록 결정한다.

홉킨스는 영국 측에도 초안을 전달했다. 11월 25일 초안을 받아본 영국 측은 불만이 많았다. 초안을 중국 측에 먼저 전달했다는 점도 있었지만, 유럽전쟁보다 중국에 주는 선물이 너무 크다는 것이었다. '한국의 자유 독립'에 대해서도 커다란 불만을 표시했다. 인도와 버마를 비롯해 태평양 일대의 많은 섬들을 식민지로 갖고 있던 영국으로서는 한국의 자유 독립을 받아들이기 어려웠다. 영국은 '한국을 자유 독립되게 한다'는 내용을 '일본의 통치에서 벗어나게 한다'로 수정할 것을 요구했다.

11월 26일 오후, 3국의 실무자들이 모였다. 중국의 왕충후이, 영국의 외

카이로회의에 참석한 장제스, 루스벨트, 처칠 세 사람 뒤로 3국의 군사지휘관들이 서 있다.

무차관 알렉산더 캐도건(Alexander Cadogan), 미국의 주소 대사 윌리엄 해리
먼(William A. Harryman)이 참석했다. 한국 문제를 둘러싸고 파란이 일어났
다. 왕충후이가 '한국은 일본의 침략으로 병탄되었고, 원동으로 보면 한국의
독립은 매우 중요한 것'이라며, 영국 측의 수정 요구에 반대하고 나섰다. 영
국도 물러서지 않았고 강력히 반발했다. '내각에서 한국 독립에 대해 토론한
일이 없다', '소련과 의견을 나눈 바 없다'는 등의 이유를 들면서 수정안을 받
아들일 수 없다면, 한국에 관한 내용은 완전히 빼버리자고 한 것이다. 이를
수습한 것은 해리먼이었다. 해리먼은 '이는 루스벨트와 장제스가 합의한 것',
'소련은 아무런 관계가 없고, 소련과 협의할 필요도 없다'고 발언한 것이다.

　실무자들은 3국 영수들이 있는 곳으로 갔다. 당시 3국 영수들은 회의를
끝내기 위해 기다리고 있었다. 실무자들은 정상들 앞에서 초안을 낭독했다.
한국 문제에 이르렀을 때 루스벨트는 '이 문제에 대해 소련의 의견을 헤아릴
것이 없다'고 했고, 3국 영수들은 이에 찬성했다. 이로써 「카이로선언」에 한
국 문제가 들어가게 되었다. 그렇지만 영국은 끝까지 포기하지 않았다. 처

칠은 'at the proper moment' 대신에 '순서를 밟아서', '절차를 거쳐서'라는 의미의 'in due course'로 고쳤다.

카이로선언, 미·영·중과 소련의 동의를 얻어 발표되다

「카이로선언」은 소련의 동의를 얻어 발표되었다. 회담을 교섭하면서 스탈린을 참석시키자는 루스벨트의 제안을 장제스가 거절한 일이 있었다. 이에 미국과 영국은 카이로회의에 이어 11월 27일부터 테헤란에서 스탈린과 회담을 갖기로 했다. 회의가 끝난 뒤 장제스는 11월 27일 중국으로 떠났고, 루스벨트와 처칠은 테헤란으로 갔다. 미국·영국·소련 대표 간에 테헤란회담이 열렸다. 회담에서 스탈린은 「카이로선언」을 확인했고, 이에 동의를 표시했다. 이로써 「카이로선언」은 미국·영국·중국·소련 4개국 영수들의 동의를 얻어, 12월 1일 발표되었다.

임시정부는 「카이로선언」이 발표된 당일에 그 소식을 들었다. 소식을 접한 임시정부는 주석 김구 명의로 '나는 3천만 동포를 대표하여 3영수에게 만공의 사의를 표하는 동시에 일본이 무조건으로 투항할 때까지 동맹국과 공동분투한다'는 내용의 담화문을 발표했다. 그리고 12월 2일에는 ≪대한민국임시정부공보≫ 호외를 발간해 카이로회의에서 한국의 자유 독립을 보증했다는 사실을 세상에 알렸다.

「카이로선언」은 크게 두 가지 의미가 있다. 하나는 제2차 세계대전 중 연합국으로부터 독립을 보장받았다는 점이다. 이러한 사례는 한국이 유일했다. 또 다른 의미도 있다. 한민족의 운명을 결정지은 중요한 선언이라는 점이다. 일제가 패망했지만, 한국은 곧바로 독립하지 못했다. 미국과 소련이 한반도를 점령했고, 각각 군정을 실시한 것이다. 미국과 소련은 일본과 전쟁을 한 나라였고, 그 전리품으로 일본이 차지한 한반도를 점령했다. 수많은 청년들을 희생시킨 대가로 한반도를 점령했지만, 이들은 3년 만에 한반도를 한국인들에게 돌려주어야 했다. 그 이유는 「카이로선언」 때문이었다.

한민족은 1948년에 대한민국 정부를 수립했다. 일제가 패망한 지 3년 만에 독립된 국가와 정부를 갖게 된 것이다. 한민족이 독립운동을 하지 않았어도, 카이로회의가 개최될 때 가만히 앉아 기다리고 있었어도, 연합국이 독립을 보장해 주었을 거라고 믿는 사람들이 적지 않다. 그러나 그럴 리 만무하다. 카이로회의에서 한국의 독립이 결정되는 과정만 보아도 알 수 있다. 한국의 독립은 연합국이 준 일방적 선물이 아니다. 50여 년에 걸친 독립운동의 결과였고, 임시정부가 장제스를 움직여 얻어낸 성과였다.

| 참고문헌 |

배경한. 2014. 「카이로회담에서의 한국문제와 장개석」. ≪역사학보≫, 224.

신용하. 1999. 「대한민국임시정부와 카이로선언」. 『대한민국임시정부수립80주년기념논문집』 하. 국가
　　　　보훈처.

이완범. 2017. 「연합국 카이로회담의 한국독립 약속과 신탁통치」. 『한국독립운동의 세계적 성격: 한·
　　　　중 공동항전과 연합국의 역할』. 단국대학교 동양학연구원.

정병준. 2014. 「카이로회담의 한국문제 논의와 카이로선언 한국조항의 작성 과정」. ≪역사비평≫, 107.

조덕천. 2014. 「카이로회담의 교섭과 진행에 관한 연구」. ≪한국근현대사연구≫, 70.

한시준. 2014. 「카이로선언과 대한민국임시정부」. ≪한국근현대사연구≫, 71.

17

좌익 세력의 임시정부 참여로
좌우연합정부를 구성하다

임시정부로 모아졌던 민족의 대동단결이 와해되다

독립운동 과정에서 대두된 가장 커다란 과제가 하나 있었다. 전 민족의 대동단결이었다. 당시 민족구성원들은 국내를 비롯해 만주와 연해주·중국 지역·미주 지역 등 세계 각지에 흩어져 있었고, 각기 다른 지역에서 수많은 단체들을 결성해 활동하고 있었다. 이뿐만 아니었다. 독립 후 대한제국을 부활시킬 것인가 혹은 민주제 국가를 세울 것인가, 즉 독립운동의 목표도 달랐다. 또 민족주의·공산주의·무정부주의 등 정치적 이념도 같지 않았다. 일제에 대항하기 위해서는 지역·목표·이념 등을 달리하던 세력들을 한곳으로 집중시킬 필요가 있었다.

전 민족의 대동단결을 이룬 적이 있었다. 계기는 3·1운동이었다. 대한민국 임시정부를 수립한 것이 그것이었다. 온 민족이 들고일어나 독립을 요구하는 만세시위운동을 전개했고, 대한민국을 건립하고 민족을 대표하는 기구로 임시정부를 수립한 것이다. 처음에는 연해주·상하이·국내 세 곳에서 임시정부가 수립되었지만, 세 임시정부는 곧바로 통합을 추진해 1919년

9월 하나로 통합을 이루었다. 세 임시정부가 통합하면서 전 민족이 임시정부를 중심으로 대동단결한 것이다.

임시정부를 중심으로 전 민족의 대동단결이 이루어졌지만, 이는 오래가지 못했다. 여기에는 여러 가지 이유가 있었다. 활동하던 지역이 달랐고, 독립운동 방법에 대한 의견이 달랐던 것도 주요한 요인이었다. 가장 큰 이유는 임시정부가 그 위상이나 역할을 제대로 수행하지 못했기 때문이다. 수립 직후부터 임시정부는 혼란에 휩싸였다. 미국에 있던 대통령과 상하이에 있던 국무위원들 사이에 대립과 마찰이 일어났고, 국내 국민들과 연계를 맺은 연통제와 교통국 등이 일제에 의해 파괴되면서 재정적으로도 어려움을 겪었다. 이로써 많은 인사들이 임시정부를 떠났고, 민족의 대동단결은 와해되어 갔다.

임시정부로의 대단결이 와해되면서 임시정부는 어려움을 겪게 되었다. 무엇보다도 정부의 조직과 체제를 유지할 수 없게 되었다. 대통령과 갈등을 겪던 국무총리 이동휘를 비롯해 많은 인사들이 떠나면서, 임시정부와 의정원의 조직을 제대로 운영할 수 없게 되었다. 임시정부는 이를 타개하기 위해 민족 역량을 임시정부로 집중시키기 위해 노력했다. 이는 중국에서 활동하는 기간 동안 줄곧 추진되었다.

민족의 대동단결을 위해 통일운동을 전개하다

첫 번째 노력은 1923년에 개최한 국민대표회의였다. 국민대표회의는 임시정부의 운영 방안을 논의하기 위해 각 지방과 단체 대표들을 소집한 것이었고, 1923년 1월 국내외 각지에서 대표자 140여 명이 상하이에 모였다. 국내외 각지에서 이렇게 많은 대표자들이 한자리에 모인 것은 처음 있는 일이었고, 또 마지막이기도 했다. 6월까지 회의가 계속되었지만, 의견은 갈렸다. 임시정부를 개조해 그대로 운영하자는 '개조파', 임시정부를 폐지하고 새로운 기구를 건립하자는 '창조파'로 나뉜 것이다. 양측은 의견을 좁히지 못했고, 결국 국민대표회의는 해산되고 말았다.

두 번째 노력은 1926년부터 추진했던 민족유일당운동이었다. 1925년 대통령 이승만의 탄핵을 놓고 임시정부는 커다란 진통을 겪으면서 활동이 위축되었다. 이를 타개하기 위해 민족유일당운동을 추진했다. 민족유일당운동은 전 민족이 대동단결하여 민족을 대표할 수 있는 유일한 정당을 설립하고, 이를 기반으로 삼아 독립운동을 전개하자는 것이었다. 수립 당시부터 임시정부를 이끌었던 안창호와 당시 국무령을 맡고 있던 홍진 등이 나서서 이를 주도했다.

민족유일당운동은 상하이를 중심으로 국내외 독립운동전선에서 전개되었다. 상하이·베이징 등 중국 관내 여러 지역에서 유일당 결성을 위한 촉성회가 결성되고, 만주 지역에서는 참의부·정의부·신민부의 3부통합운동이 추진되는 단계까지 진행되었다. 그러나 중국 관내에서는 좌익진영이 탈퇴했고, 만주에서 추진된 3부통합운동은 결렬되고 말았다. 다만 국내에서는 1927년 2월 좌우익 세력들이 민족통일전선체로 신간회를 결성하는 성과를 거두었다.

세 번째 노력은 1935년에 추진했던 5개 정당 및 단체의 통일운동이었다. 민족유일당운동이 결렬된 후 독립운동전선에는 새로운 정당들이 결성되기 시작했다. 1930년 1월 임시정부 인사들이 한국독립당을 결성한 것을 비롯해 신한독립당·조선혁명당·대한독립당 등이 생겨난 것이다. 또 의열단도 주요한 세력으로 활동하고 있었다. 1931년 9월 만주사변이 일어난 후 이들 사이에 대일전선을 통일하자며 통일운동이 일어났다. 통일운동은 성과를 거두었다. 1935년 7월 난징(南京)에서 5개 정당 및 단체가 통일을 이루고, 새

룹게 민족혁명당을 창당한 것이다. 그러나 민족혁명당으로의 통일은 오래
가지 못했다. 정치 이념의 차이를 이유로 민족주의 세력들이 연이어 탈당한
것이다.

네 번째 노력은 1939년에 개최한 7당통일회의였다. 민족혁명당으로의
통일이 정치적 이념으로 분열된 후 독립운동전선은 크게 좌우 양 진영으로
나뉘었고, 각각 정당 및 단체를 결성하여 독자적으로 활동했다. 우익진영에
서는 한국국민당·한국독립당·조선혁명당, 좌익진영에서는 민족혁명당·조
선민족해방동맹·조선혁명자연맹·조선청년전위동맹 등이 결성되어 활동하
고 있었다.

중일전쟁이 발발한 후 좌우익진영의 정당과 단체들 사이에 다시 통일이
추진되었다. 1939년 8월 치장(綦江)에서 좌우익 7개 정당과 단체가 모여 통
일회의를 개최한 것이다. 회의의 목적은 7개 정당과 단체를 통일하여 하나
의 단일당을 결성하자는 것이었다. 통일의 당위성에 대해서는 이론이 없었
다. 그러나 통일 방식과 독립운동 최고기구를 임시정부로 할 것이냐, 아니면
새로이 결성될 단일당으로 할 것이냐 하는 문제로 의견이 갈렸다. 결국 좌익
진영이 탈퇴하면서, 7당통일운동도 결렬되고 말았다.

네 번에 걸친 통일운동은 결렬되었다. 그렇지만 기억해야 할 것이 있다.
임시정부는 지속적으로 민족의 역량을 결집하기 위한 통일운동을 전개했다
는 점이다. 또 네 차례에 걸친 통일운동은 성과를 거두지 못했지만, 이는 통
일을 추진하는 데 중요한 역사적 경험과 자산이 되었다는 점도 기억해야 한
다. 이러한 경험을 토대로 임시정부는 마침내 통일을 이루어냈다. 1940년대
충칭에서 민족혁명당을 비롯한 좌익진영의 세력들이 임시정부에 참여했고,
그 성과로 좌우연합정부를 구성한 것이다.

좌익진영이 의정원에 참여해 통일의회를 구성하다

임시정부로의 통일은 좌익진영의 세력들이 임시정부에 참여하면서 이루어졌다. 좌익진영이 임시정부로 참여하게 된 데는 몇 가지 요인이 있었다. 하나는 1941년 가을 중국의 외교부장 궈타이치(郭泰祺)가 임시정부 승인 문제를 거론하면서, 김구와 김원봉에게 합작을 종용한 것이다. 둘째는 중국 측에서 지원 창구를 임시정부로 일원화하려 한 것도 요인이 되었다. 그동안 중국의 지원은 두 개 창구, 즉 중국국민당이 김구에게, 중국군사위원회 삼민주의역행사에서 김원봉에게 각각 별도로 지원하고 있었다. 셋째는 미일 간의 전쟁 발발이었다. 이는 독립을 위한 절호의 기회로 인식되었고, 적극적인 대일항전을 위해서는 독립운동 역량을 임시정부로 집결할 필요성이 커진 것이다.

좌익진영에서 먼저 임시정부 참여를 선언했다. 선두에 선 것은 조선민족해방동맹이었다. 조선민족해방동맹은 김성숙이 주도하고 있던 단체로, 1941년 12월 1일 "반일혁명역량을 임시정부로 집중시켜 전민족의 총단결을 이루자"라는 내용의 「옹호임시정부선언」을 발표하고, 임시정부로 통일할 것을 주장했다. 독립운동 세력을 하나로 결집하는 데 '당'보다는 '정부'가 낫고, 또 독립운동에서 그 권위나 대중에 대한 영향으로 보아 임시정부를 중심으로 결집해야 한다는 것이 논거였다.

조선민족해방동맹에 이어 민족혁명당에서도 임시정부 참여를 결정했다. 민족혁명당에서는 1941년 5월 당중앙회의에서 임시정부의 여당인 한국독립당에 '양당이 공동으로 임시정부를 운영하자'고 제의한 적이 있었다. 임시정부에 참여할 뜻을 비친 것이다. 그러다 1941년 12월 8일 미일 간에 전쟁이 발발하자 임시정부 참여를 결정했다. 12월 10일 제6차전당대표대회를 열고 "금일의 국제정세가 여러 민주국이 파시즘 집단과 혈전을 전개하고 있

제34차 정기의회를 개회한 임시의정원 의원들 좌익진영 인사들이 참여하여 통일의회를 성립한 후 정기의
회를 개회했다.

고 임시정부의 국제적 승인 가능성이 있다"라고 하면서, 임시정부에 참여할
것을 공식적으로 발표한 것이다.

　좌익진영이 임시정부 참여를 결정했을 때, 좌익진영 내부에서 커다란 사
건이 터졌다. 좌익진영의 무장 세력인 조선의용대가 중국공산당 지역인 화
베이 지역으로 이동한 것이다. 당시 조선의용대는 중국군사위원회 소속이
었다. 이들이 비밀리에 황허(黃河)를 건너 중국공산당 지역으로 넘어간 것이
다. 보고를 받은 장제스는 크게 분노했고, 1941년 10월 30일 참모총장 허잉
친(何應欽)에게 조선의용대와 광복군을 장악하라는 명령을 내렸다. 명령을
받은 허잉친은 광복군에게는 광복군의 활동을 중국군사위원회에서 통할·
지휘한다는 내용의 '행동9개준승'을 보내왔고, 조선의용대에는 광복군에 합
편할 것을 지시했다.

이를 계기로 임시정부의 국군인 한국광복군과 좌익진영의 무장조직인 조선의용대의 통일이 추진되었다. 임시정부에서 통일을 위한 선제적 조치를 취했다. 1942년 4월 20일 국무회의에서 조선의용대의 한국광복군 합편을 결의하고, 광복군 편입을 위한 방안도 마련한 것이다. 광복군 직제에 부사령직을 새로 만들어 조선의용대 대장 김원봉을 광복군 부사령으로 선임했다.

조선의용대는 임시정부에서 마련한 방안을 받아들였다. 그리고 1942년 7월 "본대 전체 동지는 금일부터 전후방을 물론하고 광복군 동지와 정성단결하여 진정한 일심일체가 되도록 노력할 것"이라는 내용의 「조선의용대 개편선언」을 발표하고, 조선의용대는 광복군에 편입한다는 것과 광복군 제1지대로 개편한다는 것을 공식 선언했다. 이로써 조선의용대는 광복군 제1지대가 되었고, 좌우익진영의 무장 세력이 통일을 이루었다.

군사적 통일에 이어 정치적 통일도 추진되었다. 정치적 통일은 좌익진영 인사들이 임시의정원에 참여하는 형식으로 이루어졌다. 임시의정원은 지금의 국회와 같은 것으로, 국민의 대표인 의원으로 구성된 대의기구이자 입법기관이었다. 「임시의정원법」에 의하면, 의원은 각 도 단위로 인구 30만 명에 1인씩 선출하도록 되어 있었고, 의원의 수는 모두 57명이었다. 임시정부가 충칭에 정착할 당시 의정원 의원은 23명으로 정원의 절반 정도밖에 채우지 못하고 있었다. 23명의 의원은 모두 한국독립당 인사들이었다. 한국독립당 인사들로만 구성된 의정원에 좌익진영의 인사들을 의원으로 선출하여 참여시킨 것이다.

임시정부는 정치통일을 위한 방안을 마련했다. 1942년 8월 4일 의정원 의원선거규정을 개정해 좌익진영 인사들이 의원으로 선출될 수 있는 여건을 마련한 것이다. 의원선거규정을 개정한 후, 의원을 선출하는 선거를 실시했다. 의원 선거는 10월 20일부터 이루어졌다. 선거를 통해 새로이 23명의 의원이 선출되었다. 이들을 당적별로 보면 한국독립당에서 7명, 민족혁명당에서 12명, 조선민족해방동맹과 조선혁명자연맹에서 각각 2명이었다. 23명 중 16명이 좌익진영에 소속된 인사들이었다.

새롭게 선출된 좌익진영 소속의 의원들은 곧바로 의정원 의원으로 활동했다. 1942년 10월 25일 제34차 정기의회가 개최되었는데, 이 회의에 좌익진영의 의원들이 참석한 것이다. 이들이 참석하면서 의정원은 46명의 의원들로 구성되었다. 1919년 설립 이래 가장 많은 인원이었다. 의정원의 성격도 '통일의회'가 되었다. '통일의회'가 되었다는 것은 정기의회를 개최할 때 한국독립당 조소앙이 한 연설에 잘 나타나 있다. "과거 무수한 방법의 대립, 과거 무수한 단체의 대립, 과거 각 당파의 대립이 의정원으로 완전 통일되었다"라고 한 것이다. 그동안 정치적 이념과 목표를 달리하며 활동하던 좌우익이 통일을 이룬 통일의회였다.

좌우연합정부를 구성하다

의정원으로 통일이 이루어진 후, 임시정부도 좌우연합정부로 구성하자는 주장이 제기되었다. 의정원에 참여한 좌익진영의 의원들이 "임시정부는 각 당파 각 개인의 우수한 인물을 망라시킨 각 당파 연합정부가 되어야 한다"라며, 좌우연합정부 구성을 제의한 것이다.

좌우연합정부를 구성하기 위해서는 거쳐야 할 절차가 있었다. 헌법개정 문제였다. 당시 임시정부는 1940년 10월에 개정된 「대한민국임시약헌」에 의해 운영되고 있었다. 좌우연합정부를 구성하려면 새로운 헌법이 필요했다. 제34차 의회에서 여당 의원 4명과 야당 의원 5명으로 헌법개정을 위한 약헌수개위원회를 구성했다. 약헌수개위원회란 기존 헌법인 「대한민국임시약헌」을 개정하기 위한 위원회를 말한다.

헌법개정은 순조롭게 진행되지 못했다. 약헌을 개정하는 목적은 "장차 건국에 대한 대강(大綱)을 위한 것", "광복운동자를 통일 집중하고 전민족을 총동원하여 독립을 완성하고 진정한 민주공화국을 건설하기 위한 것"이라고 했지만, 정치적인 이해관계가 달랐기 때문이다. 예를 들면 의원을 선출하는 방법을 비롯해 국무위원의 숫자와 배분 등 정치적 문제에 대해 여야가 대립한 것이다. 대립은 심각했다. 1년이 지나도록 개정안은 마련되지 못했고, 1943년에 개최된 제35차 정기의회는 파국으로 치달았다.

여야가 격렬하게 대립했던 헌법개정안이 타협점을 찾았다. 의정원 의장 홍진과 부의장 최동오가 나서 중재안을 제시한 것이다. 홍진과 최동오는 한국독립당을 탈당하여 당적을 떠나 여야의 대립을 조정했다. 이들은 '국무위원의 숫자를 14명으로 늘린다', '주석 이외에 부주석을 신설하되 주석은 한국독립당에서 부주석은 민족혁명당에서 맡는다', '국무위원의 배분은 한국독립당 8석, 민족혁명당 4석, 조선민족해방동맹과 조선혁명자연맹에 각 1석으로 한다'는 중재안을 냈다. 이에 대해 여야가 동의하면서 합의점을 찾은 것이다.

여야가 합의점을 찾으면서, 1년 반 이상 끌어오던 헌법개정은 결실을 맺었다. 헌법개정을 위해 1944년 4월 20일 제36차 임시의회를 개최했다. 임시의회에 헌법개정안이 제출되었고, 의정원에서는 세 번에 걸쳐 독회를 하고 21일 헌법개정안을 통과시켰다. 헌법의 명칭은 「대한민국임시헌장」이라고 했다. 1919년 4월 11일 헌법을 제정한 이래 다섯 번째로 개정한 헌법이었다.

「대한민국임시헌장」을 통과시킨 후, 이 헌법에 의해 의정원에서 주석과 부주석을 비롯하여 국무위원을 선출했다. 주석은 한국독립당에서, 부주석은 민족혁명당에서 맡는다는 것은 이미 여야 간에 합의되어 있었다. 4월 24일 회의에서 투표를 통해 주석에 김구, 부주석에 김규식을 선출했다. 국무위원 11명도 선출했다. 그리고 각 행정부서의 부서장은 국무위원 중에서 주석이 추천하는 형식으로 임명하면서, 좌우연합정부가 구성되었다.

김구
주석

김규식
부주석

조소앙
외무부장

신익희
내무부장

조완구
재무부장

최동오
법무부장

김원봉
군무부장

엄항섭
선전부장

유동열
참모총장

좌우연합정부의 요인들

주 석	김 구		부주석	김규식
국무위원	이시영	조성환	황학수	조완구
	차리석	박찬익	조소앙	안 훈
	장건상	김붕준	성주식	유 림
	김원봉	김성숙		
외무부장	조소앙		내무부장	신익희
군무부장	김원봉		재무부장	조완구
법무부장	최동오		선전부장	엄항섭
문화부장	최석순			

주석 김구는 한국독립당, 부주석 김규식은 민족혁명당 소속이었다. 국무위원 14명도 한국독립당 8명, 민족혁명당 4명, 조선민족해방동맹 1명, 조선혁명자연맹 1명 등으로 배분되었다. 그리고 7개 행정부서 중 민족혁명당의 김원봉과 최석순이 각각 군무부장과 문화부장을 맡았다. 좌우연합정부는 곧바로 출범했다. 1944년 4월 26일 주석과 부주석을 비롯한 국무위원들이 의정원에서 취임 선서를 하고 공식적인 업무를 시작한 것이다.

좌우연합정부를 구성한 것은 독립운동사에서 중요한 의미가 있다. 독립운동 과정에서 민족의 대단결을 이룬 것은 1919년 3·1운동을 통해서였고, 출범 당시 임시정부는 좌우합작정부였다. 그 뒤 임시정부가 본연의 역할을 감당하지 못하면서 민족의 대단결은 와해되고 말았다. 그 후 20여 년 만에 서로 다른 정치 이념을 갖고 독자적으로 활동하던 좌우익 독립운동 세력이 다시 임시정부로 결집하여 통일을 이룬 것이다. 좌우연합정부를 탄생시킨 의정원은 「제36차 임시의회선언」을 통해 그 의미를 다음과 같이 천명하고 있다.

이번 선거된 정부 주석 부주석 및 전체 국무위원은 우리 혁명운동사에서
가장 공헌이 많은 민족적 지도자이며, 또 우리 민족의 각 혁명정당과 사회
주의 각 당의 권위있는 지도자들이 연합 일치하여 생산한 전민족 통일전선

정부이다.

우리들의 임시정부는 대내적으로는 일체 반일세력을 통일적으로 지도할 수 있고, 대외적으로는 전민족의 의사와 권력을 대표할 것이니, 이것은 전 민족의 권위있고 능력있는 최고영도기관을 이룬 것이다.

좌우연합정부는 민족의 대동단결을 실현한 통일전선정부였고, 전 민족을 대표하는 최고영도기관이었다. 좌우연합정부를 구성하면서, 임시정부는 수립 당시와 같은 민족의 대표 기구이자 독립운동을 지휘·통할해 나갈 최고영도기관이라는 위상과 권위를 되찾았다. 그리고 민족의 독립운동 역량을 결집하기 위한 네 차례에 걸친 통일운동이 좌우연합정부로 결실을 맺었다는 점, 민족의 통일·단결된 모습으로 해방을 맞았다는 점에 중요한 역사적 의의가 있다.

| 참고문헌 |

김희곤·한상도·한시준·유병용. 1995. 『대한민국임시정부의 좌우합작운동』. 한울엠플러스.

염인호. 1999. 「1940년대 재중국 한인 좌파의 임시정부 참여」. 『대한민국임시정부수립 80주년기념논문집』 하. 국가보훈처.

정병준. 1999. 「해방 직전 임시정부의 민족통일전선운동」. 『대한민국임시정부수립 80주년기념논문집』 하. 국가보훈처.

_____. 2009. 『광복 직전 독립운동세력의 동향』. 독립기념관 한국독립운동사연구소.

조동걸. 1999. 「대한민국임시정부의 헌법과 이념」. 『대한민국임시정부수립 80주년기념논문집』 상. 국가보훈처.

한시준. 2006. 『의회정치의 기틀을 마련한 홍진』. 탐구당.

_____. 2009. 『대한민국임시정부(중경시기)』. 독립기념관 한국독립운동사연구소.

18

충칭 임시정부 청사에 걸린
프랑스 국기

청사에 태극기와 중국·프랑스 국기를 걸어놓다

응접실의 벽에는 대한민국 국기가 걸려 있었고, 한쪽에는 중국 국기가, 다른 쪽에는 프랑스 국기가 걸려 있었다. 내가 프랑스 국기에 관하여 질문했을 때 프랑스 정부가 대한민국 정부를 최근에 승인한 데 대한 답례로써 걸어 놓은 것이란 설명을 들었다.

이는 미국의 전략첩보기구 OSS의 클라이드 사전트 대위가 제출한 보고서에 담긴 내용이다. 사전트는 1945년 4월 3일 OSS와 광복군이 함께 추진한 '독수리작전'에 대해 김구 주석에게 최종 승인을 받고자 광복군 총사령 이청천, 제2지대장 이범석, 제3지대장 김학규와 함께 충칭(重慶) 임시정부 청사를 방문했다. 이때 청사 응접실에 걸려 있는 프랑스 국기를 본 것이다.

임시정부 청사에 프랑스 국기가 걸려 있었다. 이는 학계에도 그렇고, 일반인들에게도 거의 알려져 있지 않은 사실이다. 그렇지만 미국인 사전트는 임시정부 청사에 걸려 있는 프랑스 국기를 보았고, 그것을 보고서에 기록해

충칭에 있는 대한민국 임시정부 청사의 최근 모습 독립기념관 소장.

놓았다. 사전트는 이를 의아하게 여겨 그 이유를 물었고, '프랑스 정부가 대
한민국 임시정부를 승인한 데 대한 답례'라는 대답을 들었다고 했다.

임시정부 청사에 프랑스 국기를 걸어놓은 데는 이유가 있었다. 1945년 3월
13일 외무부장 조소앙은 충칭에 있는 기자들을 초청해 기자회견을 열었다.
대한민국 임시정부가 샌프란시스코회의에 참가해야 할 필요성을 각국에 알
리고, 프랑스가 대한민국 임시정부를 승인했다는 사실을 공표하기 위해서
였다. 기자들 앞에서 외무부장 조소앙은 다음과 같이 말했다.

한국 정부가 동맹국에 승인과 무기조차를 요구한 이후 프랑스 임시정부는
한국 정부를 사실상의 정부로 승인한다는 뜻을 정식으로 표시하였습니다.
한국과 프랑스 두 나라는 이미 사실상의 외교관계를 건립한 것이나 마찬가
지입니다. 과거 미합중국이 독립하였을 때 가장 먼저 실력 원조를 제공한
나라도 프랑스였고, 맨 먼저 미국의 독립을 승인한 나라도 프랑스였습니

다. 프랑스는 이전에 미국에 그랬던 것처럼 한국을 대하고 있습니다. 프랑스는 이번 전쟁에서 휘황한 승리의 전과를 올린 동맹국은 아닙니다. 그럼에도 다른 동맹국에 앞서 한국임시정부를 사실상 승인함에 깊이 감사를 드립니다.

"프랑스임시정부는 한국 정부를 사실상의 정부로 승인한다는 뜻을 정식으로 표시하였습니다", "다른 동맹국에 앞서 한국임시정부를 사실상 승인함에 깊이 감사를 드립니다"라고 하여, 프랑스가 임시정부를 승인했다고 공개적으로 발표한 것이다. 또 청사에 프랑스 국기를 걸어놓은 것은 프랑스가 임시정부를 승인한 데 대한 감사의 표시였다는 것이다.

상하이부터 충칭까지 이어진 프랑스와의 인연

임시정부는 수립 이후 국제적 승인을 얻기 위해 줄기차게 노력했다. 국제적 승인은 독립국으로 인정받는다는 것이고, 이는 연합국의 일원이 되어 전후 독립을 보장받는 길이기도 했다. 임시정부는 이를 위해 다양한 외교적 노력을 기울였다. 한국광복군이 인도-버마전선에서 영국군과 함께 대일전쟁을 수행하고, 미국의 OSS와 공동으로 국내진입작전을 추진하기도 했다. 그렇지만 영국·미국을 비롯해 심지어 임시정부를 지원하던 중국조차 임시정부를 승인하지 않았다. 이런 가운데 프랑스가 임시정부에 우호적인 자세를 보인 것이다.

임시정부는 프랑스와 깊은 인연이 있었다. 1919년 4월 임시정부가 수립된 곳이 상하이에 있는 프랑스조계지였다. 그 뒤 임시정부는 1932년 상하이를 떠날 때까지 햇수로는 14년 동안 프랑스조계 당국의 협조와 보호를 받으

1919년 파리강화회의의 대표단과 프랑스인들 앞줄 오른쪽이 김규식, 뒷줄 왼쪽에서 세 번째가
조소앙이다. 조소앙은 파리에서 활동한 경험을 활용해 충칭의 프랑스대사관 인사들과 긴밀한 관계
를 맺었다.

며 활동했다. 그리고 제1차 세계대전의 전후 문제를 처리하기 위해 1919년
프랑스 파리에서 강화회의가 개최되었을 때, 임시정부는 김규식을 외무총
장으로 임명하고 파리위원부를 설치하여 활동하도록 한 일도 있었다.

프랑스와의 인연은 계속 이어졌다. 파리강화회의가 종결된 후 파리위원
부는 해체되었지만, 파리에 고려통신사와 통신원을 두었다. 프랑스에서 유
학하던 서영해가 고려통신사를 설립하여 통신원으로 활동하면서, 임시정부
와 프랑스를 연결하는 역할을 했다. 임시정부는 서영해를 프랑스 주재 특파
원으로 임명했고, 서영해는 파리를 중심으로 활동하며 프랑스를 비롯한 유
럽의 정세와 실상을 조사해 임시정부에 보고하는 임무를 수행했다.

임시정부가 다시 프랑스와 각별한 관계를 맺은 것은 충칭에서였다. 임
시정부는 상하이를 떠나 중국 각지로 피난을 다니다가 1940년 충칭에 정착

했다. 당시 충칭은 중국국민당 정부의 임시 수도로, 각국 대사관이 주재하고 있었다. 외무부장 조소앙은 프랑스대사 페슈코프(Pechkoff), 대사관 고문 겸 프랑스 임시정부 대표로 충칭에서 활동하는 클라락(Clarac) 등을 만난 뒤 충칭 프랑스대사관과 긴밀한 관계를 유지했다.

조소앙이 이들과 각별한 관계를 맺을 수 있었던 것은 그의 경험이 도움이 됐을 것으로 생각한다. 조소앙은 1919년 파리강화회의에 참석하기 위해 프랑스에 머물렀고, 이때 관념론 철학자 앙리 베르그송(Henri Bergson) 등 많은 프랑스 인사들을 만났다. 클라락이 프랑스 외무장관에게 보고한 문건에는 "조소앙은 과거 파리에 체류한 적이 있고, 르노델(Renaudel)·롱게(Longuet)·카셍(Cachin) 등과 친분을 쌓았다고 합니다"라는 내용이 있다.

2015년 프랑스 외무부 문서보관소에서 많은 자료들이 새롭게 발굴되었다. 이에 의하면 조소앙은 페슈코프·클라락 등과 자주 만났고, 프랑스가 임시정부에 우호적이었다는 사실을 알 수 있다. 페슈코프가 프랑스 외무부장관에게 보고한 문건을 보면 "외무부장 조소앙이 몇 번이나 찾아와서 프랑스의 레지스탕스 조직에 관한 정보와 프랑스 국가해방위원회가 연합국의 인정을 받기 위해 사용한 방법을 알려달라고 요청했다"고 한다. 조소앙은 프랑스대사를 여러 번 만나 프랑스의 독립운동과 관련 조직, 프랑스 임시정부가 연합국으로부터 승인을 받기 위해 사용한 방법 등을 알아본 것이다.

프랑스, 임시정부에 사실상 승인을 통보하다

조소앙과의 만남이 이어지면서 프랑스대사관 측은 임시정부에 대해 우호적인 태도를 보였다. 페슈코프가 1944년 7월 르네 마시글리(René Massigli) 외무장관에게 보낸 전문에서 그것을 짐작할 수 있다. 페슈코프는 이 전문에서 "한국 외무부장과 그의 동료들에게 어떤 태도를 취할지 정해주기 바란다", "한국에 도움이 되도록 우호의 토대를 닦을 필요가 있다", "한국은 최적의 극동 전망대 지점들 중 한 곳이다"라고 하면서, 임시정부에 상당히 우호적인 태도를 표명하고 있다. 그리고 프랑스 임시정부와 한국 임시정부의 실질적 관계를 자신에게 위임해 줄 것과 조소앙에게 알릴 권한을 자신에게 위임할 것을 요청하기도 했다.

페슈코프의 요청에 대해 프랑스 외무부도 긍정적인 반응을 보였다. 마시글리는 1944년 8월 14일 자 답변을 통해 한국 임시정부와 우호관계를 맺는 것에 동의한다고 하면서, "프랑스 임시정부와 한국 임시정부 사이의 사실상 관계를 위임받았음과 함께 해방을 위해 한국 임시정부가 펼치는 노력을 호의 어린 관심으로 지켜보고 있다는 점을 조소앙에게 알릴 것을 승인합니다"라고 한 것이다.

프랑스대사관이 임시정부에 우호적인 태도를 보였다는 것은 프랑스 국경일 행사에 임시정부 요인들을 초청한 데서 짐작할 수 있다. 7월 14일은 프랑스공화국이 수립된 날로, 프랑스의 대표적인 국경일이다. 프랑스대사관은 1944년 국경일 행사를 개최하면서 임시정부 주석, 부주석, 외무부장을 공식 초청했고, 주석 김구와 부주석 김규식, 외무부장 조소앙이 기념식에 참석했다. 당시 충칭에 각국 대사관들이 있었지만, 임시정부 요인들을 국경일 행사에 초청한 것은 프랑스뿐이었다. 임시정부 외무부는 프랑스 국경일 행사에 참석한 것을 중요한 활동으로 여겨, 의정원에 보고하기도 했다.

임시정부도 프랑스에 대해 각별한 태도를 보였다. 프랑스가 연합국으로부터 승인을 받았을 때 축하 전문을 보낸 것이 그러한 사례이다. 1944년 10월 샤를 드골(Charles De Gaulle)이 이끄는 프랑스 임시정부는 연합국인 미국·영국·중국으로부터 승인을 받았다. 이때 주미외교위원부 위원장 이승만은 '임시정부 대표 전권공사' 명의로 드골과 프랑스 외무부장관에게 각각 축하 전문을 보냈다. 조소앙도 충칭 주재 프랑스대사관에 연합국의 승인을 받은 데 대해 축하 편지를 보냈고, 이에 대한 답례로 주중 프랑스 임시정부 대표 클라락은 조소앙을 초청해 면담하기도 했다.

프랑스대사관과 우호적인 관계를 맺으면서, 임시정부는 프랑스와 정부 승인 문제에 대해 교섭했다. 교섭은 조소앙이 페슈코프에게 제안하는 방식으로 이루어졌다. 1944년 7월 1일 페슈코프가 마시글리에게 보낸 공문을 보면 "조소앙이 자신에게 보낸 성명서와 각서를 동봉한다", "한 부는 드골 장군에게, 다른 한 부는 귀하(마시글리)에게 전해줄 것을 부탁했다"라고 되어 있다.

조소앙이 보낸 성명서와 각서는 임시정부 승인에 관한 것이었다. 성명서의 핵심 내용은 "가능한 한 빠른 시일 안에 열강 연합국들과 직접적이고 실질적인 접촉을 할 수 있기를 기대한다"는 것이고, 각서는 '반추축국 전쟁에서 한국의 역할'이라는 제목을 달아 '한국의 삼천만 인민들이 중국·만주·러시아 등 각 지역에서 활동하고 있는데, 이들은 열강들이 활용할 수 있는 커다란 자산이 될 뿐만 아니라 용맹스러운 전투력으로 역할 할 수 있다'고 밝혔다. 즉 한국이 반추축국의 일원으로 연합국이 수행하는 전쟁에서 커다란 역할을 할 수 있다는 것이다. 이러한 점을 역설하면서, 임시정부를 승인하는 것이 열강들에도 유익할 것이라고 강조했다.

조소앙은 페슈코프를 통해 프랑스가 임시정부를 승인해 줄 것을 요청했다. 이에 대해 드골의 프랑스 정부가 어떻게 대응했는지 명확히 알려주는 자료는 없지만, 충칭 프랑스대사관에서 임시정부로 보낸 문건이 남아 있다. 1945년 2월 26일 프랑스대사관은 조소앙에게 "클라락이 귀하에게 이미 구두로 전한 바와 같이 프랑스공화국 임시정부가 한국 임시정부와 사실상의 관계 유지를 본 대사관에 위임했음을 비공식적으로 알려드립니다"라고 한 것이다. 프랑스 정부는 임시정부와 사실상의 관계를 유지한다는 것이고, 이를 임시정부 측에 통보하는 임무를 충칭의 프랑스대사관에 위임했던 것으로 보인다. 프랑스 임시정부의 대표로 와 있던 클라락은 이러한 사실을 먼저 조소앙에게 구두로 알려주었고, 다시 임시정부에 공문을 보내 통보했다.

프랑스와의 외교관계를 위해 주프랑스대표를 선임하다

임시정부는 클라락의 통보를 받고, 이를 프랑스가 임시정부를 승인하는 것으로 받아들였다. 국무회의에서 프랑스와 외교관계를 맺기 위해 취한 조치는 그것을 말해준다. 1945년 3월 12일 국무위원회 비서장 차리석은 외무부장에게 "국무회의에서 주파리특파원 서영해를 주프랑스대표로 선임하였으니, 이를 프랑스 정부에 조회하여 동의를 구하라"라는 공문을 보냈다. 바로 그 공문이 남아 있다.

서영해 1945년 3월 12일 국무회의에서 주파리특파원 서영해를 주프랑스대표로 선임했다. 부산박물관 소장.

서영해는 파리에 고려통신사를 설립하고 특파원으로 활동하던 인물이다. 임시정부는 서영해를 주프랑스대표로 선임했다. 지금으로 말하면 주프랑스대표는 임시정부의 프랑스대사이다. 프랑스대사를 선임하고, 외무부장에게 프랑스 정부에 서영해에 대한 아그레망을 요청하라고 지시했다. 프랑스가 임시정부를 승인한 것으로 받아들여, 프랑스와 외교관계를 맺기 위한 조처를 취한 것이다.

임시정부는 프랑스가 승인했다는 사실을 대내외에 공표했다. 그 역할을 맡은 것이 외무부장 조소앙이었다. 조소앙은 국무회의에서 주프랑스대표를 선임한 다음 날인 3월 13일, 각국 기자들을 초청해 기자회견을 열어 프랑스가 임시정부를 승인했다는 사실을 알렸다.

임시정부에서는 프랑스가 승인한 것을 기정사실화했지만, 프랑스 정부의 입장은 달랐다. 프랑스가 임시정부를 승인했다는 소식이 전해지자, 한국의 많은 단체들이 드골에게 감사 전문을 보냈던 것 같다. 드골 장군 비서실은 한국인들의 감사 전문이 날아드는 것을 의아해했고, 외무부 아시아-오세아니아국장 질베르(Gilbert)에게 내용을 알아보라고 지시했다. 질베르가 조사해 3월 29일 자로 드골 장군 비서실에 보고한 문건이 있다.

이 모든 소란의 원인은 우리가 충칭의 대한민국 임시정부를 사실상 승인했다는 *United Press*의 허보였습니다. 제가 이미 며칠 전에 오프루아(Offroy)에게 해명하라고 지시했습니다. 충칭 주재 우리 대사관이 중국에 있는 대한민국 임시정부 인사들과 호의적인 관계를 유지하는 것이 사실이지만 그 이상은 아닙니다.

프랑스의 임시정부 승인은 ≪유나이티드 프레스(United Press)≫의 허보였다는 것이다. 그리고 충칭에 있는 프랑스대사관이 임시정부 인사들과 호의적인 관계를 유지하고 있지만, 임시정부와의 관계는 그 이상이 아니라고 했다. 임시정부를 승인한 것은 아니라는 말이다.

프랑스의 임시정부 승인 문제는 프랑스 측에서 허보임을 밝힘으로써, 사실이 아닌 것이 되었다. 프랑스가 임시정부를 승인한 것이 아니었다고 해도 프랑스와의 관계는 중요시 여겨야 한다. 임시정부가 프랑스조계에서 수립되어 활동한 것도 그렇고, 충칭에서 프랑스대사관과 긴밀한 관계를 맺고 있었다는 점도 그렇다. 프랑스의 외교적 수사는 매우 모호하다고 알려져 있다. 프랑스가 임시정부를 승인했다고 발표한 것은 임시정부에서 프랑스의 외교적 수사를 잘못 해석한 결과였다고 생각한다.

프랑스의 임시정부 승인은 사실이 아닌 것이 되었지만, 임시정부는 그 뒤에도 프랑스와 우호적인 관계를 유지했다. 독일이 항복하자 주석 김구는 1945년 5월 15일 드골에게 "임시정부와 한국민족은 자유와 문명의 공동의 적인 나치 독일에 대한 완벽한 승리를 축하한다"라는 전문을 보냈다. 드골도 이에 대한 답신을 김구에게 보내왔다. 5월 19일 "일본의 패배는 해방을 맞게 될 한국이 거듭나는 출발점이 될 것이다"라고 하면서, 감사하다는 답신을 보내온 것이다.

한국이 일제에 나라를 빼앗기고 식민지지배를 받고 있을 때, 또 대한민국 임시정부를 수립해 독립운동을 전개할 때, 열강들이 보인 태도를 생각해 볼 필요가 있다. 냉정하게 이야기하면 한국을 도운 열강은 없었다. 있다면 중국과 프랑스였다. 임시정부를 지원하고 우호적인 입장을 보였던 나라는 중국과 프랑스뿐이었다고 할 수 있다. 결국에는 사실이 아닌 것으로 밝혀졌지만, 잠시나마 임시정부를 승인한 것으로 알았던 나라는 프랑스가 유일했다. 임시정부가 청사에 태극기와 함께 중국의 국기, 프랑스의 국기를 걸어놓았던 것은 이런 이유 때문이었다.

| 참고문헌 |

국가보훈처·국사편찬위원회. 2016. 『프랑스 외무부 문서보관소 소장 한국독립운동 사료』 1~3. 선인.
국사편찬위원회. 1992. 『한국독립운동사 자료』 21.
_____. 2008. 『대한민국임시정부자료집 23: 대유럽외교 I』.
김민호. 2019. 「서영해 연구」. 단국대학교 대학원 박사학위논문.
대한민국임시정부기념사업회. 2006. 『프랑스소재 한국독립운동 자료집』. 역사공간.
윤종문. 2016. 「1920년대 프랑스의 상하이 한인독립운동에 대한 정책과 그 성격」. ≪한국근현대사연구≫, 79.
장석흥. 2018. 「대한민국임시정부 주불특파원 서영해의 독립운동」. ≪한국근현대사연구≫, 84.
한시준. 2016. 「대한민국임시정부와 프랑스」. ≪한국근현대사연구≫, 77.

제5부

임시정부, 해방 후의 역사로 이어지다

19

환국 후 국내에서
과도정권 수립을 추진하다

환국 후 경교장을 청사로 삼아 활동하다

대한민국 임시정부와 관련해 잘못 이해하고 있는 것이 하나 있다. 해방이 되면서 임시정부의 활동도 끝났다고 보는 것이다. 임시정부는 중국에서도 그렇고, 국내에 들어와서도 해체를 선언한 적이 없다. 미국의 요구에 의해 개인 자격으로 환국했지만, 국내에서 임시정부로 활동을 계속 이어갔다. 주석 김구의 숙소인 경교장에 모여 국무회의를 개최하는 한편, 내무부 산하에 행정연구위원회와 정치공작대를 만들어 독립국가 건설을 준비하고 조직을 확대하면서, 국내 인사들과 더불어 과도정권 수립을 추진했다.

임시정부는 제2진이 서울에 도착한 다음 날(1945년 12월 3일) 주석 김구의 숙소인 죽첨장(竹添莊, 현재 경교장)에서 첫 모임을 가졌다. 제1진과 제2진으로 귀국한 요인들이 모두 모였다. 미국에서 귀국한 이승만도 참석했다. ≪자유신문≫, ≪조선일보≫ 등 당시 신문들은 이 모임을 "전각료일당(全閣僚一堂)에 회합(會合), 작일환국후(昨日還國後) 최초(最初)의 국무회의(國務會議)"라는 제목으로 보도했다. 그 뒤로도 임시정부 요인들은 경교장에 모여

대한민국 임시정부 환국 봉영회 국민들은 '대한민국임시정부 개선'을 환영하며 임시정부를 맞이했다.

회의를 했고, 이때마다 각 신문은 '국무회의'라는 제목을 달았다.

　경교장을 흔히 김구 주석의 숙소로 알고 있지만, 임시정부의 청사이기
도 했다. 경교장은 김석황이 마련한 것으로 알려져 있다. 김석황은 임시정

부에서 국내특파원 등으로 활동하다가 옥고를 치른 인물로, '대한민국 임시정부 환국 봉영회'를 조직하고 부위원장을 맡고 있었다. 당초 마련한 곳은 운현궁이지만, 김구가 왕실이 사용하던 곳에 들어갈 수 없다며 거절했다. 김석황은 광산업자인 최창학에게 그의 집을 내주도록 요청했다. 그곳이 죽첨장이었다.

국내에서 임시정부는 경교장을 중심으로 활동했다. 2013년 서울시는 경교장을 복원하면서, 이를 '임시정부 마지막 청사'로 소개했다. 조소앙 등 일부 요인들은 집안에서 마련해 준 별도의 집에 있기도 했지만, 조완구를 비롯한 정부의 국무위원 대부분은 한미호텔에 머물렀다. 임시정부의 여당인 한국독립당은 운현궁에 사무소를 두었고, 임시의정원은 창덕궁 서행각에 사무소를 두었다.

임시정부는 환국 직후 독립국가 건설을 위한 준비를 해 나가면서 조직도 확대하고자 했다. 내무부 산하에 행정연구위원회와 정치공작대를 설치한 것이 그러한 시도였다. 행정연구위원회는 독립국가 건설에 필요한 각종 행정을 준비하기 위한 조직이었고, 정치공작대는 임시정부의 조직을 전국 각지로 확대하기 위한 기구였다. 책임은 내무부장 신익희가 맡았다. 신익희는 행정연구위원회에 헌법을 기초하도록 하는 한편, 종로6가의 낙산장에 '대한민국임시정부내무부정치공작대판사처'라는 간판을 걸었다. 낙산장은 신익희의 숙소이자 정치공작대 본부였다.

정치공작대는 12월 6일부터 함경도·평안도를 비롯해 경상도·전라도 등 각지로 요원들을 파견하기 시작했다. 요원들은 신익희의 인장이 찍힌 비밀 신분증을 소지했고, 조직원은 하향식으로 임명되었다. 중앙본부에서 각 도 책임자를 임명하고, 도 책임자가 군 책임자를, 군 책임자가 면 책임자를 임명하는 방식으로 임시정부 조직을 확대해 나갔다. 1946년 2월에 이르면 전국 각지 면 단위까지 조직원이 임명되었다고 한다.

반탁운동을 전개하며 정권 접수를 시도하다

임시정부가 활동을 시작했을 때, 뜻밖의 소식이 날아들었다. 모스크바3상회의에서 한국을 신탁통치 하기로 결정했다는 소식이었다. 1945년 12월 미국, 영국, 소련 3국 외상들이 모스크바에 모여 전후 문제에 대한 실행 방안을 협의했다. 여기서 한국을 최고 5년 동안 신탁통치 하기로 결정되었고, 12월 28일 그 소식이 전해진 것이다.

소식을 접한 임시정부는 긴급 국무회의를 소집했다. 이 회의에서 신탁통치를 반대하고 국민들과 함께 반대운동을 전개하기로 결정했다. 임시정부는 이미 1943년에 국제공동관리 문제가 대두되었을 때, 당·정·군 최고회의를 소집해 대책을 강구하고, 강력한 반대운동을 전개한 적이 있었다. 반대운동을 전개하며 외무부장 명의로 '우리는 일본이 패망하는 즉시 독립국이 되어야 한다. 만일 일본에 이어 국제 세력들이 우리를 통치한다면 일본에 대해 저항했듯이 국제 세력에 대해서도 역사적인 전쟁을 계속할 것'이라는 성명을 발표하기도 했다. 신탁통치 반대를 결정한 데는 별다른 고려가 없었다. 국제공동관리에 반대했듯이, 신탁통치도 반대한다는 것이었다.

국무회의에 이어 각계 인사들을 초청해 비상대책회의를 개최했다. 28일 저녁에 각 정당·종교단체·언론기관 대표 등 70여 명이 경교장에 모였다. 김구는 '신탁통치를 반대하는 것은 독립운동'이라고 하면서, 반탁운동을 전개하자고 했다. 각계 인사들은 이에 찬동했고, 권동진과 안재홍을 위원장과 부위원장으로 한 '신탁통치반대국민총동원위원회'(이하 국민총동원위원회)를 결성했다. 국민총동원위원회는 임시정부 국무위원회의 지도를 받아 신탁통치 반대운동 전개한다는 것과 '삼천만이 일사(一死)로 자유를 전취(戰取)하자' 등의 행동강령을 발표하며, 반탁운동의 의지를 다졌다.

1945년 12월 31일 국민총동원위원회 주도로 반탁시민대회가 열렸다.

장소는 서울운동장이었고, 3만여 명에 달하는 시민들이 참여했다. "신탁통치 절대반대"라는 플래카드가 운동장을 뒤덮은 가운데, 완전한 자주독립을 주장하고 신탁통치를 반대한다는 연설이 이어졌다. '임시정부를 절대지지'한다는 선언문과 미국, 영국, 중국, 소련의 원수에게 보내는 결의안도 채택했다. 그리고 '삼천만은 죽음으로써 즉시 독립을 쟁취하자', '외국군정 철폐' 등의 구호를 외치며, 시위행진에 들어갔다. 서울역으로 향하는 시위대열에 수많은 시민들이 참여했고, 전국에서 반탁운동의 횃불이 타올랐다.

반대운동에만 그치지 않았다. 임시정부는 정권을 행사하려고 시도했다. 정권 행사에 대한 논의는 국민총동원위원회를 결성하는 과정에서 제기되었다. 부위원장 안재홍이 "우리 임시정부에 즉시 주권행사를 간망할 것"을 제안한 것이다. ≪동아일보≫는 이를 "각 정당 사회단체 대표자회의, 임정에 주권행사 건의"라는 제목으로 보도하기도 했다. 준비는 정치공작대와 행정연구위원회에서 이루어졌다. 임시정부가 정권을 행사하겠다는 포고문이 '국자(國字)'라는 이름으로 작성되었고, 제1호와 제2호로 된 포고문은 반탁시민대회가 열리던 12월 31일 벽보로 나붙었다.

국자 제1호

1. 현재 전국 행정청 소속의 경찰기구 및 한인직원을 전부 본임시정부
   지휘하에 예속케 함.
2. 탁치반대의 시위운동은 계통적 질서적으로 행할 것.
3. 폭력행위와 파괴행위는 절대 금함.
4. 국민의 최저생활에 필요한 식량·연료·수도·전기·교통·금융·의료기관
   등의 확보 운영에 대한 방해를 금지함.

국자 제2호

차(此) 운동은 반드시 우리의 최후 승리를 취득하기까지 계속함을 요(要) 하며 일반 국민은 금후 우리 정부 지도하에 제반 사업을 부흥하기를 요망한다.

이는 임시정부가 정권을 행사하겠다는 선언이었다. 당시 38선 이남은 미군정이 통치하고 있었다. 더욱이 1945년 10월 군정장관 아치볼드 아널드(Archbald V. Arnold)는 '38선 이남에는 오직 미군정이 있을 뿐이고 그 외에 다른 정부가 존재할 수 없다'며, 어떠한 정부도 인정하지 않는다고 선언한 적이 있었다. 이런 상황에서 미군정청에 소속된 경찰기구와 한인 직원들을 임시정부에 예속시키고, 임시정부가 정권을 행사한다고 선언한 것이다.

포고문은 엄청난 파문을 몰고 왔다. 미군정은 이를 미군정의 정권을 탈취하려는 '임시정부의 쿠데타'로 받아들였고, 보고를 받은 사령관 존 하지(John R. Hodge)는 분노했다. 당시 경무부장이던 조병옥의 회고에 의하면 하지는 '임시정부 요인들을 죽여버리겠다'거나 '중국으로 추방하겠다'고 하여, 자신이 중재에 나섰다고 한다. 조병옥은 하지를 찾아가 '임시정부 요인들을 죽이거나 추방하면, 한국인의 민심이 미군정에서 이탈할 것이고, 그렇게 되면 미군정도 실패할 것'이라고 하면서, 김구와 대화로 해결할 것을 제의했다고 한다.

1946년 1월 1일 김구는 하지와 반도호텔에서 만났다. 하지는 이때까지도 분노를 삭이지 못하고 있었다. 김구가 들어서자 반탁운동을 중지하라고 하면서, '나를 거역하면 죽여버리겠다'고 했다. 김구도 물러서지 않았다. '당신이 나를 죽이기 전에 이 융단 위에서 자결하겠다'고 대응했다. 격앙된 만남이었지만, 합의가 이루어졌다. 하지는 반탁운동은 하되 폭력적인 방법을 행사하지 말 것과 이를 방송을 통해 밝힐 것을 요구했다. 김구는 이를 받아들였다.

일단 수습은 되었지만, 임시정부는 큰 타격을 입었다. 미군정은 정치공작대 본부가 있던 낙산장(駱山莊)을 수색해 관련 서류들을 모두 압수해 갔다. 정치공작대를 주도한 내무부장 신익희는 첩보부대인 CIC 본부로 연행되어 구금되었고, 정치공작대는 해체되었다. 임시정부도 공개적으로 활동하는 것이 어려워졌다. 미군정이 임시정부를 자신들에게 도전하는 위험한 존재로 여기면서, 협력 대상이 아닌 경계 대상이 되었다.

과도정권 수립을 추진하다

임시정부는 과도정권 수립을 추진했다. 과도정권은 임시로 세우는 정권을 말한다. 임시정부는 환국하기 전인 1945년 9월 3일 주석 김구 명의로 당면정책을 발표한 일이 있었다. 핵심은 국내에 들어가 '임시정부를 국민들에게 봉환한다'는 것으로, 이를 위해 과도정권을 수립하겠다고 했다. 국내의 여러 인사들과 함께 과도정권을 수립하고, 수립된 과도정권에 임시정부의 모든 것을 인계한다는 것이었다.

과도정권 수립은 비상정치회의를 소집하는 것으로 추진되었다. 김구는 1946년 1월 4일 '남의 손을 기대할 것 없이 우리의 손으로 신속히 강고한 과도정권을 수립하자'며, 비상정치회의 소집을 요구했다. 좌우익 각 정당과 단체들을 통일하고, 이를 기반으로 과도정권을 수립하고자 했다. 국민당·한국민주당·신한민족당·조선인민당·조선공산당 대표를 초청해 만났다. 그러나 조선공산당과 조선인민당은 임시정부를 확대·강화하려는 의도라며 참여를 거부했다.

한 달여의 준비 작업을 거쳐, 과도정권 수립을 위한 기구를 결성했다.

1946년 2월 1일 각계 인사 195명이 참가한 가운데 명동 천주교회당에서 비상국민회의를 결성한 것이다. 비상국민회의는 임시정부의 국회 역할을 하던 임시의정원을 계승한 것으로, 과도정권을 수립하기 위한 의회였다. 의장과 부의장은 임시의정원 의장과 부의장인 홍진과 최동오가 그대로 선출되었다.

비상국민회의를 결성했지만, 미군정의 방해공작이 있었다. 과도정권 수립을 준비한다는 것을 파악한 하지는 '과도정권을 수립하기 전에 임시정부를 분쇄해야 한다'며, '지금이 임시정부의 권위를 빼앗을 적절한 시기'라고 했다. 방해공작은 비상국민회의를 미군정의 자문기구로 만드는 것으로 실행되었다. 이러한 의도가 알려지면서 국무위원 김원봉·장건상·성주식·김성숙 등이 임시정부를 떠났다.

비상국민회의는 최고정무위원회를 조직하여 과도정권을 수립하고자 했다. 권동진·오세창 등이 과도정권으로 최고정무위원회를 조직할 것을 제의했다. 인선은 이승만과 김구에게 맡겼다. 의장에 이승만, 부의장에 김규식, 국무총리에 김구가 선임되었다. 그리고 내무·외무·국방·재무 등 14개의 행정부서도 두었다. 최고정무위원회는 국회의 기능과 행정부의 기능이 복합된 형태였고, 이것이 곧 과도정권이었다.

과도정권으로 최고정무위원회를 조직했지만, 이는 좌절되었다. 미군정에서 이를 미군정의 자문기구로 변질시킨 것이다. 인선을 거쳐 조직된 최고정무위원회는 2월 14일 결성식을 했다. 그러나 미군정의 개입으로 명칭과 성격이 바뀌었다. 결성식에서 의장 이승만이 명칭을 '대한국민대표민주의원'이라고 하면서, 민주의원은 미군정의 자문기구임을 강조한 것이다. 하룻밤 사이에 명칭과 성격이 바뀌어버렸다. 이렇게 된 데는 하지의 정치고문 프레스턴 굿펠로(Preston M. Goodfellow)의 공작이 있었던 것으로 알려져 있다.

미군정의 방해로 좌절되었던 과도정권 수립은 1947년에 다시 시도되었다. 이는 비밀리에 추진되었다. 그 과정을 정확히 파악할 수 없지만, 참여했

국내외동포에게 고함 일제가 항복문서에 서명한 바로 다음 날인 1945년 9월 3일 주석 김구 명의로 발표했다. '당면정책 14개조'의 핵심은 임시정부를 국민들에게 봉환한다는 것이고, 이를 위해 국내의 인사들과 함께 과도정권을 수립한다고 했다.

던 일부 인물들이 남겨놓은 글이 있다. 운현궁에 조성환·정인보·김석황·김승학·조상항·이을규·이정규 등으로 구성된 한국혁명위원회가 있었고, 그 산하에 전위 역할을 담당하는 특별행동총사령부를 두었다고 한다. 방법은 대규모 반탁시위운동을 전개하고, 임시정부를 확대·강화하여 이를 봉대하는 형식으로 과도정권을 수립한다는 것이었다.

대규모 반탁운동을 계획·추진했다. 반탁운동은 반탁독립투쟁위원회를 결성하는 것으로 시작되었다. 1947년 1월 24일 비상국민회의와 대한독립촉성국민회 등을 비롯해 우익진영 35개 정당과 사회단체가 참여한 가운데 반탁독립투쟁위원회를 결성한 것이다. 위원장은 김구, 부위원장은 조소앙·조성환·김성수 등으로 하고, 이승만은 최고 고문으로 추대되었다. 2월 14일 반탁독립투쟁위원회 주도로 천도교 대강당에서 반탁독립궐기대회가 열렸다. '신탁통치 결사반대', '자주독립이 달성될 때까지 결사투쟁' 등의 결의안을 채택하고, 38선 철폐와 자주정부 수립을 요구하는 서한을 미·중·소·영 등 연합국 대통령에게 보냈다.

반탁운동을 전개하면서, 과도정권 수립을 위한 기구를 설립했다. 국민의회였다. 국민의회는 비상국민회의를 이은 것으로, 2월 17일 결성되었다. 한국독립당을 비롯해 63개 단체와 13도 대표들이 참가한 가운데 비상국민회의 제2차 전국대의원대회를 열었고, 여기서 비상국민회의의 명칭을 국민의회로 바꾼 것이다. 국민의회 의장은 조소앙, 부의장에는 유림이 선출되었다.

국민의회는 1947년 3월 3일 과도정권을 수립했다. 제41회 임시의회를 통해서였다. '제41회 임시의회란', 1919년 4월 11일 제1회 임시의정원 회의를 개최한 것부터 계산한 것이다. 국민의회는 임시의정원을 이은 것이고, 제41회 임시의회는 의정원의 활동이 계속되었음을 말해준다. 과도정권은 결원이 된 국무위원을 보선하여 임시정부의 조직을 확대·강화하는 방식으로 추진되었다. 임시의회에서는 다음과 같이 과도정권을 수립했다.

주 석	이승만		부주석	김 구
국무위원	이시영	조소앙	조완구	조성환
	황학수	박찬익	이청천	조경한
	유 림	조만식	김창숙	박 열
	이을규	오세창		

주석에 이승만, 부주석에 김구를 선출했다. 국무위원은 결원이 된 2명과 탈퇴한 김원봉·장건상·김성숙·성주식 4명 등을 대신하여 모두 6명을 보선했다. 이청천·조만식·김창숙·박열·이을규·오세창 등이 새롭게 국무위원으로 보선되었다. 각 행정부서 책임자는 주석과 부주석에게 일임하기

로 했다. 주석과 부주석을 선출하고, 결원이 된 국무위원을 보선하는 형식으로 과도정권을 수립한 것이다.

과도정권을 수립했지만, 이를 공포하지는 못했다. 미군정이 이를 저지했고, 이승만이 동조하지 않았기 때문이다. 과도정권 수립을 파악한 미군정은 3월 5일 엄항섭과 김석황을 체포했다. 그리고 과도정권을 선포하면 반란 행위로 처벌할 것이고, 임시정부가 행동을 개시하면 국무위원들을 체포하라는 명령도 내렸다. 미국을 방문하고 있던 이승만도 김구에게 "내가 도착할 때까지 기다리라"는 전보를 보내왔다.

과도정권은 수립을 공포하지 못했지만, 활동을 전개했다. 중국에 있는 주화대표단에 미국·영국·중국·프랑스·소련 등 5개국에 '즉시 독립을 부여할 것', '신탁통치안을 폐지할 것', '미소 양군을 철수할 것' 등을 요구하라고 명령을 내렸다. 그리고 김구는 조완구·이시영·유림과 함께 미군정장관 프레더릭 브라운(Frederick Brown) 소장을 찾아가 '통치권을 임시정부로 이양할 것'을 요구하기도 했다.

과도정권은 그 기능과 역할을 수행하지 못했다. 이승만이 미국에서 돌아왔지만, 주석에 취임하지 않은 것이다. 이승만은 '미군정과 합작해서 우리 문제를 해결할 수 있게 되었다'며, '과도정권을 내세우지 말고 잠복상태로 있다가 정식 정부가 수립된 이후에 임시의정원과 임시정부의 법통을 전임시키자'고 했다. 주석직도 사임했다. 이로써 과도정권을 수립하여, 임시정부의 모든 것을 과도정권에 인계하려는 임시정부의 시도는 좌절되었다. 그렇지만 한 가지 분명하게 기억해야 할 것이 있다. 임시정부는 해방과 더불어 끝난 것이 아니라, 국내에 들어와서도 과도정권 수립을 추진하며 활동을 계속했다는 점이다.

| 참고문헌 |

고정휴. 2006. 「해방 직후 대한민국임시정부의 노선과 통일운동」. ≪한국근현대사연구≫, 36.

박진희. 1996. 「해방 직후 정치공작대의 조직과 활동」. ≪역사와 현실≫, 21.

오대록. 2014. 「해방 후 대한민국임시정부 연구」. 단국대학교 대학원 박사학위논문.

이승억. 1997. 「임시정부의 귀국과 대미군정 관계」. ≪역사와 현실≫, 24.

이용기. 1997. 「1945~1948년 임정세력의 정부수립 구상과 임정법통론」. ≪한국사론≫, 38.

정병준. 2009. 「해방 후 백범 김구의 건국노선과 평화통일 활동」. ≪백범과 민족운동 연구≫, 7.

정용욱. 2009. 「대한민국임시정부의 환국과 백범」. ≪백범과 민족운동 연구≫, 7.

한시준. 2003. 「대한민국임시정부의 환국」. ≪한국근현대사연구≫, 25.

20

대한민국 임시정부,
대한민국 정부로 이어지다

국회의장 이승만, 대한민국 임시정부 계승을 천명하다

대한민국 임시정부와 대한민국 정부의 관계에 대해 잘못 이해하는 경우가 적지 않다. 이를 서로 다른 존재로 보거나, 1948년에 수립된 대한민국 정부가 대한민국을 건국했다고 보는 것이 대표적인 예이다. 2008년 이명박 정부가 출범하면서 대한민국이 1948년에 건국되었다며 '건국60년기념사업위원회'를 조직하고, 이를 기념하는 각종 사업을 벌인 것이 계기였다. 광복보다 건국을 더 중요시해야 한다며 '광복절'을 '건국절'로 바꾸려고 한 것도 그것이고, 이승만을 '건국대통령'이라 칭한 것도 마찬가지이다. 대한민국은 1948년에 건국되지 않았다. 대한민국 정부는 새롭게 세워진 것이 아니라, 대한민국 임시정부를 이은 것이다.

대한민국 정부와 임시정부의 관계를 이해할 수 있는 주요한 전거가 있다. 『제헌국회속기록』이다. 대한민국 정부는 제헌국회에서 수립되었고, 그 과정과 절차 등이 속기록에 그대로 남아 있다. 제헌국회는 1948년 5월 10일 총선거를 통해 선출된 198명의 국회의원으로 구성되어 5월 31일 개원했다.

제헌국회 개원　1948년 5월 31일, 의장 이승만이 개회사를 하고 있다. 국사편찬위원회 소장.

여기서 국호를 대한민국으로 결정하고, 헌법을 제정해 이승만을 대통령으로 한 대한민국 정부를 수립했다. 『제헌국회속기록』을 보면 그 과정을 알수 있다.

　제헌국회에서 정부를 어떻게 수립할 것이냐에 대한 문제는 개원식에서 제기되었다. 방향을 제시한 것은 이승만이었다. 이승만은 국회의장으로서 국회를 여는 개회사를 했고, 이를 통해 정부 수립 방향을 제시했다.

　　우리는 민족의 공선(公選)에 의하야 신성한 사명을 띠고 국회의원 자격으로 이에 모여 우리의 직무와 권위를 행할 것이니 먼저 헌법을 제정하고 대한독립민주정부를 재건설(再建設)하려는 것입니다. ……
　　이 민국은 기미년 삼월일일에 우리 13도대표들이 서울에 모여서 국민대회를 열고 대한독립민주국임을 세계에 공포하고 임시정부를 건설하야 민주주의에 기초를 세운 것입니다. ……

이 국회에서 건설되는 정부는 즉 기미년에 서울에서 수립된 민국의 임시정부의 계승(繼承)에서 이날이 29년만에 민국의 부활일(復活日)임을 우리는 이에 공포하며 민국연호는 기미년에서 기산(起算)할 것이오.

이승만은 새로이 국가를 세우거나 새롭게 정부를 수립하자고 하지 않았다. 기미년에 임시정부를 수립하여 민주주의에 기초를 세운 적이 있다고 하면서, 이를 재건설·계승하자고 했다. 제헌국회에서 수립하는 정부는 임시정부가 부활하는 것임을 공포한다고도 했다. 연호도 임시정부에서 사용하던 '대한민국'이라는 연호를 그대로 사용할 것과 그 기점은 1919년이라고 했다. 임시정부를 재건설·계승·부활하는 형식으로 정부를 수립하자고 한 것이다.

이승만이 언급한 임시정부는 서울에서 수립된 '한성정부'였다. 한성정부는 홍진·이규갑 등의 주도하에 이승만을 집정관총재로 하여 수립한 임시정부로, 13도대표자대회와 국민대회라는 절차를 거쳐 1919년 4월 23일 선포되었다. 그 뒤 한성정부는 상하이와 연해주에서 수립된 임시정부와 통합을 이루었다. 세 임시정부가 통합을 이루면서 정통성은 한성정부에 두었다. 국내에서 국민적 기반 위에 수립되었다는 점 때문이었다. 이승만이 특별히 한성정부를 내세운 데 대해 1925년 임시정부에서 대통령직이 탄핵되었기 때문으로 보는 경우도 있지만, 임시정부가 국내에서 국민대회라는 절차를 거쳐 수립된 것이라는 점을 강조하기 위한 것으로 보는 것이 옳다.

제헌국회에서 정부를 수립한 과정과 절차는 이승만이 제안한 범위를 벗어나지 않았다. 우선 임시정부에서 사용하던 '대한민국'을 그대로 국호로 결정했다. 해방 직후부터 여러 세력이 한국, 대한, 조선, 고려 등 다양한 국호를 제시했었다. 제헌국회에서도 6월 3일 헌법 및 정부조직법 기초위원회가 구성되면서 국호 문제를 논의하기 시작했다. 많은 논의가 있었지만, 7월 1일 본회의에서 국호가 '대한민국'으로 결정되었다.

국호를 '대한민국'으로 결정하는 데 가장 큰 영향을 끼친 인물이 바로 이 승만이었다. 이승만은 개원식에서부터 '대한민국'을 사용했다. 그는 개회사에서 "대한민국 독립민주국 제1차 회의를 여기에 열게 된 것을"이라며 말문을 열었다. 그의 입에서 나온 첫마디가 "대한민국"이었고, 자신을 "대한민국 국회의장 이승만"이라고 칭했다. 국호를 정하는 문제가 대두했을 때, 이승만은 '3·1운동에 의해 수립된 임시정부의 국호대로 대한민국으로 결정하자'고 했다. 이청천·서용길·이원홍·장병만·조국현 의원 등도 '3·1독립정신과 임시정부의 법통을 계승하기 위해'라는 논리와 함께 이승만 의장이 제안한 대한민국으로 하자고 주장했고, 표결을 거쳐 대한민국으로 결정되었다.

제헌헌법 전문에 '대한민국 임시정부의 계승·재건'을 밝히다

제헌헌법 전문에 대한민국 정부는 임시정부를 계승·재건했다는 사실을 밝혀놓기도 했다. 잘 알려져 있듯이 대한민국 정부는 제헌헌법에 의해 수립되었다. 제헌국회가 국회를 개원하여 가장 먼저 한 일은 헌법을 제정한 것이었다. 제정한 헌법은 7월 17일 공포되었다. 그리고 이 헌법에 의해 대한민국 정부를 수립한 것이다. 그 전문에 다음과 같은 내용이 있다.

유구한 역사와 전통에 빛나는 우리들 대한국민은 기미삼일운동으로 대한
민국을 건립하여 세계에 선포한 위대한 독립정신을 계승하여 이제 민주독
립국가를 재건함에 있어서 ……..

전문을 통해 명확하게 밝혀놓았다. 대한민국은 기미삼일운동으로 건립되었다는 것이다. 기미삼일운동으로 건립한 대한민국은 대한민국 임시정부를 말하는 것이고, 재건한다고 하는 '민주독립국가'도 대한민국 임시정부를 지칭한다. 대한민국은 1919년에 건립되었다는 사실을 헌법 전문에 밝혔고, 제헌국회에서는 임시정부를 계승·재건한다고 밝힌 것이다.

여기서 한 가지 알고 넘어가야 할 것이 있다. 『제헌국회속기록』을 보면, 제헌헌법 전문에 대한민국 정부를 수립한 근거를 밝히고, 임시정부의 계

제헌헌법 전문 '대한민국은 기미삼일운동으로 건립되었다'는 것과 대한민국 정부는 임시정부를 계승·재건했다는 사실을 밝혀놓았다.

승·재건을 명문화하고자 한 것이 이승만임을 알 수 있다. 이승만은 전문에 들어갈 내용을 직접 작성했고, 헌법기초위원회에 이를 넣자고 제의했다.

내 생각은 총강(總綱) 앞의 전문 이것이 긴요한 글입니다. 거기에 우리의 국시(國是)와 국체(國體)가 어떻다 하는 것이 표시될 것입니다. ……

지금 미국 사람들이 구라파나 아시아나 자기네의 민주주의라는 것을 펴자고 하는 것이 오늘의 정세입니다. 그러한 까닭에 일본에 가서도 전제주의를 업새버리고 일본 백성들에게 민주주의를 전하고 그런 정부를 맨들어서 — 그리고 조선에 와서도 미국은 민주주의 원칙에 임(任)하여 자기네가 세워주겠다고 하고 있는 터입니다.

그러나 우리는 우리의 정신을 헌법에 작정(作定)할 생각이 있어서 말씀하

는 것입니다. 그런 까닭에 여기서 우리가 헌법 벽두에 전문에 써널 것은 '우리들 대한국민은 유구한 역사와 전통에 빛나는 민족으로서 기미년 삼일 혁명에 궐기하여 처음으로 대한민국정부를 세계에 선포했으므로 그 위대한 독립정신을 계승하여 자주독립의 조국재건을 하기로 함' 이렇게 써 넣었으면 해서 여기 제의하는 것입니다.

이승만이 임시정부 법통에 대한 문구를 넣자고 한 데는 이유가 있었다. 외세에 의한 정부 수립, 즉 미국이 세워주는 정부 수립이어서는 안 된다는 생각 때문이었다. 미국에 의해서가 아니라, 우리가 자주적으로 세우는 것임을 나타내고자 했다. 이를 위해 우리는 이미 1919년에 대한민국 임시정부를 수립했고, 민주주의를 유지·운영한 경험이 있으며, 제헌국회에서는 이를 계승·재건하는 것임을 전문에 명문화하고자 한 것이다. 이는 민족의 자주성을 분명히 하는 가운데 자주독립 정부를 세우려는 이승만의 역사의식과 의지의 발로였다.

헌법기초위원회에서는 이승만이 작성해 온 내용과 문구에 대해 논의했다. 논의는 7월 7일에 이루어졌다. 백관수·김준연·최국현·이종린·윤치영 등 5명을 특별위원으로 선정하고, 이들이 용어와 문구를 다듬어 최종안을 마련토록 했다. 이 과정에서 "삼일혁명"이 "삼일운동"으로, "자주독립의 조국"이 "민주독립국가"로 바뀌었다. 바뀐 수정안은 본회의의 표결을 거쳐 통과되었다. 이로써 "기미삼일운동으로 대한민국을 건립"했다는 사실, 임시정부를 계승·재건해 대한민국 정부를 수립했다는 내용이 제헌헌법 전문에 들어가게 되었다.

'대한민국'이라는 동일한 연호를 사용하다

대한민국 정부가 임시정부를 이었다는 사실을 말해주는 또 하나의 전거는 연호이다. 대한민국 정부는 임시정부에서 사용하던 '대한민국'이라는 연호를 그대로 이어서 사용했다. 정부 수립 후 1948년 9월 1일 ≪관보≫를 발행하면서, 간행 일자를 "대한민국 30년 9월 1일"이라고 표기한 것이 그런 예이다. 임시정부는 '대한민국'이라는 연호를 사용했다. 임시정부에서 생산한 모든 문서에는 "대한민국 원년"(1919), "대한민국 2년"(1920), "대한민국 27년"(1945) 등으로 표기되어 있다. '대한민국 30년'은 1948년을 말한다.

≪관보≫는 정부의 대표적인 공식 기관지로, 정부에서 제정한 헌법을 비롯해 법령, 고시, 예산, 조약, 인사 사항 등을 게재한다. 조선왕조에서 ≪조보(朝報)≫를 발행한 것이 그 기원으로 알려져 있고, 1894년부터 ≪관보≫라는 이름으로 발행되었다. 임시정부에서도 ≪대한민국임시정부공보≫라는 이름으로 모두 83호를 발행

대한민국 정부 수립 후 제1호로 발행한 ≪관보≫
≪관보≫ 1호의 발행일을 '대한민국 30년 9월 1일'이라고 표기했다.

했다. 대한민국 정부도 대한민국 정부 공보처에서 ≪관보≫를 발행하기 시작했고, 제1호가 1948년 9월 1일 발간되었다. 이때 발행 일자를 "대한민국 30년 9월 1일"이라고 한 것이다.

국가가 바뀔 때는 물론이고, 같은 국가에서도 황제가 바뀌면 새로운 연호를 사용한다. 현재도 독자적인 연호를 사용하고 있는 일본의 경우를 보면, 일본은 1868년 천황이 취임하면서 메이지(明治)라는 연호를 사용했다. 이어

대한민국 정부 수립 국민축하식　1948년 8월 15일.

1912년에 새로운 천황이 즉위하면서 다이쇼(大正), 1926년 즉위한 천황은 쇼와(昭和), 그 아들이 즉위해서 헤이세이(平成)를 사용했고, 현재는 레이와 (令和)라는 연호를 사용하고 있다.

　　우리 역사에서도 독자적인 연호를 사용한 적이 있었다. 가까운 예로 1897년 국호 조선을 대한제국으로 바꾸고, 고종이 황제로 즉위하면서 독자적인 연호를 사용했다. 고종은 황제로 즉위하면서 광무(光武)라는 연호를 사용했고, 1897년을 '광무 원년'이라고 했다. 광무 11년(1907) 고종황제가 일제에 의해 강제로 퇴위당하고, 그의 아들이 황제가 되었다. 융희황제(순종)는 '융희(隆熙)'라는 연호를 썼다. 대한제국이라는 국가는 바뀌지 않았지만, 황제가 바뀌면서 다른 연호를 사용한 것이다.

　　대한민국 정부는 임시정부가 사용하던 '대한민국'이라는 연호를 그대로 사용했다. 그 시점도 임시정부가 수립된 1919년부터 계산해, 1948년을 '대한민국 30년'이라고 했다. 연호를 사용하는 예에서 알 수 있듯이, 동일한 연호를 사용한 대한민국 정부와 임시정부는 서로 다른 존재라고 할 수 없다. 임시정부와 대한민국 정부는 같은 존재이고, 대한민국 정부는 임시정부를 그대로 잇고 있다는 말이다.

행정·입법·사법부 수장은 임시정부와 독립운동 관계자들이었다

대한민국 정부의 구성도 임시정부와 무관하지 않다. 흔히 대한민국 정부는 이승만 대통령이 친일 세력을 기반으로 수립했고, 친일 인사들이 중심이 된 것으로 알려져 있다. 그러나 그렇게만 볼 수는 없다. 대통령을 비롯해 대한민국 정부 초대 내각 구성원은 모두 17명이었다.

대 통 령	이승만	부 통 령	이시영		
국회의장	신익희				
대법원장	김병로				
국무총리	이범석				
외 무 부	장택상	내 무 부	김도연	법 무 부	이 인
국 방 부	이범석	문 교 부	안호상	농 림 부	조봉암
상 공 부	임영신	사 회 부	전진한	교 통 부	민희식
체 신 부	윤석구	무 임 소	이청천·이윤영		

이 중 임시정부에서 활동한 인사가 5명이다. 이승만은 임시정부에서 초대 대통령을 지냈고, 부통령 이시영은 임시정부를 수립한 후 26년여 동안 이를 지켜온 대표적 지도자이다. 신익희는 임시정부 헌법을 기초하고 내무부장으로 활동했다. 이청천과 이범석은 임시정부의 국군인 한국광복군 총사

령과 참모장으로 활동한 인물이다. 대법원장 김병로는 항일 변호사였고, 각료들도 독립운동과 관계된 인물들이다. 행정부·입법부·사법부의 수장이 모두 임시정부와 독립운동 관련 인사들이었다는 점을 기억할 필요가 있다.

대한민국의 국회도 임시정부와 무관하지 않다. 1948년 5월 31일 제헌국회가 개원했다. 제헌국회란 헌법을 제정한 국회라는 말이다. '국회'라는 명칭으로 개원했지만, 그 명칭을 누가 언제 정했는지에 대해 생각해 볼 필요가있다. 개원 당시 국회라는 명칭에 대해 논의한 적도 없고, 결정한 기록도 없다. '국회'라는 명칭은 임시정부에서 정해놓았다. 1919년 4월 11일 임시정부를 수립하면서 공포한 헌법인 「대한민국임시헌장」 제10조에 "임시정부는국토회복 후 만 1개년 내에 국회를 소집함"이라고 한 것이다.

대한민국 국군도 임시정부의 국군인 한국광복군을 이은 것으로 보아야한다. 해방 후 일본·만주·중국 등지에서 활동했던 군사 경력자들이 귀국해수많은 군사단체를 조직하고, 군대창설을 준비했다. 미군정은 이들의 활동을 금지시켰다. 그리고 미군정 주도로 건군을 추진했다. 1945년 11월 국방사령부를 설치하고, 다음 해 1월 조선국방경비대를 발족한 것이 그 시작이었다. 미군정이 건군을 추진하면서 중요하게 생각한 것이 있었다. 건군의정신적 기반을 어디에 둘 것인지, 어떤 인물을 중심으로 할 것인지 등의 문제였다.

당시 한국인들의 군사 경력은 다양했다. 독립군을 비롯한 광복군·일본군·만주군·중국군 출신들이 있었다. 일본군 대좌 출신 이응준이 "어제까지도 나는 일본군 고급장교 신분이었다. 그러한 사람으로 조국이 해방되었다고 해서 세상 표면에 나서 날뛴다는 것은 양심이 허락하지 않는 일이었다"라고 한 것처럼, 일본군 출신들이 나서지는 않았다. 김석원·신태영 등도 마찬가지였다. 이들도 일본 육군사관학교 출신으로 일본군 대좌로 활동했었다. 이들이 귀국하자 많은 청년들이 찾아와 군대창설에 나설 것을 제안했지만,

이들은 "임시정부가 입국하고 광복군 사령관의 명령이 있을 때까지 기다리며 근신해야 한다"라며 제안을 받아들이지 않았다.

미군정도 일본군 경력자들을 내세우려 하지 않았다. 미군정은 군대창설을 추진하면서 이응준에게 자문을 구했지만, 일본군을 중심으로 삼지 않고 광복군을 기용했다. 통위부장에 임시정부 참모총장 출신 유동열 장군을, 조선경비대 사령관에 광복군 제2지대장 출신인 송호성을 임명한 것이다. 통위부는 미군정의 국방부였고, 조선경비대는 군대였다.

대한민국 정부가 수립된 후 미군정은 행정권과 더불어, 군사권을 대한민국 국방부로 이양했다. 초대 국방부장관은 광복군 출신 이범석이었다. 군사권은 1948년 8월 31일 이양되었다. 미군정 시기의 군사권은 통위부에 있었고, 통위부장은 유동열이었다. 통위부장 유동열이 국방부장관 이범석에게 군사권을 넘겼다. 임시정부 참모총장 출신이 광복군 출신에게 군사권을 넘긴 것이다.

대한민국 역사를 왜곡하려는 시도들이 있었다. 이명박 정부에서 1948년 건국론을 제기하고 건국절 제정을 추진했던 일, 박근혜 정부에서 국정 역사 교과서를 강행한 일 등이 그것이다. 이승만을 '건국대통령'이라고 한 경우도 마찬가지이다. 권력이 역사를 농단할 수 있다고 생각하지만, 역사적으로 성공한 예가 없다.

제헌국회에서는 임시정부를 계승·재건하여 대한민국 정부를 수립했고, 그것을 주도한 인물은 이승만이었다. 이승만을 '건국대통령'이라고 하는 것은 그의 역사의식을 왜곡하는 것일 뿐만 아니라, 이승만을 욕되게 하는 일이다. 대한민국은 1948년에 건국되지 않았다. 대한민국은 1919년 4월 11일 중국 상하이에서 건립되었고, 대한민국의 역사는 1919년 시작되었다. 1948년 8월 15일에 수립된 대한민국 정부는 1919년에 건립된 대한민국 임시정부를 이은 것이다.

| 참고문헌 |

김육훈. 2012. 『민주공화국 대한민국의 탄생: 우리 민주주의는 언제, 어떻게 시작되었나?』. 휴머니스트.

대한민국 국회. 1987. 『제헌국회속기록』.

박찬승. 2013. 『대한민국은 민주공화국이다: 헌법 제1조 성립의 역사』. 돌베개.

오대록. 2014. 「해방 후 대한민국임시정부 연구」. 단국대학교 대학원 박사학위논문.

유영익. 2013. 『건국대통령 이승만: 생애 사상 업적의 새로운 조명』. 일조각.

한시준. 2008. 「대한민국 '건국60년', 그 역사적 모순과 왜곡」. ≪한국근현대사연구≫, 46.

_____. 2017. 『역사농단: 1948년 건국론과 건국절』. 역사공간.

_____. 2018. 「대한민국 국군의 뿌리, 어디서 찾아야 하나」. ≪한국근현대사연구≫, 84.

21

임시의정원, 비상국민회의, 국민의회를 거쳐
국회로

임시의정원법을 제정하다

현대사를 잘못 이해할 수 있는 요소가 있다. 일제에 나라를 빼앗기고 식민지지배를 받았던 시기를 민족의 역사가 단절된 것으로 이해하는 것, 1945년 해방이 되면서 현대사가 새롭게 시작된 것처럼 이해하는 것이 대표적인 예이다. 일제에 나라를 빼앗기고 식민지지배를 받았지만, 민족의 역사는 단절된 적이 없다. 그동안에도 우리 민족은 살아 있었고, 나라를 되찾기 위해 독립운동을 전개했다.

독립운동 과정에서 우리 민족의 역사는 크게 변화하고 발전했다. '대한민국'을 건립하고 '임시정부'를 수립했으며, 군주주권에서 국민주권의 역사로, 전제군주제의 역사에서 민주공화제의 역사로 바꿨다. 독립운동 과정에서 얻은 역사적 경험들은 해방 후 역사에 중요한 토대가 되었고, 그대로 계승되기도 했다. 대한민국 임시정부는 1948년 대한민국 정부로 이어졌다. 대한민국 국회도 마찬가지이다. 임시정부와 함께 입법기관 역할을 했던 임시의정원이 국회로 이어진 것이다.

임시의정원은 그 위상이나 역할에 비해 크게 알려지지 못한 면이 있다. 임시정부에 가려지기도 했고, 깊이 연구되지 않았기 때문이다. 잘못 이해된 점도 없지 않다. 1974년 국회도서관에서 임시의정원 속기록과 관련 문서들을 자료집으로 발간하면서 그 제목을 『대한민국임시정부의정원문서』라고 한 것이다. 임시의정원을 임시정부의 한 부서로 취급한 것이다. 이는 현재의 국회를 '대한민국 정부 국회'라고 하는 것이나 마찬가지이다. 정부와 국회는 엄연히 다르다. 임시정부는 행정부이고, 임시의정원은 입법기관이었다.

「대한민국임시헌장」 1919년 4월 11일에 공포되었다. 「대한민국임시헌장」 제10조에 "임시정부는 국토회복 후 만 1개년 내에 국회를 소집함"이라고 하여 '국회'라는 명칭을 사용했다.

의정원의 위상과 역할에 대해서는 임시정부 수립 당시 헌법에 명시해 놓았다. 1919년 4월 11일 제정·공포한 「대한민국임시헌장」에 "대한민국은 임시정부가 임시의정원의 결의에 의하야 차를 통치함"(제2조), "임시정부는 국토회복 후 만 1개년 내에 국회를 소집함"(제10조)이라고 했다. 대한민국은 임시정부에 의해, 임시정부는 의정원의 결의에 의해 운영한다고 밝힌 것이다. 임시정부를 움직이는 것은 의정원이라는 말이다. 또 '국회'라는 단어에 유념할 필요가 있다. 당시에는 의정원이라고 했지만, 독립이 되면 국회가 된다는 것이다. 이는 당시 의정원이 곧 국회라는 말이었다. 국회라는 이름이 어디서 나왔는지를 생각해 볼 필요가 있다.

의정원은 임시정부보다 먼저 설립되었다. 1919년 4월 10일 밤 10시에

29명이 공식 모임을 가졌을 때, 가장 먼저 결정한 것이 의정원이었다. 모임의 명칭을 임시의정원으로 결정했고, 의장·부의장·서기를 선출해 의정원을 구성했다. 그리고 곧바로 제1회 의정원 회의를 개최하고, 이 회의에서 국호를 대한민국으로 한 임시정부를 수립한 것이다.

의정원은 임시정부보다 먼저 설립되었지만, 조직과 체제는 나중에 갖추었다. 설립 당시에는 의장·부의장·서기만 선출한 상태였다. 제1회 회의에서 임시정부 수립 절차를 모두 마무리한 후, 의정원을 조직하는 문

대한민국임시의정원법 임시의정원은 「대한민국임시의정원법」을 제정하여 1919년 4월 25일 공포했다. 의정원은 이에 의해 조직·운영되었다.

제를 논의했다. 이를 위해 「임시의정원법」을 제정하기로 하고, 신익희, 손정도, 조소앙, 이광수를 기초위원으로 선정해 임시의정원법 기초를 맡겼다.

「임시의정원법」은 4월 25일 열린 제3회 임시회의에서 통과되었다. 이 회의는 「임시의정원법」을 통과시키기 위해 개최한 것이었다. 회의에 상정된 의정원법기초안을 남형우·이춘숙·서병호·장도·이광 등 5명의 심사위원이 심사한 뒤, 이를 만장일치로 가결·통과시켰다. 이로써 「의정원법」이 마련되었다.

각 도 단위로 인구 30만 명에 의원 1인을 선출하다

「의정원법」에 의해 의정원을 새로 조직했다. 「의정원법」은 의정원 조직과 운영에 대한 규정으로, 13장 57개조로 구성되었다. 이에 의하면 "의정

원은 각 지방 인민의 대표의원으로 조직함"(제1조)이라고 했다. 의원들로 조직하는데, 의원은 각 지방 국민의 대표였다. 즉, 국민의 대표들로 의정원을 조직한 것이었다.

의원의 자격과 선출 기준이 있었다. 자격은 "대한국민으로 중등교육을 수(受)한 만 23세 이상의 남녀"이다. 23세 이상이면, 또 여성도 의원이 될 수 있었다. 많은 숫자는 아니지만, 실제로 김마리아·방순희 등 여성들이 의원으로 선출되었다. 선출 기준은 각 도 단위로 인구 30만 명에 1인씩 선출하도록 했다. 경기·충청·경상·전라·함경·평안의 각 도에서는 6명씩, 황해도와 강원도에서는 3명씩, 중국·러시아·미주 지역에서 각 3명씩 선출하여, 의원 정수는 모두 51명이었다. 의원의 임기는 2년이었고, 매년 3분의 1을 개선한다고 했다.

의원은 선거를 통해 선출했다. '의원의 선거는 국내의 각도 선거구에서 실시한다'고 했지만, 현실적으로 국내에서 직접선거를 실시할 수 없었다. 임시적인 방법으로 임시정부 소재지에서 활동하고 있는 독립운동가들이 그 출신 지역에 따라 선거했다. 선거는 4월 30일까지 마쳤다. 그 결과 경기도 4명, 경상도 5명, 충청도 4명, 전라도 3명, 강원도 3명, 함경도 5명, 평안도 6명, 황해도 3명, 중국 지역 2명 등 모두 35명이 선출되었다.

선출된 의원들이 참석하여 회의를 열었다. 제4회 회의였다. 회의는 4월 30일에 시작해 5월 12일까지 진행되었다. 회의 첫날 의장과 부의장을 새로 뽑았다. 의장에 손정도, 부의장에 신규식이 당선되었다. 이로써 의정원은 새롭게 조직되었고, 체제도 갖추었다. 조직은 의장, 부의장과 더불어 비서국이라는 기구가 있었다. 비서국은 비서와 의정원의 사무를 담당하는 부서였다. 비서장 1인, 비서 2인, 서기 3인으로 구성되었고, 산하에 의사과와 서무과를 두었다.

또한 위원회를 설치했다. 위원회는 전원위원회, 상임위원회, 특별위원회가 있었다. 전원위원회는 의원 전원이 참여해 각 위원회의 심사를 거치거나 각 위원회에서 제안한 의안을 다시 심사하기 위한 것이다. 상임위원회는 행정부 각 부처 소관에 따라 구성되어 소관 부처의 안건을 심사하는 기구로, 모두 8개 분과위원회를 두었다. 제1과(법제), 제2과(내무, 외무), 제3과(재무), 제4과(군무), 제5과(교통), 제6과(예산·결산), 제7과(청원, 징계), 제8과(교육, 실업) 등이었고, 각 분과에 5명의 의원을 둔다고 했다. 특별위원회는 특별히 해결해야 할 문제가 있을 때 설치하는 것으로, 의원자격심사위원회·국제연맹제출안건작성위원회 등이 그에 해당했다.

이러한 조직과 체제는 1919년 4월 25일 통과된 「의정원법」에 의해 갖춰졌다. 그 뒤 「의정원법」은 두 차례 개정되었다. 세 곳의 임시정부가 통합을 이루어 통합정부를 구성했을 때 처음 개정되어, 1919년 9월 17일 「개정임시의정원법」으로 공포되었다. 1942년 좌익 세력이 의정원에 참여한 것을 계기로 다시 개정되었다. 개정에 따라 의원 숫자가 57명으로 늘어나기도 했지만, 조직과 체제에는 큰 변화가 없었다.

입법기관 역할을 하며 39회의 정기 및 임시 의회를 개최하다

의정원은 입법기관이었다. 1919년 9월 개정된 「헌법」에 "대한민국의 입법권은 의정원이, 행정권은 국무원이, 사법권은 법원이 행사함"(제5조)이라고 하여, 의정원의 역할이 입법기관임을 명시해 놓았다.

의정원의 주요 활동 중 하나는 헌법을 제정한 것이다. 의정원은 임시정부 수립 당시 「대한민국임시헌장」을 제정한 것을 비롯해 1919년 9월 11일 「대한민국임시헌법」, 1925년 4월 7일 「대한민국임시헌법」, 1927년 4월 11일 「대한민국임시약헌」, 1940년 10월 9일 「대한민국임시약헌」, 1944년 4월 22일

「대한민국임시헌장」 등 다섯 차례에 걸쳐 헌법을 개정했다.

의정원의 직권 행사는 행정부가 집행하는 국정 전반에 걸쳐 있었다. 헌법의 제정 및 개정을 비롯해 일체 법률안의 심의·의결, 대통령 선거, 정부 예산 및 결산 의결, 공채 모집과 국고 부담에 관한 사항, 국무원과 주외 대사 등에 대한 임명동의권, 선전포고 및 강화조약 체결에 대한 동의, 인민청원 수리, 국무원의 출석 답변 요구, 대통령과 국무원 탄핵, 관리의 위법행위 조사 등이었다.

의원에 대한 징계권도 있었고, 경위도 두었다. 의원 징계는 발언 정지, 출석 정지, 사죄, 제명 등 네 가지였다. 발언 정지는 결석이 3일인 경우, 출석 정지는 발언 정지가 2회 이상인 경우, 제명은 출석 정지가 2회 이상이거나 회의장에 흉기를 가지고 출석한 경우 등이다. 회의장의 질서를 위해 경위를 두었다. 경위는 3명이었고, 의장이 경위권을 행사하도록 했다. 의원들이 회의장 질서를 문란하게 하거나 방청인들이 회의를 방해할 경우, 의장의 명령으로 경위가 이들을 퇴출하도록 했다.

의정원 활동은 의회를 통해 이루어졌다. 의회는 매년 정기적으로 개최되는 정기의회와 필요에 따라 개최하는 임시의회가 있다. 정기의회는 처음에는 매년 4월에 개최하다가 1925년부터 10월에 개최했다. 임시의회는 임시정부의 요구 또는 의원 3분의 1 이상의 요구가 있을 때 열렸다. 1919년 4월 11일 제1회 회의가 개최된 이래 1945년 8월 17일 임시의회까지 모두 39차례 의회를 개최했다.

다당체제로 운영되다

1930년대에 들어서면서 의정원은 정당 주도로 운영되기 시작했다. 계기는 한국독립당의 결성이었다. 1920년대 중반, 민족이 대단결해 정당을 조직하고, 이를 중심으로 독립운동을 전개하자는 민족유일당운동이 일어났다. 유일당을 조직하려는 운동이 전개되었지만, 좌익 세력이 탈퇴하면서 좌절되었다. 유일당 조직이 좌절된 후, 1930년 1월 임시정부를 중심으로 활동하던 인사들이 한국독립당을 결성했다.

한국독립당이 결성되면서, 의정원의 구성과 운영 방식도 바뀌었다. 한국독립당은 임시정부를 옹호·유지하기 위한 기초 세력이었고, 이들에 의해 의정원이 구성되고 운영된 것이다. 의원들을 각 도 단위로 선출하는 것에는 변함이 없었지만, 한국독립당 당원 중에서 선출한다는 점이 이전과 달랐다. 당시 중국의 이당치국(以黨治國), 즉 중국국민당이 중국 정부를 주도하는 것과 같은 형태였다.

1935년에는 의정원의 운영 주체가 바뀌었다. 한국독립당에서 한국국민당으로 바뀐 것이다. 이러한 변화는 민족혁명당 결성이 계기가 되었다. 1935년 7월 통일운동에 의해 5개 정당과 단체가 통일을 이루어 민족혁명당을 결성했는데, 이때 한국독립당은 해체를 선언하고 민족혁명당 결성에 참여했다. 그러나 김구·이동녕·송병조 등은 이에 참여하지 않았다. 이들은 11월 별도로 한국국민당을 결성하고, 이를 기반으로 무정부상태에 빠진 임시정부를 다시 일으켜 세웠다. 그 뒤 한국국민당이 의정원 운영을 주도했다.

의정원은 1940년대 들어와 다시 크게 변화했다. 좌익진영의 인사들이 의정원에 참여했기 때문이다. 민족혁명당을 비롯해 조선민족해방동맹·조선혁명자연맹 등 좌익 세력들은 임시정부와 관계없이 독자적으로 활동하고 있었다. 그러나 제2차 세계대전과 태평양전쟁이 발발하면서 민족의 독립운동 역량을 한곳으로 집중해야 한다는 논의가 일어나 임시정부로 세력을 결집한 것이다.

좌익진영이 임시정부 참여를 결정하자, 의정원에서 관련 조치를 마련했다. 1942년 8월 의원선거규정을 개정하여, 좌익진영 인사들도 의원으로 선출될 수 있도록 한 것이다. 개정된 의원선거규정에 의해 의원 선출 선거가 실시되었다. 한국독립당에서 7명, 민족혁명당에서 10명, 조선민족해방동맹과 조선혁명자연맹에서 각각 2명씩 모두 21명을 선출했다. 좌익진영 인사 14명이 의원으로 선출된 것이다.

의원이 선출되고 1942년 10월 정기의회가 개최되었다. 제34차 회의로, 새로 선출된 좌익진영 의원들이 참석했다. 이들이 참여하면서 의정원에도 커다란 변화가 일어났다. 무엇보다도 좌우익진영 인사들이 참여하면서 통일의회가 되었다는 점이고, 의원 수도 46명으로 대폭 증가했다. 「의정원법」에는 정원이 57명으로 되어 있었지만, 이를 다 채운 적은 한 번도 없었고, 적을 때는 5명인 적도 있었다. 1942년의 정기의회는 1919년 개원 이래 가장 많은 인원이었다.

한국독립당 일당체제로 운영되어 오던 의정원이 다당체제로 바뀌었다. 한국독립당과 더불어 민족혁명당·조선민족해방동맹·조선혁명자연맹 등 4개 정당이 의정원을 구성하면서, 일당체제에서 다당체제로 바뀐 것이다. 여당과 야당도 생겨났다. 한국독립당은 여당이었고, 좌익진영의 정당들은 야당으로 역할 했다. 의원의 비율도 여당이 26명으로 57%, 야당이 20명으로 43%를 차지했다. 정치적 이념과 목표를 달리하는 4개 정당이 의정원을 구성하고, 이들이 여당과 야당으로 역할 한 것은 한국 의회정치사에서 처음 있는 일이었다.

통일의회를 이끈 것은 홍진이었다. 홍진은 국내에서 한성정부를 수립한 인물로, 상하이로 망명해 임시정부의 행정수반인 국무령을 역임하고 두 차례에 걸쳐 의장을 맡았었다. 1942년 10월 제34차 회의가 개최되면서 다시 의장으로 선출되었고, 그 뒤 해방 때까지 의정원을 이끌었다. 홍진에 이르기까지 이동녕·손정도·김인전·조소앙·장붕·윤기섭·조상섭·여운형·최창식·송병조·이강·김붕준 등이 의장으로 활동했다.

환국 후 비상국민회의와 국민의회를 거쳐 국회로 이어지다

의정원은 해방 후 임시정부와 함께 국내로 들어왔다. 미국의 강압적 요구에 의해 개인 자격으로 들어왔지만, 의정원은 이름을 바꾸며 활동을 계속했다. 1946년 2월 1일 비상국민회의로 이름을 바꾸었다. 비상국민회의는 의정원 의원을 비롯하여 국내의 각계 인사 195명이 참석한 가운데, 명동 천주교회당에서 창립대회를 열었다. 의장과 부의장은 의정원 의장 홍진과 부의장 최동오가 그대로 선임되었다.

비상국민회의는 의정원의 후신(後身)이었다. 의장 홍진은 취임사에서 '비상국민회의는 여론의 대표기관이며 입법기관이며 정식 국회의 전신이 될 것이다'라 했고, 각 신문은 "정식 국회의 전신(前身)"이라는 제목을 달아 이를 보도했다. 미군정이 통치하고 있던 상황에서 정식으로 국회라는 명칭을 사용하기 어려웠다. 1947년 2월 다시 이름을 국민의회로 바꾸었다.

비상국민회의와 국민의회를 설립한 것은 약속을 실행한 것이었다. 임시정부 수립 당시 제정한 「헌법」 제10조 "임시정부는 국토회복후 만 1개년 내에 국회를 소집함"이라고 해놓았다. 국회라는 명칭을 사용할 수 없었던 상황에서 명칭을 비상국민회의, 국민의회라 한 것이다.

비상국민회의의 구성과 개막 1946년 2월 6일 자 ≪서울신문≫도 비상국민회의는 임시의정원의 후신이고, 정식 국회의 전신이라고 했다.

'비상국민회의'도 그렇고, '국민의회'도 그렇고, 이를 약칭하면 '국회'가 된다. 약속한 대로 국내에 들어와 '국회'라는 명칭을 사용한 것이다.

1948년에는 국회라는 명칭을 사용할 수 있었다. 1948년 5월 10일 198명의 의원들을 선출했고, 이들이 5월 31일 개원하면서 그 명칭을 국회라고 한 것이다. 의장으로 선출된 이승만은 개회사를 하면서 "국회개원식 개회사"라고 했다. 국회라는 용어를 공식적으로 사용한 것이고, 당시의 국회를 헌법을 제정했다고 해서 흔히 '제헌국회'라고 한다. '국회'라는 명칭은 제헌국회에서 만든 것이 아니다. 임시정부에서 헌법을 통해 만들었다. 독립운동 시기에는 의정원이라고 했지만, 국내에 들어와서 비상국민회의 → 국민의회 → 국회로 이어졌다.

| 참고문헌 |

김희곤. 1991. 「대한민국 임시의정원의 성격」. ≪한국민족운동사연구≫, 5.

양영석. 1987. 「대한민국 임시의정원 연구」. ≪한국독립운동사연구≫, 1.

오세창. 1981. 「대한민국 임시의정원의 역할」. ≪한국사론≫, 10.

윤병석. 1979. 「대한민국임시정부 연구 : 임시의정원 문서를 중심으로」. ≪아세아학보≫, 13.

이재호. 2011. 「대한민국 임시의정원 연구」. 단국대학교 대학원 박사학위논문.

이현주. 1999. 「대한민국 임시의정원의 성립과 위상 변화」. 『대한민국임시정부수립 80주년기념논문집』 상. 국가보훈처.

한시준. 2020. 「대한민국 임시의정원과 국회의 관계」. ≪한국독립운동사연구≫, 71.

22

한국광복군,
대한민국 국군의 뿌리가 되다

국군의 뿌리, 미군정이 설립한 국방경비대에서 찾아야 하나

　독립운동 과정에서 생성된 역사적 경험이 해방 후로 이어진 사례가 많다. 1919년에 대한민국 임시정부를 수립하고 민주공화제를 발전시켜 온 역사적 경험이 1948년 8월 15일 대한민국 정부로 이어진 것이 대표적인 예이다. 또 1919년에 설립되어 입법기관으로 역할 했던 임시의정원의 역사적 경험은 해방 후 대한민국 국회로 이어졌다. 대한민국 임시정부와 대한민국 정부, 임시의정원과 국회, 이와 더불어 한국광복군과 대한민국 국군의 관계도 생각해 보아야 한다.

　대한민국의 국군은 그 뿌리에 대한 인식을 명확히 정립하지 못하고 있다. '국군의 날'이 그것을 명료하게 말해주는 대표적인 예이다. '국군의 날'이라고 하면, 국군의 창설과 관련이 있어야 한다. 그렇지만 국군의 날인 10월 1일은 국군의 창설과 아무런 관련이 없다. 10월 1일을 국군의 날로 제정한 것은 1956년이었다. 그 이전에는 국군의 날이라는 것이 없었다. 육군, 해군, 공군에서 각기 기념일을 제정해 기념식을 거행하고 있었다. 육군은 국방경비대 창설일인 1946년 1월 15일에, 해군은 해방병단 창설일인 1945년 11월 11일에, 공군은 육군에서 분리되어 독립한 날인 1949년 10월 1일에 각각 기념식을 거행한 것이다.

국군의 날을 제정한 것은 대한민국 정부가 수립된 지 8년이 지나서였다. 그동안 육·해·공군이 각각 기념식을 거행함으로써 폐단이 적지 않았다. 물적·시간적 낭비도 그렇지만, 무엇보다도 국군의 정체성이나 일체감 조성이 미흡하다는 점이 크게 문제가 되었다. 이에 국무회의에서 국군의 날을 제정하는 문제를 심의했고, 1956년 9월 21일 대통령령 제1173호로 10월 1일을 국군의 날로 제정하여 공포했다. 10월 1일을 국군의 날로 제정한 것은 6·25전쟁 때인 1950년 10월 1일 육군 제3사단 23연대 3대대가 38선을 돌파하여 북진한 날을 기념해 제정한 것으로 알려져 있다.

국군에서 그 뿌리에 대해 명확하게 밝혀놓은 것은 없다. 명확하게 밝힌 것은 아니지만, 국군은 그 뿌리를 국방경비대에 두고 있는 것 같다. 1998년에 발간된『국군의 뿌리: 창군 참전용사들』이라는 책에서 그렇게 말하고 있다. 이는 국군 창설과 6·25전쟁에 참전했던 용사들의 모임인 '50동우회'에서 펴낸 것이다. 여기에 "미군정이 치안유지를 위하여 조직한 경찰예비대인 남조선국방경비대에 입대하여 국방군이란 긍지와 자부심을 갖고 국방임무를 수행하였다. 국군의 뿌리가 된 국방경비대와 국군의 역사를 찾기 위하여"라고 하여, 국군의 뿌리가 국방경비대에 있는 것처럼 설명해 놓았다.

국방경비대는 미군정에서 설립한 일종의 경찰예비대였다. 미군정은 군대창설을 추진하면서, 치안유지를 위한 경찰예비대로 1946년 1월 15일 국방경비대를 창설했다. 국방경비대는 제1차 미소공동위원회에 참여했던 소련군의 항의를 받으면서 명칭을 조선경비대로 바꾸었다. 그 뒤 조선경비대는 대한민국 정부가 수립되고 미군정이 군사권을 대한민국 정부로 이양하면서 9월 1일 국군으로 편입되었다. 이러한 국방경비대와 국군의 관계를 근거로 국군의 뿌리가 국방경비대에 있다고 인식하는 것 같다.

미군정 주도하에 군대창설이 추진되다

해방 직후 군대창설이 추진되었다. 먼저 군대창설을 추진한 것은 한국인들이었다. 일제가 패망하자 일본·만주·중국 등지에서 활동하던 사람들이 귀국했고, 이들 중 군대 경험이 있던 인물들이 각종 군사단체를 조직하기 시작한 것이다. 일본 육사 출신들이 중심이 된 조선임시군사위원회, 학병들이 중심이 된 학병동맹과 조선국군준비대, 대한민국 임시정부와 연계된 대한국군준비위원회, 해군 경력자들이 조직한 해사협회와 해방병단 등 많은 사설 군사단체들이 결성되었다.

군사단체를 조직한 것은 건군의 토대를 마련하려는 것이었다. 그러나 해방 직후에는 이들을 지도하고 통제할 만한 주도 세력이 없었고, 건군을 추진할 주체도 없었다. 더욱이 해방과 더불어 38선 이남 지역은 미군이 점령하고 미군정이 실시되면서, 이 군사단체들은 활동할 수 없게 되었다. 미군정은 한국에는 오직 미군정이 있을 뿐이라며, 어떠한 정부나 주도 세력도 인정하지 않았다. 그리고 한국인들이 조직한 군사단체들의 활동은 모두 금지시키고, 미군정이 군대창설을 추진했다.

미군정의 군대창설 작업은 1945년 11월 13일 군정법령 제28호를 통해 국방사령부를 설치하고, 12월 5일 군사영어학교를 설립하는 것으로 시작되었다. 국방사령부는 미군정의 국방부라 할 수 있는 것으로, 군대창설 계획을 수립하고 추진하는 기구였다. 사령관은 아서 챔피니(Arthur S. Champeny) 대령이 맡았다. 그리고 군사영어학교는 군대창설에 필요한 간부 요원을 확보하고, 통역관을 양성하기 위해 설립한 것이었다.

미군정의 군대창설은 뱀부계획(Bamboo Plan)으로 추진되었다. 뱀부계획은 필리핀식 경찰예비대 성격의 경비대를 창설한다는 것이 핵심이었다. 이에 의해 1946년 1월 15일 태릉에 있는 옛 일본군 지원병 훈련소에서 경비대 제1연대가 창설되었고, 그 뒤 각 도 단위로 경비대를 창설해 나갔다. 미군정에서는 이를 조선경찰예비대라고 했지만, 한국 측에서는 독립될 국가의 국군이 된다는 긍지로 남조선국방경비대라고 불렀다.

이러한 미군정의 군대창설 작업은 소련군의 항의를 받으면서, 명칭이 변경되었다. 1946년 5월 제1차 미소공동위원회에 참석한 소련군 측에서 '국방경비대는 무슨 의도로 설치한 것이냐'며 군대창설에 대해 항의를 해왔다. 이에 미군정은 '국방'을 '치안'이라는 뜻으로 대체하기로 하고, 군정법령 제86호를 통해 국방사령부의 명칭을 '국내경비부'로, 국방경비대는 '조선경비대'로 명칭을 바꾸었다.

미군정에서는 '국내경비부'와 '조선경비대'로 명칭을 바꾸었지만, 한국 측에서는 이 명칭을 그대로 사용하지 않았다. 다른 명칭으로 간판을 걸었다. 통위부(統衛府)라는 명칭이었다. 통위부라는 명칭은 1888년 조선 시대의 군제를 통위영, 장위영, 총어영의 3영으로 개편했을 때, 그 중심이던 통위영에서 따온 것이다. 통위부는 미군에서도, 소련군에서도 이해하기 어려운 용어였다.

일본군 출신과 미군정, "광복군 중심으로 군대 편성해야"

미군정에서 군대창설을 추진했지만, 군대를 구성할 사람들은 한국인이었다. 군대를 편성하는 데는 군사 경력자들이 필요했다. 당시 한국인으로 군사 경험이 있는 사람은 일본군 출신들이 가장 많았다. 일본 육군사관학교

를 졸업하고 일본군 장
교로 복무했거나 지원
병·학병·징병 등으로
징집되어 일본군 사병
으로 복무했던 이들, 일
제가 세운 만주국 군대
에서 복무했던 만주군
출신이 그들이었다. 여

학병 출신들이 주도한 조선국군준비대 대표대회

기에 만주에서 독립군으로 활동했던 독립군 출신, 임시정부의 국군인 광복
군 출신들도 있었다. 이 외에 중국군에서 복무한 인사들도 있었다.

　이 중 어떠한 출신들을 중심으로 군대를 창설할 것이냐 하는 문제가 있
었다. 해방 후 가장 먼저 군대창설을 추진한 이들은 일본군 출신들이었지만,
이들은 전면에 나서려고 하지 않았다. 이를 대변해 주는 사례가 이응준이
다. 이응준은 일본 육군사관학교 출신으로 해방 당시 일본군 대좌였다. 이
응준은 미군정의 군대창설 자문역을 하기도 했지만, "어제까지도 나는 일본
군 고급장교 신분이었다. 그러한 사람으로 조국이 해방되었다고 해서 세상
표면에 나서서 날뛴다는 것은 양심이 허락하지 않는 일이었다"라고 했다.
일본군으로 복무했던 이들이 건군 주체로 나설 수 없으며, 양심이 허락하지
않는다는 것이었다. 이것이 당시 민족의 일반적인 정서라고 할 수 있다.

　이응준뿐만 아니라, 다른 일본군 장교 출신들도 마찬가지였다. 일본군
장교 출신들이 귀국했을 때, 일본군에 복무했던 한인 장병들이 찾아와 군대
를 편성할 것을 종용했다. 일본 육군사관학교 출신으로 일본군에서 대좌로
활동한 김석원과 신태영에게도 이들이 찾아왔다. 이때 김석원과 신태영은
"임시정부가 입국하고 광복군 사령관의 명령이 있을 때까지 조용하게 근신
해야 한다"라고 말했다. 일본군 출신들이 나설 수 없고, 임시정부와 광복군

의 명령에 따라 군대를 창설해야 한다는 것이었다.

미군정도 마찬가지였다. 미군정은 일본군 출신들에게 군대창설에 대한 의견을 구하면서도, 이들을 전면에 내세우려고 하지 않았다. 미군정이 내세운 것은 광복군 출신이었다. 미군정은 통위부와 조선경비대 최고 책임자를 한국인으로 기용하고자 했고, 그 인물을 광복군에서 찾았다. 이를 위해 라일 버나드(Lyle W. Bernard) 대령이 일부러 중국 상하이로 가서 광복군 총사령 이청천을 만나 면담하고 돌아왔다. 이청천을 기용하려는 의도였다. 그러나 당시 이청천은 중국에서 교포들의 생명과 재산을 보호하고 귀국시키는 일, 그리고 일본군으로 끌려 나왔던 한인청년들을 광복군으로 편입시키는 확군 활동을 추진하고 있었다.

이청천 총사령관의 임명이 어려워지자, 미군정은 다른 인물을 물색했다. 이때 미군정에 자문역으로 있던 이응준이 유동열을 추천한 것으로 알려져 있다. 유동열은 당시 임시정부 참모총장이었다. 군사 경력자 중에서 최고 선배였고, 독립군과 광복군을 대표하는 인물이기도 했다. 대한제국 시기에 일본에 유학해 육군예비학교인 세이조(成城)학교를 거쳐 1903년 제15기로 일본 육군사관학교를 졸업하고, 연해주와 만주 지역에서 독립군으로 활동하다가 임시정부가 광복군을 창설하면서 참모총장을 맡았다.

이응준이 유동열을 추천하고 그에게 취임을 종용했다는 회고가 남아 있다. 이에 의하면 이응준은 취임을 망설이는 유동열에게 '우리나라의 간성(干城)이 될 군대의 상징이 되어 주셔야', '이 나라에 세워질 군대의 정신이 되어야 할 사명을 지니신 것', '임시정부의 법통을 우리나라 군대로 하여금 계승케 하기 위해서'라며 취임을 설득했다. 우리나라 '군대의 상징', '군대의 정신'이 되어달라는 것이고, 임시정부의 법통을 국군으로 계승하기 위해서라는 논리였다.

군대창설을 추진하면서 고민한 것은 바로 이 문제였다고 생각한다. 국군의 '상징'과 '정신'을 어디에 둘 것인가 하는 문제였다. 이를 광복군에 두고자 한 것이며, 이를 위해 통위부장에 임시정부의 참모총장 유동열을 추천한 것이다. 유동열이 취임을 승낙하면서, 통위부장은 미국인 프라이스(T. E. Price)에서 유동열로 교체되었다. 유동열은 1946년 9월 2일 통위부장에 취임했다. 미군정의 국방부에 해당하는 통위부의 부장을 광복군 출신이 맡게 되었다.

통위부장 유동열 통위부는 미군정의 국방부에 해당한다. 유동열은 임시정부 참모총장이었다.

통위부장에 이어 조선경비대 사령관도 광복군 출신이 맡았다. 조선경비대는 통위부와 함께 미군정에서 추진한 군대창설 작업의 핵심 조직으로, 태릉에서 설립된 제1연대를 비롯해 전국 8개 도에 1개 연대씩 편성된 군대였다. 유동열이 통위부장에 취임한 후 송호성이 조선경비대 사령관에 임명되었다. 송호성은 중국의 한단(邯鄲) 군사강습소를 졸업하고 중국군에서 활동하다가 광복군이 창설된 후 편련처장과 제2지대장으로

미군정의 조선경비대 사령관 송호성 송호성은 광복군에서 편련처장과 제2지대장을 지냈다.

활동한 인물이다. 이로써 통위부와 조선경비대의 총책임자를 모두 광복군 출신이 맡게 되었다.

이승만 대통령도 국군의 뿌리를 광복군에 두고자 했다

미군정에서도 그랬지만, 이승만 대통령도 대한민국 국군의 뿌리를 광복

군에 두고자 한 것으로 보인다. 이승만은 1948년 7월 20일 제헌국회에서 대통령으로 선출되었고, 7월 24일 대통령에 취임했다. 대통령에 취임한 후 이승만은 사저인 이화장에서 초대 정부를 구성하는 인선 작업에 들어갔다. 행정 각 부서의 책임자는 대통령에게 일임되어 있었고, 이승만은 행정부서의 책임자를 선임해 1948년 8월 15일 이를 발표했다. 이때 초대 국방부장관에 광복군 출신 이범석을 선임한 것이다.

이범석은 국방부장관뿐만 아니라 국무총리도 겸임했다. 처음에는 국무총리에 이윤영을 임명했지만, 제헌국회에서 인준이 부결되었다. 이윤영의 인준이 부결되자 이승만은 이범석을 임명했다. 이범석에 대해서도 국회 내 반발이 만만치 않았다. 그러나 이승만은 국회의 주요 인사들을 이화장으로 불러 설득 작업을 벌였고, 이범석의 국무총리 임명을 관철했다. 그리고 이범석에게 국무총리와 국방부장관을 겸임토록 한 것이다.

이승만 대통령은 대한민국 정부의 초대 국방부장관뿐만 아니라 국방부 차관으로 최용덕을 임명한 사실도 기억해야 한다. 최용덕은 베이징 근처의 난위안(南苑)에 있던 중국 육군항공학교를 졸업하고 중국군에서 공군으로 활동했으며, 광복군 총사령부 참모처장을 지냈다. 국방부장관과 차관에 모두 광복군 출신을 임명한 데는 의도가 있었다고 봐야 한다. 국군은 광복군에 뿌리를 둔다는 것, 즉 국군의 정통성은 광복군에 있다는 것이 이승만 대통령의 역사의식이었던 것이다.

이승만 대통령의 이와 같은 의도는 육군사관학교 교장을 임명하는 데서도 나타났다. 대한민국 정부가 수립되면서, 미군정 시기의 조선경비사관학교는 명칭을 육군사관학교로 바꾸었다. 육군사관학교 교장에 광복군 출신을 연달아 임명한 것이다. 1948년 7월 최덕신을 제6대 교장에 임명한 것을 시작으로, 제7대 교장 김홍일, 제8대 교장 이준식, 제9대 교장 안춘생을 임명했다. 육군사관학교 교장에 광복군을 연이어 임명한 것은 국군이 광복군의 후예라는 긍지를 심어주기 위한 의도였다고 생각된다.

미군정의 군사권이 대한민국 정부로 이양되는 과정에서도 광복군이 주
도적 역할을 했다. 대한민국 정부가 수립되자 1948년 8월 24일 한국과 미국
사이에 「잠정적 군사안전에 관한 협정」이 체결되었고, 이에 의해 미군정은
대한민국 정부로 군사권을 이양했다. 미군정 시기에 군사권을 행사하던 기
구는 통위부와 조선경비대였고, 미군정으로부터 군사권을 이양받은 것은
대한민국 국방부였다. 통위부장과 조선경비대 사령관은 유동열과 송호성이
었고, 대한민국 국방부 장관은 이범석이었다. 광복군 출신에 의해 광복군에
게 군사권이 넘겨진 것이다.

광복군 출신, 국군의 주요 인적 기반이 되다

국군 창설에는 일제시기에 군사 경력이 있는 인사들이 참여했다. 이들
의 군사 경력은 다양했다. 일본 육군사관학교 출신을 비롯해 지원병·학병·
징병, 만주국의 군대인 만주군에서 활동한 일본군 출신들, 만주에서 독립군
으로 활동한 독립군 출신들, 임시정부의 국군인 광복군에서 활동한 광복군
출신들, 그리고 중국의 군관학교를 졸업하고 중국군에서 활동한 중국군 출
신들이 있었다. 이들이 국군의 주요 인적 기반이 되었다.

이 중 국군 창설에 크게 기여한 것은 광복군 출신이었다. 앞에서 언급했
듯이, 미군정이 추진하는 군대창설에서 국방부에 해당하는 통위부장과 군
대인 조선경비대의 사령관을 맡았던 것은 광복군 출신이었다. 그리고 대한
민국 정부가 수립되었을 때, 초대 국방부장관 이범석과 차관 최용덕도 광복
군 출신이었다. 광복군 출신들이 미군정에서 추진하는 군대창설과 대한민
국 국군 창설에서 주도적 역할을 맡은 것이다.

국군 창설에 주도적 역할을 한 것뿐만 아니라, 광복군 출신들이 국군 창설에 주요한 인적 기반이 되기도 했다. 광복군 대원들이 국내로 귀국한 것은 1946년 6월이었다. 이들은 처음에는 미군정이 주도하는 군대창설에 적극 참여하지 않았다. 자칫 미국의 용병이 될 수 있다는 우려 때문이었다. 그러다 유동열과 송호성이 통위부장과 조선경비대 사령관에 부임하면서, 조선경비사관학교에 참여하기 시작했다. 1946년 9월 23일에 선발한 제2기에 송호성과 고시복이 입교한 것을 시작으로, 1947년 1월 13일에 선발한 제3기에는 최덕신·박시창·박기성 등이 입교한 것이다. 이들은 중국에서 군관학교를 졸업한 후 중국군의 장교로 복무하고, 광복군에서 주요 간부를 역임한 경력자들이었다.

대한민국 정부가 수립되고 국군이 창설되면서, 광복군 출신들이 국군에 참여했다. 광복군 출신이 국방부장관과 차관을 맡았던 것이 커다란 계기였다. 1948년 8월 17일 선발한 제7기 특별반에 김관오·장흥 등이, 이어 제8기 특별반에는 이준식·오광선·안춘생·박영준·권준·장호강·김영일·전성호 등이 입교했다. 이준식·오광선·전성호는 1930년대 북만주의 한국독립군에서 활동한 독립군 출신이고, 권준은 의열단에 이어 광복군에서, 김관오·장흥·안춘생·박영준 등은 중국군관학교 출신으로 광복군에서, 장호강과 김영일은 학병 출신으로 일본군을 탈출해 광복군에서 활동한 인사들이다.

육군사관학교에 입교한 것 이외에도, 광복군 출신들은 다양한 방법으로 국군에 참여했다. 김홍일과 채원개가 특임으로 임관된 것이 그러한 예이다. 김홍일은 1919년에 구이저우육군강무당을 졸업하고 중국군으로 활동하면서 중국국민당의 북벌전과 중일전쟁 당시 지휘관으로 전쟁을 수행했던 인물이다. 특히 김홍일은 중일전쟁에서 중국군이 승리를 거두었던 완자링(萬家嶺)전투와 상가오셴(上高縣)전투를 직접 지휘한 적이 있었고, 중국군 장성인 소장에 진급하기도 했다. 채원개는 뤄양(洛陽)육군강무당을 졸업하고 중국군으로 복무하다가 광복군에서 참모처장으로 활동한 인물이다.

　육군뿐만 아니라 공군에도 광복군 출신들이 참여했다. 최용덕과 김신이 그러한 예이다. 최용덕은 1923년 돤치루이(段祺瑞) 군벌이 설립한 난위안항공학교를 졸업하고 중국공군으로 활동하면서 난창(南昌)공군기지사령관을 지냈던 인물이다. 김신은 김구의 둘째 아들로, 1944년 쿤밍의 공군군관학교에 입학했다가 미국의 텍사스주에 있는 랜돌프(Randolph)비행학교에서 훈련을 받고, 중국공군으로 활동한 경력이 있다. 이 외에 중국군으로 활동했던 김응조·이종국·오동기·조개옥 등도 국군에 참여했다.

　광복군 출신들이 초창기 국군에서 주요 지휘관을 맡기도 했다. 국군은 초창기에 6개 여단으로 편성되었다. 이 중 제1여단장에 송호성, 제2여단장에 채원개, 제3여단장에 최덕신, 제7여단장에 이준식 등이 임명되었다. 광복군 출신들이 6개 여단 중 4개 여단장을 맡은 것이다. 1949년 5월 8개 사단으로 편성되었을 때도 그랬다. 수도경비사령부는 권준, 제3사단장은 최덕신, 제5사단장은 송호성, 제7사단장은 이준식이 맡았다. 광복군 출신들이 초창기 국군에서 주요 지휘관으로 역할을 한 것이다.

　흔히 대한민국 정부는 이승만 대통령이 친일파들을 기용해 수립한 것으로 알고 있으나 초대 내각 구성원들의 면면을 살펴보면 그렇게 볼 수는 없다. 오히려 친일파보다 임시정부를 비롯해 독립운동과 관련된 인사들이 많았다. 국군도 마찬가지이다. 일본군 출신들이 중심이 되어 국군이 창설된 것으로 알고 있지만, 광복군에 뿌리를 두고 창설되었다. 그리고 광복군 출신들이 국군에 참여해 주요 직책을 맡기도 했다. 국군 창설과 관련해 더 많은 연구가 진행되어 국군의 정체성이나 정통성을 바로잡을 필요가 있다.

| 참고문헌 |

노영기. 2008. 「1945~1950년 한국군의 형성과 성격」. 성균관대학교 대학원 박사학위논문.

백기인·심헌용. 2017 『독립군과 광복군 그리고 국군』. 국방부 군사편찬연구소.

심헌용·백기인. 2019. 『근현대 한국군의 역사』. 국방부 군사편찬연구소.

이응준. 1982. 『회고90년: 1890~1981』. 산운기념사업회.

조동걸. 1982. 「한국군사의 원류의식」. ≪군사≫, 5.

한시준. 2001. 「한국광복군 정통성의 국군 계승 문제」. ≪군사≫, 43.

_____. 2018. 「대한민국 국군의 뿌리, 어디서 찾아야 하나」. ≪한국근현대사연구≫, 84.

한용원. 1984. 『창군』. 박영사.

찾 아 보 기

[용어]

지은이

한시준 (韓詩俊)

단국대학교 사학과 및 대학원을 졸업하고, 인하대학교 대학원에서 문학박사 학위를 받았다. 단국대학교에서 사학과 교수, 인문과학대학 학장, 동양학연구원 원장을 지냈다. 한국근현대사학회 회장, 독립기념관 한국독립운동사연구소 소장, 백범학술원 원장, 국가보훈처 독립유공자공적심사 및 공적검증위원, 문화재청 근대문화재위원, 국립대한민국임시정부기념관건립위원 등을 역임했다. 현재 독립기념관 관장을 맡고 있다.

반만년 역사의 제1 대사건
대한민국 임시정부

© 한시준, 2021

지은이 **한시준**
펴낸이 **김종수**
펴낸곳 **한울엠플러스(주)**
편 집 **정은선·최진희**

초판 1쇄 인쇄 2021년 4월 2일
초판 1쇄 발행 2021년 4월 11일

주소 10881 경기도 파주시 광인사길 153 한울시소빌딩 3층
전화 031-955-0655
팩스 031-955-0656
홈페이지 www.hanulmplus.kr
등록번호 제406-2015-000143호

Printed in Korea.
ISBN 978-89-460-8040-9 03910(양장)
      978-89-460-8059-1 03910(무선)

※ 이 책의 일부 글자는 독립기념관체를 사용해 디자인했습니다.
※ 책값은 겉표지에 표시되어 있습니다.